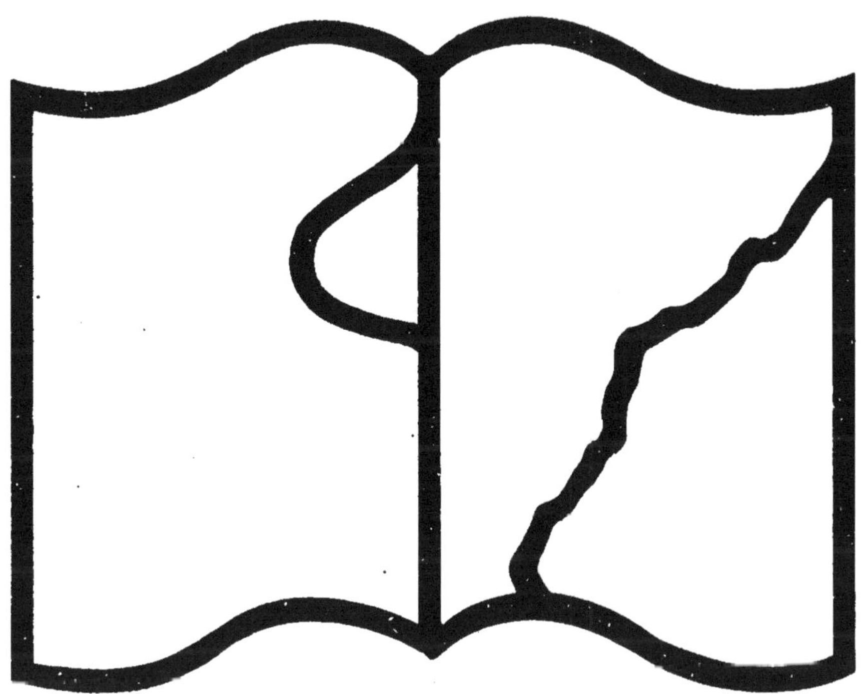

Texte détérioré — reliure défectueuse

NF Z 43-120-11

**Symbole applicable
pour tout, ou partie
des documents microfilmés**

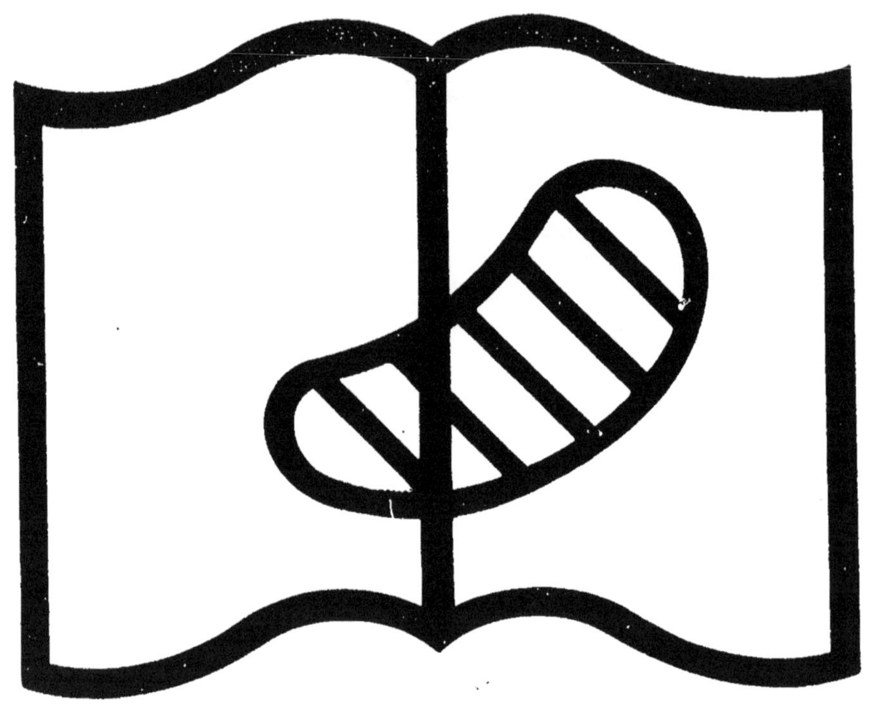

Original illisible

NF Z 43-120-10

Symbole applicable
pour tout,ou partie
des documents microfilmés

MARIAGE

ET

UNION LIBRE

PAR

GEORGE FONSEGRIVE

PARIS

LIBRAIRIE PLON

PLON-NOURRIT ET Cⁱᵉ, IMPRIMEURS-ÉDITEURS

8, RUE GARANCIÈRE — 6ᵉ

1904

Tous droits réservés

MARIAGE

ET

UNION LIBRE

DU MÊME AUTEUR

Essai sur le libre arbitre, sa théorie et son histoire. (*Ouvrage couronné par l'Académie des sciences morales et politiques.*) 2e édition. Un vol. in-8°, de la *Bibliothèque de philosophie contemporaine.* Paris, ALCAN.......................... 10 fr.

La Causalité efficiente. 1 vol. in-18, de la *Bibliothèque de philosophie contemporaine.* Paris, ALCAN.............. 2 fr. 50

Éléments de philosophie. 5e édition. Paris, PICARD et KAAN. 2 vol. in-12.................................... 8 fr.

François Bacon. Paris, LETHIELLEUX. 1 vol. in-12.., 3 fr. 50

Les Livres et les Idées. Paris, LECOFFRE. 1 vol. petit in-8°...................................... 3 fr. 50

Catholicisme et Démocratie. Paris, LECOFFRE. 1 vol. in-12. Prix.. 3 fr. 50

Le Catholicisme et la Vie de l'Esprit. Paris, LECOFFRE. 1 vol. in-12................................. 3 fr. 50

La Crise sociale. 1 fort volume in-12. Paris, LECOFFRE. 4 fr.

Comment lire les journaux ? Paris, LECOFFRE. 1 vol. in-12. Prix.................................... 3 fr. 50

Léon Ollé-Laprune. Paris, LECOFFRE. Brochure in-8° (épuisé).

La Question du Latin. Paris, LECOFFRE. Brochure in-8°. Prix... 1 fr.

L'Enseignement féminin. Paris, LECOFFRE. Brochure in-8°. Prix.. 1 fr.

Solidarité, Pitié, Charité. BLOUD. Brochure in-12. 0 fr. 60

OUVRAGES DE YVES LE QUERDEC

Paris, LECOFFRE

Lettres d'un Curé de campagne. (*Ouvrage couronné par l'Académie française*). 10e mille. 1 vol. in-12.......... 3 fr. 50
(Traduit en italien et en anglais)

Lettres d'un Curé de canton. 6e mille. 1 vol. in-12 3 fr. 50
(Traduit en italien)

Le Journal d'un Évêque : PREMIÈRE PARTIE. *Pendant le Concordat.* 4e mille. 1 vol. in-18.................... 3 fr. 50
DEUXIÈME PARTIE. *Après le Concordat.* 3e mille. 1 vol. in-18 3 fr. 50
(Traduit en Italien)

EN COURS DE PUBLICATION

Le Fils de l'Esprit.

PARIS — TYP. PLON-NOURRIT ET Cⁱᵉ, 8, RUE GARANCIÈRE. — 5065.

MARIAGE

ET

UNION LIBRE

PAR

GEORGE FONSEGRIVE

PARIS

LIBRAIRIE PLON

PLON-NOURRIT et Cⁱᵉ, IMPRIMEURS-ÉDITEURS

8, RUE GARANCIÈRE — 6ᵉ

——

1904

Tous droits réservés

EN TÉMOIGNAGE

DE VÉNÉRATION ET D'AMOUR

MARIAGE

ET

UNION LIBRE

INTRODUCTION

En 1884, quand fut votée la loi du divorce, sur les instances de ce juif célèbre qui devait finir politiquement dans le boulangisme et socialement dans le panamisme, c'était, disait-on, pour sauvegarder la solidité du lien conjugal qu'on en autorisait en certains cas la rupture. Il ne semble pas que le remède ait eu l'efficacité qu'on en attendait. Après le divorce aussi bien sinon plus qu'avant, l'institution matrimoniale, base de la famille, chez tous les peuples civilisés, est discutée, mise en question et combattue, chose remarquable, par les raisons mêmes qui ont servi à soutenir le divorce. On en vient maintenant à dire que si l'on veut véritablement garder au mariage sa dignité, il faut le transformer en union libre, c'est-à-dire, à peu près en termes exprès, que la seule manière raisonnable de conserver le mariage consisterait à le supprimer.

Depuis quelques années, MM. Paul et Victor Margueritte s'acharnent à ce combat. Après avoir d'abord comme posé le problème dans leur roman *Femmes nouvelles* (1), ils ont réclamé, ensuite, dans divers articles de journaux et de revues, « le divorce par consentement d'un seul » et ils ont enfin écrit, pour appuyer cette cause, un roman à la fois émouvant et ému où ils mettent en scène *les Deux Vies* (2) d'une mère et d'une fille, manquées toutes deux par la faute du mari. Mme Favier, d'un caractère résigné et docile aux traditions, ne cherche même pas à refaire sa vie manquée ; sa fille, Francine, d'un caractère décidé et indépendant, refuse de se courber sous le joug, et ne pouvant échapper à la *loi* du mari, s'évade dans l'union libre.

Comme conclusion pratique de leur roman les deux écrivains ont fait déposer par M. Gustave Rivet, député de l'Isère, sur le bureau de la Chambre des députés, une pétition qui réclame que l'on fasse droit à ce vœu voté en 1900 par le Congrès international de la condition et des droits des femmes : *Que le divorce, demandé par un seul, soit autorisé au bout de trois ans, quand la volonté de divorcer aura été exprimée trois fois*

(1) In-18. Plon, 1899.
(2) In-18. Plon, 1902.

à une année d'intervalle (1). En même temps ils distribuaient cette pétition à toute la presse, sollicitant les adhésions ou tout au moins la discussion.

(1) Voici le texte complet de la pétition :

« Paris, le 18 octobre 1903.

« Messieurs les Députés,

« Le 1er décembre 1900, dans une *Lettre ouverte* que la presse entière commenta, nous appelions l'attention des membres de la précédente Législature sur l'imperfection du divorce actuel.

« Deux ans d'étude ont achevé de nous convaincre de la nécessité de refondre et d'élargir la loi, avec l'adoption du divorce par consentement mutuel et par la volonté persistante d'un seul.

« Décrété en 1792 par la France républicaine, supprimé en 1816 par la réaction monarchique et religieuse, peureusement rétabli en 1884, le divorce qui, malgré son incomplète restauration, fut alors un progrès, n'est plus en accord aujourd'hui avec notre grandissant esprit de justice et de liberté. C'est un mécanisme imparfait, déjà vieillot et rouillé.

« Le divorce est en effet obligatoirement déterminé par deux causes : 1° le *flagrant délit d'adultère*, assez peu saisissable ; 2° les cas — plutôt rares — do *condamnation à une peine afflictive et infamante,* la mort, les travaux forcés, la déportation...

« Il est facultatif, dépend de l'appréciation du magistrat, pour ce triple motif : *excès, sévices, injures graves.* Inextricable et mouvant terrain ! Tout l'arbitraire de la jurisprudence... Rien de certain, le droit flotte ; tribunaux et cours se contredisent : vérité à Paris, erreur à Bordeaux.

« Hors de là, le divorce est en principe refusé. On ne peut divorcer d'avec un fou, même incurable, ni d'avec un voleur. Les plus dégoûtantes infirmités, l'abandon, les dissentiments religieux, si graves, l'incompatibilité d'humeur, qui à elle seule empoisonne l'existence, tant de raisons si fortes ne comptent pas.

« Se heurtant aux coûteuses lenteurs de la procédure ; enve-

Peu de jours après, sous ce titre *l'Élargissement du divorce*, les deux romanciers publiaient

nimé par le duel des avoués, des avocats; livré au caprice et à la prévention des juges, le divorce, au lieu de conserver quelque dignité silencieuse à la faillite des cœurs, aboutit à un triste et public scandale. Ce qui ne devrait relever que de la conscience et de la volonté libres des deux intéressés devient le jouet de tous.

« Ainsi le mariage, dans lequel on entre à larges portes, n'a, pour ceux qui y étouffent, d'autre issue qu'une grille d'égout.

« Qu'arrive-t-il?

« Privés du consentement mutuel, seul mode de rupture honorable et logique, les plaignants frauduleusement y recourent. Pour divorcer vite, on se met d'accord; le juge souvent ferme les yeux. Les mœurs, là-dessus, ont devancé la loi.

« Une loi qu'il faut tourner pour qu'on l'applique est une loi mal faite. Une loi mal faite, il faut la refaire.

« Cette nécessité, tous ceux qui ne voient dans le mariage qu'un contrat civil en conviendront. Et quant aux ennemis d'une réforme, à ceux que leurs principes religieux enchainent au passé, de quel droit voudraient-ils s'opposer à l'élargissement du divorce, eux à qui on ne songe pas à l'imposer? Liberté pour tous!

« Mais le consentement mutuel est insuffisant. Il peut arriver que, de deux êtres liés ensemble, l'un, par bassesse d'âme, vengeance, cupidité, haine, veuille garder l'autre, poursuivre l'exécution d'un contrat désormais privé de toute noblesse, ravalé à on ne sait quoi de sordide, de despotique. Admettrons-nous qu'au vingtième siècle, alors que la Loi abolit l'esclavage, interdit les vœux éternels, une autre loi permette qu'un être reste asservi à un être, jusqu'à sa mort ou à celle de son bourreau?

« Objectera-t-on qu'avec le divorce par la volonté persistante d'un seul, le plus faible, la femme sera sacrifiée?

« Mais la plupart des divorces sont réclamés par des femmes! Et nous ne sommes ici que les interprètes du Congrès international de la Condition et des Droits des femmes, qui, en 1900, émettait ce vœu : *Que le divorce, demandé par un seul, soit autorisé au bout de trois ans, quand la volonté de di-*

et faisaient distribuer une brochure (1) qui contient un projet complet de loi sur le divorce.

Nous nous trouvons ainsi amenés à examiner cette proposition nouvelle et par là même à nous rendre compte de la conception nouvelle du mariage qu'elle suppose; par suite, de la valeur que nous devons attribuer à cette conception.

A côté de ces discussions sur le mariage et tantôt s'y mêlant intimement, tantôt demeurant indépendantes, d'autres sont venues attirer sur les problèmes familiaux l'attention du public : on a discuté sur l'étendue et la légitimité de la puissance maritale; on s'est demandé pourquoi l'enfant né hors du mariage était traité par la loi avec défaveur. Et presque toujours on a conclu à l'inverse des traditions que représente la législation, on a revendiqué pour la femme l'in-

vorcer aura été exprimée trois fois, à une année d'intervalle.

« Rien n'empêche le législateur — une fois reconnu l'inviolable principe de la liberté individuelle — d'apporter à la rupture tous les délais qui la défendront contre l'inconstance, tous les arrangements pécuniaires qui en assureront l'équité.

« Il appartient à une Chambre républicaine — en rétablissant le divorce par consentement mutuel et par la volonté persistante d'un seul, quitte à prononcer les garanties d'exécution que sa sagesse lui inspirera — de rendre au mariage, association librement consentie, librement dénouée, une dignité que le divorce actuel compromet, et à l'individu l'exercice d'une liberté qui, de par l'essence même des lois, de par les plus légitimes aspirations humaines, est inaliénable.

« Paul et Victor MARGUERITTE. »

(1) In-8°, 35 pages. Plon.

dépendance, pour l'enfant naturel l'égalité vis-
à-vis des enfants légitimes. Ainsi, de toutes
parts, la vieille institution matrimoniale, issue
à la fois du droit romain et du droit chrétien,
semble s'en aller en ruines. Le moment ne
serait-il pas venu d'examiner les critiques que
l'on en a faites, de se rendre compte de ce
qu'elles peuvent avoir de sérieux et de fondé,
d'aller surtout jusqu'aux principes sur quoi
repose le fond du débat? C'est ce que nous
avons essayé de faire dans des articles publiés
par la *Quinzaine;* ces articles, considérablement
remaniés, constituent la substance de ce livre.

Mais pour bien se rendre compte de la valeur
et des fondements de l'institution matrimoniale
il nous a paru indispensable d'en esquisser briè-
vement l'histoire. A suivre son évolution, nous
pénétrerons mieux ce qui en constitue l'essence;
nous saisirons sur le vif les raisons sociales, phi-
losophiques ou religieuses qui, par un progrès
constant, ont conduit les hommes à la monogamie, à l'indissolubilité; puis, qui leur ont fait
de nouveau admettre le divorce et pourront
demain peut-être les mener sous le nom d'union
libre à de nouvelles formes de polygamie et finalement à la dissolution matrimoniale.

PREMIÈRE PARTIE
LES INSTITUTIONS MATRIMONIALES

CHAPITRE PREMIER
LES ORIGINES

I

Dès que, à la suite d'un Bayle, d'un Montes-
quieu, d'un Voltaire, d'un Diderot, d'un Rousseau, d'un Hume, d'un Helvétius, d'un Mande-
ville, d'un d'Holbach ou d'un La Mettrie, on
voulut se demander, en dehors ou même de
préférence à l'encontre des traditions chrétiennes, quelle avait été la première forme des
unions humaines, celle qui avait dû être la plus
naturelle, la plus simple, on pensa tout de suite
à la promiscuité. Les animaux les plus familiers
à l'homme, tels que les chats et surtout les
chiens, en faisaient voir le modèle. Il parut donc
conforme à la nature que les hommes eussent
vécu d'abord dans un état de complète promis-

cuité. Ce n'aurait été que dans la suite que des choix auraient eu lieu, que des unions plus durables auraient été contractées. Quelques textes du vieil Hérodote étaient allégués où l'on pouvait lire, en effet, que dans certaines peuplades et, par exemple, chez les Massagètes, l'enfant appelle « pères » tous les hommes de la tribu d'une génération antérieure et « frères » tous ceux de sa propre génération.

Mais ce n'était là en somme qu'une vue de l'imagination, une conception *a priori* basée sur cette idée que l'homme de la nature avait dû avoir des mœurs très voisines de celles des animaux, sinon même tout à fait pareilles. Il fallut les études de Lubbock (1), de Morgan (2), de Mac Lennan (3), de Giraud-Teulon (4), pour donner à cette opinion des fondements positifs empruntés aux récits des voyageurs, aux constatations des ethnographes.

Le point de départ de toutes ces théories se trouve en cette supposition que les sauvages sont des hommes arriérés dont les mœurs sont l'image à peu près exacte des mœurs primitives de l'humanité. Si l'on adopte en effet la théorie

---

(1) *The Origin of civilisation.*
(2) *Systems of consanguinity, affinity and of the human family.*
(3) *Studies in ancient history comprising a reprint of a Primitive Marriage.* Nouv. édit., in-8°, Londres et New-York, 1886.
(4) *Les Origines du mariage et de la famille,* 2ᵉ édit., petit in-8°, Genève et Paris, 1884.

du progrès chère aux philosophes du dix-huitième siècle, on devra considérer les divers états de la civilisation chez les peuplades encore sauvages comme autant d'étapes qui jalonnent l'histoire et nous permettent de nous rendre compte de ce que furent les mœurs, les coutumes des peuplades préhistoriques. On sait que l'humanité, dans les contrées aujourd'hui civilisées, s'est servie jadis d'armes et d'outils d'abord en pierre (pierre éclatée, pierre taillée, pierre polie), puis en bronze, puis en fer; si l'on trouve, comme il s'en rencontre, des peuplades qui n'aient d'autres armes et d'autres outils que ceux qu'elles fabriquent avec des pierres taillées, des pierres polies ou du bronze, ne pourra-t-on pas penser que leurs mœurs, leurs institutions sont semblables à celles de nos ancêtres européens préhistoriques lorsqu'ils ne se servaient que d'armes ou d'outils en pierre ou en bronze? On voit sur quel postulat repose ce raisonnement : c'est que les institutions et les mœurs sont toujours corrélatives à l'état de l'industrie, la civilisation morale augmente ou décroît avec la civilisation industrielle. C'est là le point de départ de tous les livres de sir John Lubbock. Si on le lui refuse, ou même si on le lui conteste, toute sa théorie de l'identité du sauvage et de l'homme primitif tombe, et on n'a plus le droit de conclure des armes, des outils, des poteries, des habitations, aux institutions et aux mœurs. Tous les efforts pour essayer de reconstituer le tableau des mœurs de l'humanité préhistorique sont du même coup déclarés vains. Et l'histoire de notre race ne commence plus qu'avec les documents positifs, le tableau des mœurs avec l'expression directe et authentique des mœurs mêmes, avec l'écriture et les documents figurés, ce qui veut tout simplement dire que l'histoire ne commence plus qu'avec l'histoire.

Rien en effet ne démontre que la civilisation morale marche toujours du même pas que la civilisation industrielle, et on peut citer plus d'une peuplade qui a des outils très rudimentaires et à la fois des institutions ou des croyances assez raffinées. Les Mincopies, qui savent tout juste compter jusqu'à dix, ont par contre des idées morales assez élevées; ils croient en effet à une survivance et à une rétribution des âmes, avec un lieu de séjour agréable pour les bons, un autre désagréable pour les méchants, un troisième intermédiaire et transitoire pour ceux qui ne sont ni tout à fait bons ni tout à fait méchants. Ainsi, l'intelligence et les croyances morales ne vont pas toujours de pair; à plus forte raison en est-il de même des institutions et des outils. Il n'est donc nullement prouvé que les institutions des sauvages représentent véritablement les coutumes et les mœurs les plus antiques de la race humaine. Et il entre dans tout ce qu'écrivent les sociologues, surtout dans leurs théories, une bonne part d'hypothèses et de conjectures. Aussi quand ils ont voulu classer les institutions et les ranger par ordre d'ancienneté présumée, c'est bien plutôt la logique qui les a guidés que l'étude comparée des ustensiles, des outils, des armes. Pour dire que les institutions matrimoniales d'une peuplade étaient antérieures à celles d'un autre, ils ont comparé les unes aux autres ces institutions, bien plutôt qu'ils ne les ont classées d'après la forme des lances, des flèches, des haches ou des poteries. Ainsi, les indigènes de Taïti, bien que sachant fondre et forger le fer, ont des mœurs tout à fait rudimentaires. C'est des idées des sociologues que dérive la hiérarchie qu'ils ont attribuée aux institutions et non pas de la forme des calebasses.

Mais, quoi qu'il en soit, il n'en est pas moins vrai que les recherches ethnographiques peuvent seules nous fournir des observations capables de nous faire pressentir ce qu'ont pu être les institutions et les mœurs de l'humanité primitive. Ce que nous trouvons réalisé quelque part, chez les Boshimen ou les Naïrs, a pu se trouver réalisé ailleurs chez nos ancêtres des Eysies ou de Cros-Magnon, et si nous pouvons ordonner ces diverses institutions en une suite logique où il semble bien que les unes naissent naturellement des autres, nous aurons le droit de considérer celles-ci comme primitives et celles-là comme dérivées ; nous pourrons ainsi dresser un tableau qui offrira quelque vraisemblance et quelque intérêt. On pourra même le regarder comme scientifique, à la condition qu'on entende par là une synthèse cohérente des faits observés plus commode que toutes les autres et par conséquent préférable ; mais on n'aura nullement le droit de regarder cette synthèse comme la seule vraie (1). Une affirmation opposée, portée pour de tout autres raisons, pourrait également se produire ; elle aurait la valeur même de ces raisons.

II

Sous le bénéfice de ces réserves, nous pouvons exposer les résultats auxquels les sociologues sont arrivés. Sir John Lubbock, Mac Lennan, Giraud-Teulon sont d'accord pour affirmer que le premier état où vécut l'espèce humaine était la promiscuité complète. Toutes les femmes appartenaient sans distinction à tous les hommes. C'était la vie animale dans toute sa bestialité. Ils allèguent, tous, trois sortes de preuves : d'abord l'existence d'une promiscuité semblable chez quelques peuplades encore existantes, unie

(1) C'est l'application à la sociologie du principe scientifique exposé par M. Poincaré : « Les hypothèses scientifiques ne sont pas vraies ; elles sont commodes. » V. *la Science et l'Hypothèse*, par POINCARÉ, in-12, Flammarion, Paris, 1903.

à la tradition conservée dans certains textes des historiens anciens. C'est ainsi que, parlant des indigènes des îles de la Reine-Charlotte, M. Poole dit que « chez eux, l'institution du mariage est entièrement inconnue » et que les femmes « habitent presque en promiscuité avec toute la tribu, bien que rarement avec d'autres tribus ». Dans la péninsule californienne, selon Bœgert, les sexes s'unissent sans aucune formalité, et leur vocabulaire ne connaît même pas le verbe « se marier (1) ». On trouve dans Lubbock, Mac Lennan et Giraud-Teulon un certain nombre d'autres exemples.

Quant aux textes d'Hérodote et de Strabon, tous les historiens de la famille les ont cités. Nous avons déjà rapporté le cas des Massagètes ; Hérodote cite encore les Auséens, peuple de Libye, et Solinus cite les Garamantiens d'Éthiopie. On rapporte que la communauté des femmes existait chez les Liburnes, chez les Galactophages et chez les anciens Bohémiens. Garcilasso de la Vega affirme que chez les indigènes de Passau, au Pérou, avant les Incas, les hommes n'avaient pas de femme à eux (2).

Les raisons sur lesquelles on appuie, en second lieu, l'hypothèse de la promiscuité sont tirées de certaines institutions. Comment expliquer, en effet, en dehors de cette hypo-

(1) WESTERMARCK : *Origine du mariage dans l'espèce humaine,* tr. fr., chap. IV, p. 53; gr. in-8°, Paris, 1895.
(2) *Idem, op. cit.*

thèse, la parenté établie uniquement par les femmes?

En Australie et dans beaucoup d'îles du Pacifique, les indigènes ne reconnaissent aucun lien de parenté entre le père et le fils : ils ne considèrent comme leurs parents que les parents de leur mère et prennent à leur naissance le nom de cette dernière. Il en est de même chez un très grand nombre de peuplades sauvages sur les points du globe les plus opposés. On en trouvera un grand nombre d'exemples dans le livre de Giraud-Teulon. On trouve, d'après Hérodote (I, 173), les mêmes coutumes chez les Lyciens. « Si on demande à un Lycien à quelle famille il appartient, il indiquera la généalogie de sa mère et des aïeuls de sa mère ; si une femme libre vient à s'unir avec un esclave, les enfants sont considérés comme de sang noble. » C'est le contraire si un homme noble s'allie à une femme d'un rang inférieur. Dans les inscriptions égyptiennes, « les filiations, dit Champollion, sont plus ordinairement exprimées par les noms de la mère que par ceux du père ». Il en est où un monarque justifie son élévation au trône en nommant les mères de sa mère jusqu'au sixième degré (1). Et Giraud-Teulon ajoute : « Le trait distinctif de cette famille par les femmes, c'est d'être *sans père*. L'oncle y exerce souvent l'auto-

____

(1) MASPÉRO, *Rev. archéol.*, mai 1873, cité par MARION, *Revue philosophique*, 1876, t. I, p. 85.

rité de patriarche ; le mari n'a qu'une fonction :
procréer. Il n'est qu'un amant légal, parfois
même un simple esclave, et lorsqu'il entre dans
la maison de sa femme, c'est autant pour servir
que pour épouser. Parfois même, comme à
Sumatra, le père perd son nom pour prendre
celui de l'enfant nouveau-né. Il se nomme, à
partir de ce jour, père d'un tel ; sa personnalité
est absorbée par celle du fils de sa femme. »

Il y a près de quarante ans, un jurisconsulte
bàlois, Bachofen, dans un livre « d'une érudition prodigieuse (1) », dit Westermarck, attira
l'attention sur ce fait et, s'appuyant en partie
sur les écrits des anciens écrivains, en partie sur
les traditions et les mythes, il conclut que ce
système précéda partout la « parenté par les
mâles ». Quelques années plus tard, sans avoir
lu, semble-t-il, l'ouvrage de Bachofen, Mac Lennan proposa exactement la même hypothèse que
lui suggéraient surtout des études d'ethnologie
moderne. Il attribuait ce phénomène à l'incertitude de la paternité, incertitude inévitable
tant que dura le système de la promiscuité. « Il
n'est pas concevable, dit-il, qu'aucun autre fait
que le manque de certitude sur ce point eût pu
longtemps empêcher la connaissance de la parenté par les hommes, et en ce cas nous pouvons conclure de ce que cette certitude a
manqué, autrefois — qu'il y a eu plus ou moins

____

(1) *Das Mutterrecht*, Stuttgart, 1865.

de promiscuité dans les rapports des sexes. La relation entre ces deux choses — la paternité incertaine et la parenté par les femmes seulement — semble si nécessaire et paraît si bien être une relation de cause à effet, que nous pouvons en toute confiance supposer l'une là où nous trouvons l'autre (1). »

M. Morgan, de son côté, a tiré des conclusions semblables de certains systèmes de parenté bizarres et compliqués, en particulier de celui qu'il a appelé « système classificateur ». L'exposition en est trop technique pour être donnée ici.

Un troisième groupe de raisons en faveur de la promiscuité primitive se tire d'un ensemble de coutumes qu'on ose appeler morales et qu'il paraît difficile d'expliquer autrement que par l'hypothèse de la promiscuité. C'est d'abord la prostitution sacrée, observée en beaucoup d'endroits, en particulier à Babylone, où, selon Hérodote, toute femme mariée devait une fois aller dans le temple et attendre là qu'un étranger lui présentât une pièce de monnaie qu'il lui fallait accepter. Après quoi elle devait se lever, suivre l'étranger hors du temple, se donner à lui et rentrer chez elle, désormais affranchie de toute semblable obligation. En Arménie, Strabon rapporte que les jeunes filles de bonne famille devaient avant de se marier s'offrir aux

(1) WESTERMARCK, *op. cit.*, chap. v, p. 96.

adorateurs d'Anaïtis. De semblables coutumes régnaient dans les vallées du Gange, à Goa, à Pondichéry.

Ailleurs existait ce que l'on a appelé le *jus primæ noctis*. En certains endroits, la nouvelle mariée devait se livrer aux invités; en d'autres, au chef, au prêtre païen, au seigneur. Autre part, les lois de l'hospitalité ordonnent au mari de conférer à son hôte tous ses droits. Tous ces faits paraissent à sir John Lubbock impliquer la reconnaissance du « droit inhérent à chaque membre de la communauté et aux visiteurs aussi en tant que membres temporaires », car, ajoute-t-il, « la possession exclusive d'une femme ne pouvait être légalement acquise que par une méconnaissance temporaire des droits communaux préexistants ». C'est donc que ces droits existaient et que le monogame portait tort à la communauté tout entière.

En conséquence de cette promiscuité primitive, la parenté par les femmes devait nécessairement s'établir, ainsi que nous l'avons remarqué plus haut, et, par suite de cette parenté, la femme devait être revêtue d'un prestige qui lui donnait autorité et prépondérance. De là, selon Bachofen, serait résultée une organisation familiale et sociale où la femme aurait tenu la première place, c'est le « matriarcat » ou la « gynécocratie », par opposition au « patriarcat » et à l' « androcratie ». Dans ce système la femme a plusieurs maris. Au Malabar, dit Giraud-

Teulon, la femme a droit d'en épouser jusqu'à douze, quoiqu'elle se contente généralement de cinq ou de six. Chacun d'eux reste avec elle pendant une dizaine de jours, et Forbes a remarqué que tous ces maris vivaient en parfaite intelligence. Il faut dire que la polygamie leur est permise, et qu'un Naïd, par exemple, peut faire partie de plusieurs combinaisons matrimoniales (1).

Ce n'aurait été qu'après cette période matriarcale polyandrique que l'homme aurait pris l'autorité et aurait enfin formé la famille patriarcale avec ou sans la polygamie, ou plutôt la « polygynie ».

III

Telles sont les deux hypothèses qu'a soutenue à la fois Giraud-Teulon ; Bachofen s'attache davantage à celle du matriarcat, sur laquelle MacLennan, Morgan, et sir John Lubbock insistent peu ou même qu'ils n'adoptent pas, tandis qu'ils prétendent établir la promiscuité primitive.

Or, il est très remarquable que ces hypothèses plus ou moins inspirées par la théorie de l'évo-

____

(1) Cité par MARION, *loc. cit.*, p. 86.

lution sont en opposition avec cette théorie même. Bien que Darwin, dans sa modestie, adoptât l'hypothèse de la promiscuité sur la foi de Mac Lennan, de Morgan, de sir John Lubbock, dont, dit-il, « les appréciations ont plus de valeur que les miennes » parce qu'ils « ont étudié de près le sujet », il ne pouvait s'empêcher de remarquer que cette hypothèse cadrait mal avec sa propre doctrine. Partagé entre son respect pour les auteurs compétents et sa confiance en son système, il a des hésitations admirables. Il commence d'abord par souhaiter « de nouvelles preuves avant d'admettre cette promiscuité absolue dans les relations ». Il « expose loyalement les opinions » des auteurs qui ont étudié de près le sujet ; il paraît les adopter, mais ne peut s'empêcher d'ajouter :

Néanmoins, à en juger par l'analogie avec les animaux, et surtout avec ceux qui, dans la série, sont les plus voisins de l'homme, je ne puis croire que cette habitude ait prévalu à une époque extrêmement reculée alors que l'homme avait à peine atteint son rang actuel dans l'échelle zoologique. L'homme, comme j'ai cherché à le démontrer, descend certainement de quelque être simien. Autant que les habitudes des quadrumanes nous sont connues, les mâles de quelques espèces sont monogames, mais ne vivent avec les femelles qu'une partie de l'année, ce qui paraît être le cas de l'orang. D'autres espèces, plusieurs singes indiens et américains par exemple, sont strictement monogames et vivent l'année entière avec leur femelle. D'autres sont polygames, comme le gorille et plusieurs espèces américaines, et chaque famille vit à part. Même dans ce cas, les familles qui habitent le même district ont probablement quelques rapports sociaux ; on rencontre quelquefois, par exemple, de grandes troupes de chimpanzés. D'autres espèces sont polygames, et plusieurs mâles, ayant chacun leurs femelles, vivent associés en tribus ; c'est le cas de plusieurs espèces de babouins. Nous pouvons même conclure de ce que nous savons de la jalousie de tous les mammifères mâles, qui sont presque tous armés de façon à pouvoir lutter contre leurs rivaux, qu'à l'état de nature la promiscuité est chose extrêmement improbable...

Par conséquent, si nous remontons assez haut dans le cours des temps, il ne semble pas que la promiscuité ait régné chez les hommes primitifs. A en juger par les habitudes sociales de l'homme actuel et la polygamie de presque tous les sauvages, l'opinion la plus probable est que l'homme primitif a originellement vécu en petites communautés, chaque mâle ayant autant de femmes qu'il pouvait en entretenir ou pouvait s'en procurer, et qu'il devait défendre avec jalousie contre tout autre homme (1).

Le docteur Letourneau (2) et Westermarck (3) ont suivi ces très nettes indications de Darwin et, pour les mêmes raisons que lui, ils ont non plus suspecté, mais décidément rejeté, au nom des doctrines de l'évolution, l'hypothèse de la promiscuité primitive. Et ainsi cette hypothèse,

(1) Darwin, *la Descendance de l'homme et la sélection sexuelle*, trad. fr., IIe partie, chap. xix, t. II, p. 392, 2e édit., 2 vol. in-8°, Paris, 1894.

(2) *Évolution du mariage et de la famille*, chap. iii, p. 47, 1 vol. in-8°, Paris, 1888.

(3) Westermarck, *op. cit.*, chap. vi, p. 115.

suggérée à l'origine par l'exemple de certains animaux familiers, se trouve détruite par l'observation plus attentive des mœurs animales. Le naturalisme des philosophes du dix-huitième siècle est tellement étroit et superficiel que ses conclusions ne peuvent tenir en face d'un naturalisme un peu plus attentif et approfondi.

Mais il n'en reste pas moins que les partisans de l'hypothèse de la promiscuité ont apporté un nombre assez important de faits auxquels il est nécessaire de trouver une explication. Y seront surtout obligés tous ceux qui, n'admettant pas la doctrine de l'évolution, ne pourront faire état de l'argument très sérieux et, pour ainsi dire, préalable qu'elle fournit. Or, autant la théorie de l'évolution est séduisante et avantageuse quand on ne réclame d'elle que des commodités pour la classification et l'explication d'un très grand nombre de faits, autant elle présente dé difficultés quand on veut y voir une vérité, quand d'hypothèse ou de théorie on la transforme en doctrine. Ne pouvant donc plus opposer à l'hypothèse de la promiscuité une sorte de question préalable tirée de la théorie de l'évolution, il convient d'examiner l'hypothèse en elle-même.

C'est ce qu'a fait assez superficiellement le docteur Letourneau, ce que Westermarck a accompli à l'aide d'une érudition très informée et d'une méthode très rigoureuse. Westermarck remarque d'abord que les récits des voyageurs et des ethnographes ne sauraient être aveuglément acceptés, et qu'il importe de leur appliquer les méthodes de la critique; il se déclare ensuite partisan de la « méthode statistique d'examiner le développement des institutions » si admirablement exposée par le docteur Tylor à l'Institut anthropologique de la Grande-Bretagne et de l'Irlande. Cette méthode consiste à dresser pour chaque peuple, pour chaque tribu, un tableau de ses diverses institutions ainsi que de ses diverses caractéristiques : langues, sentiments, croyances, vêtements, habitations, armes, outils, ustensiles, aliments, constitution physique, maladies, longévité, mortalité, etc. On voit alors quelles sont les institutions, quels sont les caractères qui se manifestent toujours à la fois dans les divers groupes sociaux observés; on est alors fondé à considérer comme liés les uns aux autres par une loi sociologique et ces institutions et ces caractères.

Or, faisant tout de suite l'application de cette méthode au problème qui nous occupe, Westermarck n'a pas de peine à faire observer que la promiscuité ne saurait être une loi d'existence de l'humanité primitive en supposant, comme il le faut bien, que cette humanité soit représentée par nos sauvages actuels, car en même temps qu'on constate unanimement chez eux tous les traits caractéristique de l'état sauvage on est loin de trouver chez tous l'existence de la promiscuité. Et c'est même tout le contraire que l'on y remarque : la promiscuité n'existe qu'à l'état d'exception.

L'immoralité de beaucoup de sauvages est certainement très grande; mais nous ne devons pas croire qu'elle soit caractéristique des races non civilisées en général. Il y a nombre de peuples sauvages et barbares chez lesquels le commerce des sexes, en dehors du mariage, se produit rarement, l'impudicité, du côté de la femme, étant considérée comme une honte et même comme un crime.

« La femme cafre, dit Barrow, est chaste et extrêmement modeste », et M. Cousins écrit que, entre leurs diverses fêtes, les Cafres, hommes et femmes, doivent observer strictement la continence, sous peine d'être bannis de la tribu. Proyart raconte que, chez les peuples de Loango, « un jeune homme n'ose parler à une jeune fille qu'en présence de sa mère », et que « le crime d'une jeune fille qui n'a pas résisté à la séduction suffirait à attirer la ruine totale du pays s'il n'était pas expié par un aveu public fait au roi ». Chez les Africains de l'Équateur, cités par M. Winwood Reade, une fille qui déshonore sa famille par son inconduite est chassée de son clan; quand il y a séduction, l'homme est frappé de verges. Au Dahomey, quand un homme séduit une fille, la loi impose le mariage et le payement d'une amende au père ou au maître. En Tessaua, selon le Dr Barth, une amende de 100,000 kurdis est imposée au père d'un enfant bâtard, somme qui indique combien il est rare que des enfants naissent dans ces conditions. Chez les Beni-Mzab, l'homme qui séduit une jeune fille paie 200 francs d'amende et est banni pour quatre ans. Chez les Beni-Amer, selon Munzinger, les femmes non mariées sont très réservées, bien que les femmes mariées croient que tout leur est permis. Chez les Arabes de la Haute-Egypte, la chasteté est assurée par

une opération faite à l'âge de trois ou cinq ans; et
chez les Maréa, la continence n'est pas moins nécessaire, car une fille ou une veuve qui deviennent
enceintes sont tuées avec leur séducteur et leur enfant. Quant aux Kabyles, MM. Hanoteau et Letourneau affirment que « les mœurs ne tolèrent même
aucune relation sexuelle en dehors du mariage »...
L'enfant né en dehors du mariage est tué ainsi que
sa mère.

Parmi les Turcs de l'Asie centrale, selon Vambéry,
on ne sait ce que c'est qu'une fille perdue. Chez les
Kalmouks, comme chez les Bohémiens, les filles se
vantent d'avoir des adorateurs, mais sont déshonorées
si elles sont mères avant le mariage. Le séducteur,
chez les Tougouses, est forcé d'épouser sa victime et
de payer le prix qu'on en réclame. En Circassie, une
fille débauchée est généralement vendue le plus tôt
possible, parce qu'elle déshonore ses parents. Les
misérables habitants du Lob-nor « punissent sévèrement l'immoralité ». Et quant aux Let-htas, tribu des
montagnes de Birmanie, M. O'Riley dit que, jusqu'au
mariage, la jeunesse des deux sexes habite deux longues maisons situées aux extrémités opposées du vil-
lage, et que, « lorsqu'il arrive aux garçons et filles de
se rencontrer, ils se détournent afin d'éviter de voir,
respectivement, leurs visages ».

Pour les nègres de l'Archipel indien, le professeur
Wilken affirme qu'à côté de peuples livrés à une
licence extrême, il y en a d'autres qui sont remarquablement chastes. Ainsi, chez les Nias, la grossesse
d'une jeune fille est punie de mort, non seulement
pour elle, mais pour son séducteur. Chez les Dyaks des
montagnes, les jeunes gens sont soigneusement séparés des jeunes filles, les rapports licencieux entre
les sexes étant strictement défendus; et les Sibuyaus,
tribus appartenant aux Dyaks de la mer, bien qu'ils
ne considèrent pas comme un crime positif le com-

merce sexuel entre jeunes gens, attachent pourtant une idée de grande indécence à des liaisons irrégulières, et sont d'avis que les puissances supérieures sont offensées par la grossesse d'une femme non mariée.

Chez quelques-unes des tribus indépendantes des Philippines aussi, selon Chamisson, la chasteté est tenue en grand honneur « non seulement chez les femmes, mais chez les jeunes filles, et elle est protégée par des lois sévères », assertion que confirment le Dr Hans Meyer et le professeur Blumentritt, en ce qui concerne les Igorottes de Luçon.

Dans la Nouvelle-Guinée aussi, la chasteté est strictement observée. M. G.-A. Robinson et le catéchiste Clark, qui ont vécu pendant des années avec des indigènes, déclarent tous deux leur croyance en la vertu des jeunes femmes; et le Dr Finsch nous assure que les indigènes de Dory sont, à cet égard, supérieurs à beaucoup des nations civilisées de l'Europe. Les naturalistes français et quelques auteurs anglais ont parlé avec éloge de la moralité des jeunes gens chez les Tasmaniens. Les femmes d'Uea, aux îles Loyalty, sont décrites par Erskine comme « strictement chastes avant le mariage et fidèles épouses après ». A Fiji, les jeunes gens observaient une grande continence, les garçons n'ayant qu'à dix-huit ou vingt ans la permission de s'approcher des femmes. En parlant des indigènes de la Mélanésie, le Dr Codington remarque ceci : « Il est certain que dans ces îles, généralement, il n'y avait nullement l'indifférence pour la vertu des femmes, dont on accuse si souvent les indigènes. A Samoa, les filles cohabitaient librement avec les étrangers, mais pas avec leurs compatriotes et la chasteté des filles des chefs était l'honneur de la tribu. » Mais M. Turder fait remarquer que, bien que cette vertu y fût ostensiblement cultivée par les deux sexes, c'était plus de nom qu'en réalité.

En ce qui concerne les indigènes australiens,
M. Moore Davis dit que la promiscuité entre les sexes
n'est pas pratiquée par les indigènes, et leurs lois à
cet égard, surtout dans la Nouvelle-Galles du Sud,
sont très strictes. Quand ils sont au camp, les jeunes
hommes célibataires sont placés seuls aux extrémités,
tandis que les hommes mariés occupent le centre avec
leurs familles. On ne permet aucune conversation
entre les célibataires et les filles ou femmes mariées.
Les infractions à ces lois et à d'autres sont punies par
le membre lésé dans la tribu, ou bien le délinquant
est obligé d'expier son crime en se tenant debout,
protégé par son seul bouclier, ou waddy, tandis que
cinq ou six guerriers lui lancent des épieux à une
distance relativement courte. » M. Dawson affirme
aussi, pour les tribus de l'ouest de Victoria, qu'aux
corroborees et grandes réunions des tribus, les célibataires des deux sexes sont tenus strictement séparés
les uns des autres. « La bâtardise est rare, dit-il, et on
la considère avec une telle horreur que la mère est
toujours battue par ses parents, et quelquefois même
mise à mort et brûlée. Son enfant, parfois, est aussi
tué et brûlé avec elle. Le père de l'enfant est puni
avec la plus grande sévérité, et parfois tué. »

Si nous nous tournons du côté de l'Amérique, nous
voyons chez les Aléoutes primitifs, selon Veniaminof,
que « les jeunes filles qui donnent naissance à des
enfants illégitimes doivent être tuées et cachées ».
Egede nous dit que, chez les Groënlendais, les
femmes non mariées observaient les règles de la
décence beaucoup mieux que celles qui étaient mariées. « Pendant les quinze années que j'ai passées au
Groënland, dit-il, je n'ai pas entendu citer plus de
deux ou trois jeunes femmes qui aient eu des enfants
sans être mariées; on considère que c'est la plus
grande des infamies. » Et selon Cranz, une jeune
fille groënlandaise prendrait pour un affront qu'un

jeune homme lui offrit seulement, en société, une prise de tabac. Chez les Indiens du Nord, on défend aux filles, dès l'âge de huit ou neuf ans, de partager les amusements les plus innocents avec des enfants du sexe opposé. « Qu'elles soient assises dans leurs tentes, dit Hearne, ou qu'elles voyagent, elles sont gardées et surveillées avec une attention incessante qui ne saurait être dépassée par la discipline la plus sévère d'un pensionnat anglais. » M. Cattin affirme que, chez les Mandans, la vertu des femmes est aussi estimée dans les familles respectables que dans aucune autre société. Chez les Nez-Percés, les Apaches, et certains autres peuples du nord de l'Amérique, on dit les femmes remarquablement chastes, et le séducteur est traité encore avec plus de mépris que la fille qu'il a déshonorée. Dobrizhoffer loue la vie vertueuse des femmes des Abipones.

Si l'on ajoute à ces faits ceux... où se voit ce que l'homme exige de sa fiancée, il faudra bien admettre que le nombre de peuples non civilisés chez qui la chasteté — celle des femmes, à tout le moins — est en honneur, et est généralement observée, est très considérable. On ne saurait leur attribuer un état plus ancien de promiscuité, puisque rien n'indique que la moralité de ces nations, au point de vue des relations sexuelles irrégulières, ait été plus relâchée que maintenant, si même cette inférence, tout compte fait, était légitime (1).

Ces exemples suffisent pour bien établir que la promiscuité ne saurait être regardée comme une loi générale de l'humanité primitive. A la suite de Darwin et du docteur Letourneau, Westermarck fait observer que la jalousie natu-

____

(1) WESTERMARCK, op. cit., chap. IV, p. 61.

relle suffirait à avoir empêché la promiscuité de
s'établir. « Selon un mythe des thlinkets, la
jalousie de l'homme serait plus ancienne que le
monde lui-même. Il y a eu un temps, disent-ils,
où les hommes allaient tâtonnant, dans les
ténèbres, à la recherche du monde. Alors vivait
un thlinket, qui avait une femme et une sœur,
et il était si jaloux de sa femme qu'il tua tous
les enfants de sa sœur parce que ceux-ci la
regardaient (1). » De cette jalousie, inspirée
parfois, et en tout cas renforcée par les croyances
religieuses dont nous parlerons plus tard, découlent toutes ces prohibitions, toutes ces précautions, toutes ces vengeances, parfois ridi-
cules, parfois ignobles et souvent atroces, que
l'homme, dans tous les temps et dans tous les
lieux, a inventées pour sauvegarder la chasteté
de la femme. Les Indiens du côté oriental des
montagnes Rocheuses coupent souvent à leurs
femmes les cheveux et parfois le nez pour les
enlaidir. Chez les Koriaks nomades, les femmes
ne se peignent ni ne se lavent et vont en hail-
lons pour ne pas éveiller la jalousie de leurs
maris. Chez les Beni-Mzab un homme parlant
dans la rue à une femme noble est puni d'une
amende de deux cents francs et banni pour quatre
ans. Ailleurs on enferme ou on enlaidit, on
marque, on noircit, on cadenasse, on infibule. On
exige en beaucoup de parties de l'Afrique, dit

<hr>

(1) WESTERMARCK, *op. cit.*, chap. VI, p. 116.

M. Reade, qu'un jury de matrones certifie avant la noce la vertu de la mariée. On voit enfin que cette jalousie s'étend jusque par-delà la tombe : chez les Comanches, en Californie, à Panama, au Pérou, au Congo, en Perse, on tuait la veuve ou on la brûlait sur le bûcher de son époux. Et tout le monde connaît la veuve du Malabar, les coutumes barbares que les Anglais ont eu tant de peine à faire disparaître de leur empire colonial de l'Inde. Ailleurs on a interdit aux femmes les secondes noces. Comment penser que ce sentiment de la jalousie si universel et si fort a pu jamais permettre l'existence de la promiscuité?

Que si l'on objecte les singulières coutumes d'hospitalité écossaise que nous avons rapportées ou encore les trafics honteux auxquels certains sauvages livrent leurs femmes, il est facile de les expliquer par l'influence des mœurs ou de la cupidité. Nous voyons bien tous les jours par les comptes rendus des tribunaux que nos gentils-hommes apaches des boulevards extérieurs, pour se montrer très faciles vis-à-vis des relations payées de leurs femmes avec les bourgeois, ne se montrent pas pour cela vis-à-vis de leurs camarades moins furieusement jaloux.

Les débauches sacrées, le *jus primæ noctis*, s'expliquent par des dépravations ou par des abus de la force. «Si la religion, dit Letourneau, repose en quelque manière sur l'adoration du principe de la génération, comme il arrive si fréquemment pour les religions orientales, une sorte de prestige superstitieux viendra parer et revêtir d'un caractère sacré le dévergondage sacerdotal (1). » Les chefs, les compagnons de lutte, de chasse ou de jeu, ont pu imposer par la force des abus pareils. Ce sont des aberrations, des violences, et non pas des institutions, des coutumes qui se soient produites naturellement.

La corruption des peuples sauvages leur vient la plupart du temps de leur contact avec les civilisés et, loin d'y voir une marque d'antiquité, on doit bien plutôt y voir une preuve de modernité. Quant au système de parenté par les femmes, il peut s'expliquer naturellement, soit que l'on admette avec Westermarck (2) que l'on n'a connu qu'assez tard le rôle physiologique de l'homme, soit que la cohabitation nécessaire et constante de l'enfant avec sa mère, en face des absences fréquentes du père, ait rendu toute naturelle l'attribution de l'enfant à la famille maternelle. L'enfant reste avec sa mère, habite avec elle; il prend donc le nom de sa mère, et c'est dans la famille où il habite qu'il trouve d'abord les hommes qui seront ses protecteurs et ses défenseurs. De là le rôle joué par l'*avunculus*, l'oncle maternel, le frère de la mère, dans beaucoup d'anciennes civilisations.

Mais cette parenté par les femmes est loin d'être universelle. Elle n'existe au contraire qu'à

____

(1) WESTERMARCK, *op. cit.*, chap. III, p. 56.
(2) *Ibid.*, chap. v, p. 103.

l'état d'exception. Le culte rendu au cordon ombilical, qu'en certains endroits on entoure de perles pour le consacrer aux dieux, ne saurait avoir la portée que lui attribue Giraud-Teulon. On conçoit que ce lien visible de l'enfant à sa mère ait de l'importance ; mais cela ne prouve pas qu'on regarde le père comme incertain. Lors de la naissance du duc de Bordeaux, la duchesse de Berry exigea que les gardes nationaux de service entrassent dans sa chambre, et ce ne fut qu'en leur présence et en présence d'autres témoins que le cordon fut coupé. Il est bien clair que cette cérémonie n'avait pas pour but de jeter un doute sur la paternité posthume du duc de Berry, mais au contraire de la certifier.

La coutume si curieuse de la « couvade » d'après laquelle, après la naissance de l'enfant, la femme se lève, reprend ses occupations tandis que le mari se met au lit à la place de sa femme, et reçoit en gémissant les compliments de ses parents et de ses amis, observée un peu partout et jusque chez nos Basques récemment encore, ne prouve non plus autre chose que le désir fort naturel à l'homme d'affirmer — de façon bizarre — sa paternité.

Dans tous les cas, même chez les peuples où a existé la parenté par les femmes, ce sont toujours les hommes qui ont gouverné et commandé, comme ce sont toujours eux qui se sont battus pour défendre au besoin les femmes et les enfants. Et la raison toute simple, c'est que l'homme, étant le plus fort, a dû avoir le commandement en un temps où toute autorité ne repose que sur la force. Le *Mutterrecht* de Bachofen, le matriarcat, la gynécocratie, ou, de quelque nom qu'on l'appelle, le gouvernement des femmes n'a existé nulle part qu'à titre tout à fait exceptionnel. Presque partout la femme est esclave, assujettie aux plus durs travaux. Étant plus faible, elle est considérée comme un être d'ordre inférieur. Son caractère plus mobile, ses désirs plus inconstants, sa stature moins haute, ses membres plus délicats, ses forces moins résistantes, la sensibilité plus grande de ses nerfs et jusqu'à la naturelle tendresse de son cœur, tout a dû contribuer à établir et à assurer la prépondérance masculine.

IV

La partie critique de notre tâche est achevée : nous ne pouvons pas dire que les deux premières étapes du mariage humain aient été la promiscuité et le matriarcat. Il nous faut maintenant chercher quelles elles ont pu être.

Et d'abord il semble que deux points demeurent acquis : d'une part, la nécessité pour la femme d'être aidée — et défendue au besoin

— durant sa grossesse, sa gésine et au moins les premières années de l'entretien de l'enfant, et, de l'autre, l'existence de la jalousie chez l'homme. Le premier point assure à l'union une durée au moins relative ; le second impose à la femme la continence des mœurs. Dès lors, il y a véritablement mariage. Il semble que plus on remonte haut dans l'histoire, ainsi que l'atteste le Code d'Hammourabi (1), plus on trouve la monogamie à l'état de règle et d'institution ; il est certain cependant que cette monogamie ne fut pas universelle, en tout cas qu'elle disparut. L'homme chercha à se procurer autant de femmes qu'il put en entretenir. Ce fut la polygamie à forme patriarcale. Le père est le chef de la famille ; puis le fils aîné lui succède et commande aux familles de ses frères. Au début les unions ne peuvent qu'avoir été incestueuses. L'inceste ne sera proscrit que plus tard, soit que l'habitude de la vie commune excite la répugnance des jeunes gens élevés ensemble ; soit qu'un secret instinct, renforcé par l'expérience, les avertisse des dangers que font courir à la vigueur de la race les mariages consanguins.

(1) V. *le Code d'Hammourabi*, par M. François MARTIN, *Quinzaine* du 1ᵉʳ avril 1903. — L'auteur récent d'une intéressante étude sur les formes diverses des cérémonies matrimoniales reconnaît de même que la *monogamie* s'établit vraisemblablement avant toutes les autres formes de mariage « parce qu'elle est la plus naturelle de toutes ». Henri D'ALMÉRAS. *Le Mariage chez tous les peuples*, Introduction, p. 8, 1 vol. in-12. Schleicher, 1903.

Ainsi par l'endogamie (*mariage en dedans* de la tribu) se constitue le clan, la *gens*, la tribu. Le culte des ancêtres qui existe presque partout renforce le sentiment de la famille, l'attache à son chef qui est en même temps le prêtre, le pontife du foyer, et incite à son tour ce chef à veiller à ce que la race se continue afin que le culte des ancêtres se perpétue, afin que ses propres enfants puissent après sa mort observer les rites qui assureront la tranquillité de sa subsistance dans l'au-delà. Nous aurons à revenir sur l'importance de ces considérations.

Avant tout il faut perpétuer la race : l'homme qui meurt sans postérité est le plus à plaindre des hommes; il ne peut compter sur personne pour assurer sa vie d'outre-tombe. Il est voué à une misère éternelle. La femme qui n'a pas d'enfants est comme notée d'infamie. De là, aussi bien que des instincts naturels, dérivent tous les artifices par lesquels les deux sexes s'efforcent d'augmenter l'attrait naturel qui les pousse l'un vers l'autre; de là la parure et le tatouage, les anneaux ou les bâtons passés dans la cloison du nez ou dans la lèvre inférieure, les colliers, les anneaux des jambes, les bracelets, les bagues, les boucles d'oreilles, ces plumes, ces aigrettes, ces cheveux tressés; ces huiles, ces graisses, ces beurres, ces pommades, répandus sur le corps ou sur la tête, tout cet attirail de l'empanachement humain qui nous fait voir clairement dans la Parisienne aux doigts surchargés de bagues la lignée directe de la Hottentote, et dans les broderies vertes de nos académiciens les vestiges des vieux tatouages. De là encore les ceintures et même les vêtements, au moins dans les pays où le climat n'en exige pas. Dès les premiers âges comme dans les civilisations les plus dissolues, le vêtement a eu pour fonction de mieux faire remarquer ce qu'il prétendait cacher. La pudeur, qui est née du vêtement, tire ainsi son origine d'un désir de séduction en lui-même fort peu pudique, de même que nous voyons le double geste à la fois indicateur et obscène des idoles de Suse ou de Babylone transformé par Cléomène dans son *Aphrodite* en un geste de pudeur (1).

Les pères ont une autorité quasi absolue sur leurs enfants et en particulier sur les filles. Cependant il ne semble pas que toute liberté de choix soit enlevée à ces dernières. Dans beaucoup de peuplades les enfants sont fiancés très jeunes. « Mariner estime qu'à Tonga environ un tiers des femmes mariées avaient été fiancées de la sorte. Dans l'Inde anglaise, le mariage des enfants a été jusqu'ici une coutume commune, et tous les peuples de race turque, selon le professeur Vambéry, ont pour habitude de fiancer leurs enfants tout petits (2). » L'essentiel n'est pas que

____

(1) Cf. les divers exemplaires de la *Vénus de Médicis.* — V. Collignon, *Mythologie figurée de la Grèce*, liv. I, chap. viii, § 1, p. 151, in-8°, Paris, 1883.

(2) Westermarck, *op. cit.*, chap. x, p. 203

les enfants aient ou n'aient pas la liberté de leur choix, c'est qu'après eux ils laissent une postérité.

Cependant les rites matrimoniaux fournissent, la plupart du temps, à la fiancée quelque moyen d'exercer son choix, par exemple chez ces peuples où le fiancé doit atteindre à la course sa fiancée avant d'être autorisé à l'emmener. Il n'y a pas d'exemples, disent les voyageurs, qu'une fille se soit laissé attraper par un jeune homme qui lui répugnait.

Peut-être en un sens la puissance paternelle s'est-elle exercée avec plus d'autorité encore sur les jeunes hommes que sur les jeunes filles. Et on conçoit aisément que ceux-là s'y soient résignés assez aisément. Car nulle part les mœurs ne les ont attachés à leur foyer avec la même rigueur que les femmes.

Il est arrivé plus d'une fois que les femmes ont eu plusieurs maris, comme chez les Todas ou chez les habitants du district Jounsar des Himalayas. Il semble que la cause de cette polyandrie se trouve dans la surabondance des hommes par rapport au nombre des femmes. Dans un des villages des Himalayas, Dunlop rapporte qu'il ne trouve que cent vingt filles tandis qu'il compte plus de quatre cents garçons (1). Il est bien clair que dans ce cas la polyandrie résulte à peu près forcément de la nature des choses. Aussi Westermarck pense-t-il qu'elle

____

(1) WESTERMARCK, *op. cit.*, chap. XXI, p. 445.

est toujours causée par la rareté des femmes.

C'est toute une question de savoir comment s'est établie l'exogamie, c'est-à-dire la coutume d'aller chercher la femme hors de la tribu. Westermarck pense qu'elle naquit de l'horreur instinctive de l'inceste et qu'elle se manifesta dès que les familles isolées se groupèrent pour former de petites hordes non consanguines (1). Mais on peut aussi bien penser que les luttes entre tribus rivales ont donné lieu à des captures de femmes et que les prisonnières ont été d'abord la proie du vainqueur. La vue des femmes des autres clans a, par la dissemblance des formes, excité l'amour. Amener une femme dans le clan, c'est lui donner une travailleuse de plus; l'intérêt s'ajoute donc à l'attrait spontané. Il semble que ces unions ne se soient pas à l'origne opérées d'un commun accord. Car la femme gagnée par le clan de l'homme était perdue par son propre clan. Aussi l'exogamie est-elle liée à la capture. Le futur enlève ou vole sa femme; le clan de celle-ci la défend contre les ravisseurs : il y a bataille, coups échangés; le mari est soutenu par ses amis, et de là vient peut-être le *jus primæ noctis* en faveur des invités. Ils ont été à la peine; ne doivent-ils pas avoir leur part de plaisir? Nos pacifiques garçons d'honneur représentent parmi nous les antiques compagnons de l'époux ravisseur.

(1) WESTERMARCK, *op. cit.*, chap. XVI, p. 339.

A mesure que les mœurs s'adoucirent et qu'en toutes choses les transactions commerciales remplacèrent les déprédations guerrières, la capture à main armée céda la place à l'achat. On n'enleva plus la femme, on la paya un prix convenu. Mais même longtemps après que l'achat s'est substitué à la capture, le fiancé doit faire encore le simulacre d'un enlèvement ou d'un rapt, et ces sortes de simulacres constituent une grande partie des rites et des cérémonies afférents aux mariages. « Chez les Indiens Mosquitos, quand la noce est arrangée, et les cadeaux payés, le marié saisit la mariée et l'enlève, suivi de ses parents, qui font semblant d'essayer de la délivrer. Les Aramaniens considèrent l'enlèvement de la mariée avec une violence feinte comme un préliminaire essentiel des noces, et, selon M. E.-R. Smith, c'est même un point d'honneur pour la mariée que de résister et lutter, si bien disposée d'ailleurs qu'elle soit (1). » On pourrait facilement multiplier les exemples et on en retrouve des traces jusque dans le droit romain. La mariée se réfugiait près de sa mère et était emmenée de force par le marié et ses amis. Arrivée à la maison nuptiale, son fiancé devait l'enlever et la porter à l'intérieur sans qu'elle touchât le seuil. On trouve encore en Bretagne des coutumes à peu près semblables.

L'achat est quelquefois remplacé par un

(1) WESTERMARCK, *op. cit.*, chap. XVII, p. 369.

échange de femmes de clan à clan. C'est alors un simple troc. D'autres fois le fiancé loue ses services à son beau-père, comme fit Jacob chez Laban (1).

Plus tard, l'achat devint peu à peu fictif et purement symbolique; il finit même par se transformer complètement; il donna naissance à la dot fournie d'abord par le mari, ensuite par les parents de la femme, si bien qu'aujourd'hui, dans beaucoup de cas et nulle part plus qu'en France, au lieu que ce soit le mari qui paie pour avoir sa femme, c'est la femme qui achète son mari.

La proscription de l'achat vient d'une épuration progressive des sentiments. Manou défend au père de vendre sa fille : « Aucun père connaissant la loi, dit-il, ne doit accepter le moindre des cadeaux pour sa fille; or, un homme qui, par avarice, prend un cadeau, vend sa progéniture. » Dès lors, l'achat fut remplacé par un symbole et encore dans une seule forme de mariage, dans celle que l'on appelait *arsha*, selon laquelle le marié envoyait une vache et un taureau ou deux couples au père de la mariée. Et Manou défend formellement de donner à cet envoi le nom de cadeau. Chez les Romains la *confarreatio* ne suggérait aucune idée d'achat. En Chine, le fiancé offre des cadeaux de mariage; mais on ne veut pas les entendre appeler un « prix », ce qui prouve que chez les Chinois

____

(1) *Genèse*, chap. xxix.

aussi quelque honte s'attache à l'idée de vendre une fille. (1). Aussi l'argent de l'achat diminua de plus en plus ; il ne resta plus que la coutume d'envoyer certains présents. Parfois le marié donnait à la famille de la fiancée une somme d'argent ou des objets de valeur ; mais cet argent ou ces objets lui étaient immédiatement rendus. Apartomba dit que cet arrangement avait été prescrit par les Védas « pour accomplir la loi », c'est-à-dire l'ancienne loi selon laquelle la vente était la forme obligatoire du mariage. Néanmoins, dans la plupart des cas, on ne rendait pas exactement le même cadeau C'est ce retour par la famille de la femme du prix payé par le mari qui à Athènes, bien avant Solon, semble avoir donné naissance à la coutume de la dot au sens moderne du mot. En Chine, l'échange des cadeaux ratifie le mariage. Au Japon, la mariée donne des cadeaux à son futur, et la valeur de ces cadeaux est toujours mesurée à celle des cadeaux de son fiancé. Tacite rapporte de même que, chez les anciens Germains, la femme donnait au mari quelques armes, et cet échange mutuel de cadeaux formait le lien principal de leur union.

D'autre part la somme d'achat était transformée en *morgengab* et en dot. Manou dit : « Quand la famille ne s'approprie pas le cadeau donné, ce n'est plus une vente : dans ce cas, le don

(1) WESTERMARCK, *op. cit.*, chap. XVIII, p. 367

n'est qu'un signe de respect et d'amitié envers les jeunes filles. » Chez les Grecs, au temps d'Homère, le père ne s'appropriait pas toujours les cadeaux de noces, mais les donnait, en totalité ou en partie, à sa fille et lui constituait ainsi une dot. Plus tard, le marié apporta directement les cadeaux à sa femme et les lui offrit dans la chambre nuptiale, le soir même ou le lendemain des noces. Chez les Germains il en fut de même : « Ce n'est pas la femme, dit Tacite, qui apporte une dot au mari; mais c'est le mari qui l'offre à la femme. » On retrouve toutes ces coutumes chez diverses peuplades de l'Océanie et du Nouveau Monde.

Tantôt la dot donnée à la femme par le mari, puis apportée par la femme dans le ménage, fait retour à l'homme et à sa famille et tantôt elle appartient en propre à la femme et constitue dès lors son douaire. Chez les Hindous, chez les Grecs, chez les Romains, la loi veille à ce que cette propriété de la femme soit respectée. On sait toutes les responsabilités que le droit romain et après lui notre droit français imposent au mari, si bien que Gide a pu dire que le droit romain a été l'un des agents les plus énergiques de l'émancipation de la femme par les mesures sévères qu'il a édictées en vue de la conservation de la dot (1), la dot de la femme devant être

____

(1) Gide, *Condition primitive de la femme*, 2ᵉ édit., in-8°, Paris, 1885.

hypothéquée sur les biens du mari, être reprise avant tout partage, être rendue enfin intégralement à la femme en cas de divorce.

Chez les Germains, la dot devenait la propriété de la femme et elle en pouvait disposer à l'exclusion du mari ; mais le mari, d'autre part, n'en était point responsable.

Tant que les mœurs restent pures, que les hommes se marient tous, et se marient jeunes ; tant que le nombre des filles demeure à peu près égal à celui des garçons, le douaire continue à être constitué à la femme par le mari ; mais dès que, par le relâchement des mœurs, par l'accroissement du luxe les hommes montrent moins de goût pour le mariage ; dès que le nombre des filles, ainsi qu'il arrive généralement dans les civilisations avancées, l'emporte sur celui des garçons, longtemps après que les formes grossières de l'achat sont supprimées, même lorsqu'on les repousserait volontiers avec horreur, la loi de l'offre et de la demande ne se fait pas moins sentir, les jeunes gens répugnent à constituer un douaire et les pères des jeunes filles offrent des dots. Les Hébreux, les Mahométans font un devoir au père de doter sa fille ; en Grèce, c'est par l'attribution de la dot que se marque la différence entre la femme légitime et la concubine. A Rome, la femme légitime doit avoir une *dos* qui lui vient de son père. Le droit prussien prescrit que le père ou la mère de la jeune fille doivent meubler la maison des nouveaux époux et faire les frais de la noce.

Bien qu'à l'heure actuelle ce soit en France et dans les autres pays latins que fleurisse avec le plus d'intensité le système de la dotation, cependant il existe aussi à peu près dans tous les pays civilisés, car, dans les cas ordinaires, il n'est presque pas de famille qui ne donne quelque chose à sa fille en propre en l'établissant, ne serait-ce que ses meubles ou que son trousseau.

Cet état de choses durera tout le temps que les mœurs publiques et les exigences factices de la vie s'opposeront à la précocité des mariages, et surtout dans les pays où la jeune fille sera élevée de telle façon que, si elle ne se marie pas, sa vie tout entière peut être considérée comme manquée. Mais déjà, à certains symptômes, on peut reconnaître le commencement d'un changement : les femmes arrivent à entrer dans des emplois qui leur créent des occupations et des intérêts ; ces occupations et ces intérêts, en dehors même du mariage et du couvent, suffisent à remplir leur vie ; quelques-unes, atteintes d'une véritable maladie symétrique au célibat attardé des hommes, forment entre elles à Londres ou en Amérique des clubs de réfractaires au mariage. Tout cela contribuera à rétablir l'équilibre et à ruiner la coutume de la dot : plus les femmes deviendront indépendantes et plus elles pourront se passer de l'homme, plus elles seront recherchées pour elles-mêmes.

CHAPITRE II

Les formes que peut revêtir le mariage sont
en somme en très petit nombre; on peut les
ramener à deux principales : la polygamie et la
monogamie. Dans la polygamie on peut distinguer : la polygamie à laquelle on réserve d'ordinaire ce nom et où un seul homme a plusieurs
femmes; la polyandrie, où une femme a plusieurs
maris. La polygamie admet souvent, et même le
plus ordinairement, deux sortes d'épouses : les
légitimes et les concubines. Parfois il ne peut y
avoir qu'une femme légitime, comme en Chine,
et un nombre illimité de concubines; d'autres
fois, il peut y avoir un nombre limité de femmes
légitimes, quatre au plus, par exemple chez les
musulmans, et d'autres fois ce nombre même
n'est pas limité. La monogamie peut être tempérée par le divorce rendu plus ou moins facile.
c'est le cas de tous les peuples civilisés qui ont
subi l'influence du christianisme et qui ont
rompu avec les traditions du droit catholique;
ou bien la monogamie est indissoluble : c'est le

droit canonique du catholicisme, et c'est ce droit seul qui a constitué cette forme du mariage, la plus étroite et, par conséquent, la plus austère. La législation catholique se pose ainsi en opposition avec toutes les autres législations. Il y a là un phénomène sociologique aussi éclatant qu'il est important.

C'est déjà un fait remarquable que les formes matrimoniales soient liées à des formes religieuses, car la monogamie n'existe que là où il y a christianisme et l'indissolubilité n'existe que là où il y a catholicisme. Ce seul fait nous induit à penser que les croyances religieuses ont dû avoir une très grande influence sur les formes matrimoniales. C'est ce qui, croyons-nous, résultera avec évidence de cette étude. Il nous faut d'abord exposer les faits tels que l'histoire des institutions nous les montre chez les peuples les plus différents.

I

Plus on remonte haut dans l'histoire, plus on trouve de coutumes monogamiques. Cela est tout à fait remarquable et contraire, comme nous l'avons déjà remarqué après Westermarck, à l'hypothèse de la promiscuité. Les anciens Babyloniens étaient monogames, et le code d'Hammourabi, récemment rapporté de Suse par M. de Morgan et traduit par le P. Scheil (1), l'établit surabondamment. Ce code date du vingt-troisième ou vingt-quatrième siècle avant Jésus-Christ ; c'est le plus antique monument que nous possédions sur les mœurs de l'humanité. Or, tous les textes supposent la monogamie. Le mariage est un acte public (2). Le mari ne peut prendre une concubine que dans le cas où il n'aurait d'enfants ni de sa femme légitime ni de la serve que celle-ci lui aurait donnée (3) ; la serve est ici considérée non pas comme une concubine, mais comme une suppléante, une sorte de prolongement de la personnalité de sa maîtresse (4). La serve, même devenue mère, doit respecter sa maîtresse ; mais elle ne peut plus être vendue (5). La seule punition qu'on puisse lui infliger, c'est de la marquer et de lui faire reprendre rang parmi les esclaves. Le mari

(1) *Mémoires publiés sous la direction de M. de Morgan,* t. IV, *Textes élamites-sémitiques,* 2ᵉ série, par le P. SCHEIL, in-4°, Paris, Leroux, 1902.

(2) § 128, p. 145.

(3) § 144, 145, 146. — *Ibid.,* p. 147.

(4) § 146, 147. — Cf. le langage d'Abraham à Sarah (*Gen.,* xxx).

(5) Absolument, comme dans la Bible, Agar est une suppléante de Sarah : *Ingredere ad ancillam meam,* dit-elle à Abraham, *si forte saltem ex illa suscipiam filios* (*Gen.,* xvi). C'est Sarah qui s'attribue les fils de la serve. Rachel dit de même à Jacob (*Gen.,* xxx, 3) : *Habeo famulam Balam, ingredere ad illam ut pariat super genua mea et habeam ex illa filios.* Et Lia (*ib.,* 9) imite sa sœur en donnant à Jacob sa serve Zelpha.

peut répudier à son gré sa femme ou sa concubine (1) ; seulement, s'il n'a pas à s'en plaindre,
il doit lui rendre son douaire ou même lui
donner une indemnité (2) ; elle élèvera les
enfants et, après, pourra se remarier. Dans le
cas où le mari a des reproches graves à faire à
sa femme, quand elle est portée à sortir, qu'elle
sème la division, qu'elle est prodigue, et laisse
là son mari, elle est répudiée publiquement ; le
mari ne lui doit rien (3) et la femme reste esclave
du mari. La femme, à son tour, peut se refuser
à son mari, et si elle est ménagère et sans reproche elle peut, après examen de ses raisons,
être autorisée à reprendre son trousseau et retourner chez son père (4) ; si elle est coureuse et
ruine la maison, on la jettera dans l'eau. Mais
le mari ne peut répudier sa femme pour cause
de maladie sans le consentement de la femme ;
il peut seulement prendre une seconde femme (5).
L'adultère, l'inceste avec les ascendants, le viol,
sont sévèrement punis (6) ; cependant le mari
peut pardonner à la femme infidèle ; de son côté
la femme peut, en l'absence du mari, quand il
n'y a pas de quoi vivre dans la maison du mari,
entrer dans une autre maison et y avoir des

(1) § 137, p. 146.
(2) § 139, 140, p. 146.
(3) § 141, p. 146.
(4) § 142, p. 146.
(5) § 148, 149, p. 147.
(6) § 129-133, 195, 158, p. 145, 148.

enfants sans que le mari, à son retour, puisse la faire punir (1). Il résulte du sens des textes que c'est le père qui marie ses enfants (2); les frères aînés succèdent même en ce point aux droits du père (3). Le père ne peut renier son fils que devant les juges, en cas de faute grave et après un premier pardon (4). La femme demeurée veuve et sans douaire a droit à une part d'enfant dans l'héritage du mari (5). Il existe d'ailleurs des femmes publiques qui paraissent avoir des fonctions reconnues; il est aussi question, dans les mêmes paragraphes, de « favoris » employés au palais, qui paraissent bien avoir des fonctions analogues (6). Le but de toutes ces lois paraît bien être d'assurer la continuité dans la famille, la perpétuité de la race; la femme, bien que traitée évidemment en inférieure, a cependant quelques droits. Ainsi qu'on l'a remarqué, ce code suppose derrière lui des siècles nombreux de civilisation. Il marque moins un état de l'humanité enfant qu'une étape de l'humanité adulte déjà. En plus d'un point de la législation civile, il paraît supérieur au code hébreu, auquel il est au contraire très inférieur en tout ce qui touche à la législation purement morale.

(1) § 134, 135, p. 145.
(2) § 155, 156, 160, 161, p. 148, 149.
(3) § 166, p. 149.
(4) § 168, 169, p. 149, 150.
(5) § 171, p. 150.
(6) § 187, 192, 193, p. 153.

En Égypte, de même, la monogamie est la règle ; l'inceste est pratiqué dans les familles royales et nobles, probablement par orgueil du sang. La femme y dispose de ses biens. Cependant la polygamie n'est pas défendue. L'infanticide est fréquent. Le divorce est autorisé ; le mari peut répudier sa femme ; plus tard, la femme peut aussi répudier son mari, et enfin, vers le temps d'Evergète II, elle semble avoir conquis le monopole de la répudiation (1).

Chez les Hébreux, du temps des patriarches, nous voyons Abraham prendre une concubine, sa servante Agar, sur la demande même de sa femme légitime, Sarah. Jacob épouse successivement Lia et Rachel et les garde toutes deux comme femmes légitimes ; cependant, à la demande de ses deux femmes, il accède aussi au concubinat. Le droit de renvoi de la femme paraît probable. L'adultère, l'inceste, les mœurs infâmes, sont sévèrement punis dans le *Lévitique* (2) et dans le *Deutéronome* (3). La monogamie paraît être l'usage général ; la polygamie ne semble point interdite. Avec les prisonnières on a le droit de faire un essai de mariage, quitte après à laisser à la femme sa liberté (4). Le concubinat ne paraît pas défendu. Le mari a droit au

(1) Jules CAUVIÈRE, *le Lien conjugal et le Divorce*, in-8°, Paris, 1890, III, p. 12.
(2) XVIII, 18 ; XX, 10, 11, 12, 14, 21.
(3) XXII, 22.
(4) *Deutér.*, XXI, 10.

divorce d'abord pour cause d'adultère : les *Proverbes* blâmeront même plus tard, dans ce cas, le mari qui ne divorcera pas (1) ; puis, quand la femme ne trouve pas grâce devant le mari à cause de quelque chose de honteux, *propter fœditatem*, ἀσχημον πρᾶγμα (2). Plus tard on ajouta encore un certain nombre de cas. Mais le divorce n'allait pas sans formalités. Le mari devait délivrer à la femme renvoyée un acte en forme, le fameux *libellus repudii*. Les enfants restent à la femme. La femme répudiée pour disgrâce et qui a pris un autre mari ne peut, même après la mort de celui-ci, revenir au premier. C'est de là que sont nées les diverses législations qui ont interdit dans l'âge moderne le remariage aux époux divorcés. Le divorce fut d'abord mal vu ; il entra ensuite dans les mœurs. Un rabbin renommé, Hillel, peu de temps avant l'ère chrétienne, permettait, dit-on, de renvoyer la femme qui avait mal préparé un plat ou laissé brûler le rôti (3). La femme, au moment où Jésus prêchait, avait obtenu de même le droit de quitter son mari et de s'engager en de nouveaux liens. Ce sont précisément ces engagements nouveaux que Jésus-Christ condamna dans le fameux chapitre de saint Matthieu dont il sera question plus loin (4).

(1) *Prov.*, xviii, 22.
(2) *Deutér.*, xxiii, 2.
(3) CAUVIÈRE, *op. cit.*, ii, p. 8.
(4) xix, 3-12. — Cf. MARC, x, 12.

La femme accusée d'adultère par son mari, qui, en beaucoup d'endroits, était soumise à l'ordalie de la flottaison (1), n'était soumise chez les Hébreux qu'à l'ordalie beaucoup moins redoutable des eaux amères (2). Après une cérémonie d'exécration où le grand prêtre annonce que si la femme est coupable la boisson qu'elle va prendre fera enfler son ventre et pourrir sa cuisse, la femme boit; s'il ne lui arrive aucun dommage, elle est réputée innocente (3).

On voit dans la Bible instituer la coutume du lévirat : quand un homme meurt sans laisser d'enfants, sa femme peut exiger devant les anciens que le frère du défunt l'épouse pour susciter une descendance à celui qui n'est plus (4).

Dans l'Inde ancienne, entre le vingtième et le

(1) *Code d'Hammourabi*, § 132, p. 155.

(2) *Num.*, v, 12-31.

(3) Il est remarquable que dans cette ordalie le miracle ne doit se produire que pour attester la culpabilité de la femme. C'est le renversement de la preuve ordinaire dans l'ordalie, où le miracle, l'intervention de Dieu, doit se produire en faveur de l'innocent. Il n'est pas besoin de beaucoup de réflexion pour voir combien ce mode de procédure est plus favorable à l'accusée, qui est ici présumée innocente, tandis que dans les autres genres d'ordalie elle est au contraire présumée coupable, puisqu'il faut une interversion des lois naturelles pour que son innocence soit attestée. C'est ainsi la législation biblique qui, la première, a présumé l'innocence et a institué la procédure qui met la preuve à la charge de l'accusation, non de la défense, procédure qui a eu tant de peine à s'introduire dans le droit pénal.

(4) *Deutér.*, xxv, 5-10.

quinzième siècle avant notre ère, un homme peut avoir plusieurs concubines : il n'a qu'une épouse légitime. La mort seule dissout l'union (1).

Après Açoka, au troisième siècle, quand les indigènes se sont fondus dans les Aryens, la femme n'est plus considérée comme l'égale de l'homme, ainsi qu'elle l'était pour ces derniers. « La femme, dit Manou, doit toujours être assujettie : enfant à son père, mariée à son époux, veuve à son fils. » Le bouddhisme est plus sévère encore que le brahmanisme. Le *Râmâyana* condamne l'adultère : « Prendre la femme d'un autre est l'un des trois grands crimes. Toujours, le même, tu n'aimeras que ta femme. » En général, les enfants sont mariés par les parents bien avant la puberté. Il y a huit formes de mariage (ou plutôt peut-être d'union de l'homme avec la femme) ; les trois inférieures ne comportaient aucune cérémonie régulière ; la quatrième, le mariage *Asura* (où commence véritablement le mariage), comportait une dot donnée par le fiancé à sa fiancée et une autre donnée aux parents (2).

Dès le temps de Manou, la polygamie n'était pas reçue chez les riches ; elle se répandit après la conquête musulmane. Le mariage est soumis d'ailleurs à deux lois : l'une, d'exogamie, qui

(1) *Rig-Véda*, X, 18 (844) 4, 8, cité par LA MAZELIÈRE. — *Essai sur l'évolution de la civilisation indienne*, t. I, introduction, II, p. 15, 2 vol. in-12, Plon, Paris, 1902.
(2) *Idem, ibid.*, appendice, p. 378.

interdit le mariage entre *sapindas*, c'est-à-dire entre parents par les mâles jusqu'au sixième degré, ou par les femmes jusqu'au quatrième ; l'autre, d'endogamie, qui interdit à chaque Hindou de se marier hors de sa caste. La loi anglaise sanctionne, aujourd'hui encore, toute ces dispositions. La femme qui n'a pas conçu peut réclamer les bons offices de son beau-frère ; le mari peut la répudier pour stérilité ou pour certains défauts physiques ou moraux qui la rendent insupportable, ou si elle n'a que des. filles ; elle peut aussi quitter son mari et convoler de nouveau dans certains cas, par exemple si le mari est phtisique ou s'il adopte la profession de mendiant. La veuve ne doit pas se remarier. Les infanticides ont été de tout temps très nombreux. Toute l'institution du mariage est organisée en vue de maintenir les castes et le culte des ancêtres ; mais les réformateurs actuels réclament une nouvelle organisation qui la rapproche des institutions européennes (1).

En Chine, où le culte des ancêtres a une importance extrême, et peut-être plus grande encore que dans l'Inde, puisqu'il constitue à peu près la seule religion de tous ceux qui ne sont ni bouddhistes ni chrétiens, le mariage ne pouvait manquer d'être très hautement respecté. Confucius n'admet qu'une femme légitime ; les

(1) V. La Mazelière, t. II, liv. III, chap. ii, p. 306 et *passim*.

autres ne sont que des concubines. Le mari a le droit de répudiation ; mais les cas en sont limités par la loi au nombre de sept. Le premier est la mésintelligence persistante entre la femme et le père ou la mère du mari ; les autres sont la stérilité, l'adultère, les propos par lesquels la femme aurait troublé la paix de la famille, une infirmité repoussante, l'intempérance incorrigible de la langue et enfin le larcin domestique.

Les enfants sont mariés quelquefois avant leur naissance ; le mari voit sa femme pour la première fois le jour de ses noces. La femme demeure esclave et servante toute sa vie. Elle n'est qu'un instrument passif à l'usage de l'homme. L'homme ne peut se remarier qu'à la mort de sa femme où pour des raisons majeures, comme celle de s'assurer une postérité mâle ; l'épouse répudiée ne peut pas se remarier. La veuve même ne devrait pas convoler en secondes noces. L'infanticide, surtout celui des filles qui ne peuvent continuer le culte des ancêtres, est non pas autorisé par la loi, mais passé dans les mœurs.

Le docteur Matignon, médecin de la légation de France à Pékin, où il a résidé plusieurs années, estime que le nombre des infanticides de petites filles est d'environ 45 pour 100 du total des naissances féminines (1). Au Seu-Tchéouen, les

(1) *Superstition, crime et misère en Chine*, Paris, 1902.

Chinois chrétiens ont en général 55 pour 100 de filles de plus que les Chinois païens ; d'où il semble bien résulter que ceux-ci ont une tendance assez forte à détruire leur progéniture. « Il n'y a, en effet, remarque avec raison M. Farjenel, aucune raison de supposer que les chrétiens chinois aient naturellement plus de filles que leurs compatriotes confucéens (1). »

Dans le monde musulman régi par les lois de l'islam, c'est la polygamie qui règne ; la femme est enfermée dans le harem, surveillée et gardée par des eunuques. Ce sont les parents qui décident les mariages. Le mari a droit à quatre femmes légitimes et à autant de concubines qu'il peut en entretenir. Le mari ne répudie pas sa femme infidèle ; il la tue. La femme n'a aucun recours contre le mari. Elle n'est qu'un jouet ou un instrument pour perpétuer la race.

En Grèce, au temps d'Homère, il n'est pas fait mention du divorce. Ménélas revendique Hélène malgré toutes ses aventures. La femme n'a certainement pas le droit de quitter son mari. Les guerriers et les rois homériques n'ont qu'une femme ; mais ils font de leurs prisonnières de guerre des concubines. Toute l'*Iliade* repose sur la querelle d'Agamemnon et d'Achille à propos de la capture de Briséis.

Cité par FARJENEL, *la Femme chinoise, Quinzaine* du 1er janvier 1903. On trouvera dans cet article une foule d'autres détails intéressants et caractéristiques.

(1) *Ibid.*, p. 4.

A Lacédémone, au neuvième siècle avant notre ère, Lycurgue visa surtout à organiser une cité guerrière. Tout l'effort de l'institution matrimoniale tendit donc à donner à la cité de mâles et vigoureux soldats. Le mariage est un devoir, et l'époux qui n'a pas d'enfants doit se faire suppléer et a le droit de le faire par qui lui plaira. Le mari a seul le droit de répudiation, sans aucune formalité, sur le simple soupçon de stérilité de sa femme. La femme peut appartenir en commun à plusieurs frères : l'essentiel est que chaque famille ait des descendants mâles en nombre suffisant pour remplir les vides faits par la mort. Le mari peut prêter sa femme. On connaît la coutume barbare du Barathron, l'enfant mal conformé est sacrifié. L'avortement est fréquent.

A Athènes, il y a des institutions à peu près semblables. Le célibat est puni ; le mari qui n'a pas d'enfant se fait suppléer. Le divorce est libre. Le mari est obligé d'y recourir quand sa femme est adultère. La femme est enfermée dans le gynécée. C'est, d'ailleurs, la monogamie qui règne, tempérée par le concubinat légal, sans compter les mœurs infâmes. La femme n'a le droit de réclamer le divorce que dans le cas où sa vie est mise en péril. Elle doit s'adresser directement à l'archonte éponyme qui prononce sur son cas. Le mari doit habituellement faire devant témoins sa déclaration de répudiation. En cas de divorce, les enfants restent auprès du mari. Il est bien clair, avec toutes ces facilités, que, inscrit ou non dans la loi, le divorce par consentement mutuel a dû réellement exister. L'infanticide est pratiqué dans les mêmes conditions qu'à Sparte, et Aristote professe toute une théorie de l'avortement (1).

A Rome, le divorce remonte à la plus haute antiquité. Il est réservé au mari et autorisé dans quatre cas déterminés : l'empoisonnement, l'adultère, l'ivrognerie et la fabrication de fausses clefs de la cave au vin. La loi des Douze-Tables admet le divorce, mais toujours comme une faculté réservée au mari. Du temps de Plaute, au sixième siècle, le droit paraît être devenu réciproque. Le père de la fille a toujours eu le droit de répudier son gendre. Cependant, malgré ces facilités, le divorce est peu pratiqué. Les mœurs antiques de Rome furent excellentes. La femme n'est pas enfermée ; elle préside les repas de famille et est vraiment la reine de son foyer. Aussi les vieux jurisconsultes romains se font-ils une très haute idée du mariage, qu'ils définissent : *Consortium omnis vitæ, individua vitæ consuetudo, divini et humani juris communicatio*, « l'intime union de toute la vie, l'habitude indivisible de la vie, la mise en commun des relations humaines et divines (2) ».

<hr>

(1) *Politique*, vii, 16. — Cf. Piat, *Aristote*, liv. IV, chap. iii, p, 360, in-8°, Paris, 1903.

(2) Modestin, fr. 1. D. XXII, 2, cité par Gide, *op. cit.*, p. 123.

La formule sacramentelle que prononce la femme au moment du mariage est caractéristique : *Ubi tu Gaïus, ibi te Gaïa,* dit-elle ; — et cela veut dire : « Où tu es maître, je suis maîtresse (1). »

Après les guerres puniques, le divorce devient fréquent ; le commerce avec les Grecs corrompt les Romains. Caton d'Utique, autorisé par son beau-père, cède sa femme à son ami Hortensius et la reprend quand elle est devenue veuve et enrichie par son veuvage. Vers les derniers temps de la République, le divorce était devenu chose journalière. Auguste essaya de réagir. Il fallut, d'après la loi Julia, manifester devant sept témoins la volonté de répudiation ; cette loi établit aussi certains délais ; mais le divorce par consentement mutuel, *bona gratia,* ne fut jamais réglementé. Des pénalités furent cependant instituées qui atteignaient les époux dont la conduite avait motivé le divorce. Le droit du père sur l'enfant est absolu ; l'infanticide est donc licite, sinon fréquent, et les enfants ne sauraient se marier contre la volonté paternelle. En résumé, au moment où commence l'ère chrétienne, les liens du mariage sont dans l'univers entier chose fragile ; la femme est dans une condition inférieure, toujours soumise, parfois enfermée et presque esclave, humiliée par la

____

(1) PLUTARC. *Quæst. rom.,* 30. Cité par GIDE, *ibid.,* liv. I, chap. IV, p. 110.

polygamie ou par le concubinage ; l'infanticide est fréquent et la dissolution des mœurs, en Grèce et à Rome, est portée au comble. Nous allons voir ce que le christianisme va faire de la famille.

II

Tout l'enseignement biblique porte, en ce qui concerne les relations de l'homme et de la femme, la marque de la plus haute moralité. Tous les vices contre nature, si répandus dans le monde antique, sont exécrés par les Écritures. L'homme ne doit s'unir à la femme qu'en mariage et avec des intentions droites. Nous avons vu cependant que la loi hébraïque tolère tout au moins la polygamie et le concubinage ; qu'elle permet le divorce dans plusieurs cas déterminés et que les rabbins ont ensuite singulièrement élargi ces tolérances.

C'est justement sur ce point que les pharisiens viennent interroger Jésus, dans le passage célèbre de saint Matthieu qui forme la base de l'enseignement chrétien en matière de mariage.

Les pharisiens s'approchèrent de lui et le tentèrent en disant : « Est-il permis à l'homme de renvoyer sa femme pour quelque cause que ce soit ? »

Jésus répondant leur dit : « N'avez-vous pas lu que celui qui fit l'homme au commencement les fit mâle et femelle? et qu'il dit :

« A cause de cela, l'homme quittera son père et sa « mère et s'attachera à sa femme et ils seront deux « dans une même chair.

« C'est pourquoi, ils ne sont plus deux, mais une « seule chair. Ce que Dieu a uni, que l'homme ne le « sépare point. »

Ils lui dirent : « Pourquoi donc Moïse ordonnait-il le libelle de répudiation et le renvoi? »

Il leur dit : « Parce que Moïse, à cause de la dureté de votre cœur, vous permit de renvoyer vos femmes; mais au commencement il n'en était pas ainsi.

« Or, je vous dis que quiconque aura renvoyé sa femme, si ce n'est pour adultère, et s'il en prend une autre, il fait adultère; et celui qui prend la renvoyée, il fait aussi adultère (1). »

L'enseignement est formel : il impose la monogamie, il permet la répudiation dans le cas d'adultère, il condamne le remariage. Cependant l'incise « si ce n'est pour adultère — *nisi ob for-nicationem.* — » n'est pas claire. L'exception porte-t-elle sur le droit de prendre une autre femme aussi bien que sur le fait de la répudiation? Le texte, en lui-même, autorise les deux sens. Dans l'un, le remariage du vivant de l'autre époux est condamné, quel que soit le cas; dans l'autre, il serait permis en cas d'adultère. Mais si le texte est obscur, la tradition chrétienne ne le paraît pas, et c'est dans le sens de la plus

____

(1) MATTH., XIX, 3-10.

grande sévérité, de la condamnation de tout remariage, et par conséquent du divorce, qu'elle s'est en grande majorité prononcée, en particulier en Occident et dans le catholicisme. Les catholiques font d'ailleurs observer que si le passage de saint Matthieu présente quelque obscurité (1), les passages correspondants de saint Marc (x, 10) et de saint Luc (xvi, 18) n'en offrent aucune et que dans tous les deux on peut lire très expressément : « Quiconque renvoie sa femme et en épouse une autre est adultère; et toute femme qui quitte son mari et en prend un autre est adultère. » Ici, plus aucune restriction; c'est le retour évident à la discipline de l'indissolubilité qui, selon l'enseignement de Jésus, aurait été la discipline primitive de l'humanité. Les premiers Pères, Hermas, Tertullien; puis, plus tard, saint Basile, saint Jérôme, saint Augustin, tous sont dans le même sentiment. Et comment l'honneur traditionnel rendu par les chrétiens à la virginité, les imprécations éloquentes prononcées par saint Paul contre « le sens réprouvé », ne donneraient-ils pas raison à la thèse qui réduit à de strictes et fixes limites la satisfaction des désirs? Origène semble penser comme tous ces Pères; cependant il excuse les

____

(1) Bossuet écrit : « Cette unique exception (le cas de l'adultère) *qui peut avoir quelque couleur* dans l'Évangile. » *Avertissements aux Protestants*, 6° avertissement, LXXX. *Histoire des variations*, t. IV, p. 237-406, 4 vol. in-12, Paris, 1740.

évêques qui, pour éviter de plus grands malheurs, ont quelquefois permis le divorce et un second mariage (1). Cependant, lorsque le christianisme se répandit dans l'Empire, il fut difficile de supprimer immédiatement la pratique du divorce. Constantin et ses successeurs ne le prohibent donc pas. Quelques évêques le tolèrent, ainsi qu'on vient de le voir à propos d'Origène. Ces tolérances eurent lieu surtout dans les parties orientales de l'Empire et s'y sont perpétuées dans l'Église grecque et même chez les Grecs unis. L'Église latine a, au contraire, de plus en plus précisé la doctrine de l'indissolubilité du lien conjugal, et Joseph de Maistre remarque (2) que le maintien de cette discipline fut une des fonctions les plus importantes de la papauté. M. Étienne Lamy (3) y voit une des raisons pour lesquelles les femmes doivent de la reconnaissance à l'Église qui a ainsi travaillé à sauvegarder leur dignité. La Réforme attaqua la doctrine de l'indissolubilité et autorisa le divorce. C'est un des points sur lesquels Bossuet pressa le plus leurs ministres; le concile de Trente proclama donc la doctrine dans sa session XXIV\ :.

« Le saint Concile, dit Mgr d'Hulst, avait

______

(1) J'emprunte ces références patristiques à l'excellent *Dictionnaire de théologie* de BERGIER, art. *Mariage*.

(2) *Du Pape*, liv. II, chap. VII, art. 1er.

(3) *La Femme de demain*, chap. II, p. 81, in-12, Paris, 1901.

préparé un canon qui condamnait expressément cette exception (l'exception d'adultère). Au dernier moment et sur la représentation des ambassadeurs de Venise, on recula devant une condamnation directe qui aurait frappé les Grecs unis, alors que le Concile était assemblé pour s'opposer aux erreurs protestantes (1). »

Aussi le septième canon, où il s'agit de la rupture du lien conjugal pour cause d'adultère, ne se sert-il plus de la forme directe dont s'est servi, par exemple, le cinquième canon pour condamner la doctrine de la possibilité de la dissolution du lien conjugal pour cause d'hérésie, de difficultés de cohabitation ou d'absence volontaire ; mais il adopte la forme indirecte : l'anathème n'est plus formulé directement contre celui qui soutiendrait que le lien conjugal peut être rompu pour cause d'adultère, de façon à libérer entièrement les deux époux, ou du moins l'époux innocent, et à lui permettre de se marier de nouveau sans crime, mais seulement contre celui qui viendrait à soutenir que l'Église s'est trompée en enseignant l'indissolubilité absolue du lien conjugal. Ce n'est assurément qu'une nuance, et la doctrine des Pères du concile de Trente n'est point douteuse, mais la nuance n'existe pas moins et elle est fort remarquable. Depuis lors, Bossuet et tous les catho-

_____

(1) Mgr d'HULST, *Conférences de Notre-Dame*. — Carême de 1894, note 6, p. 37, in-8°, Paris, 1894. — Toute cette note résume d'ailleurs très bien l'historique de la question.

liques ont soutenu la doctrine de l'indissolubilité comme la seule orthodoxe, et Léon XIII
enfin, dans l'Encyclique *Arcanum divinæ sa-
pientiæ* (1), a scellé définitivement la doctrine en
condamnant le divorce pour quelque cause que
ce soit.

Mais si l'Église catholique n'admet pas le
divorce, elle reconnaît cependant diverses causes
de nullité, dont les unes résultent de la nature
des choses, telles que l'erreur sur la personne,
la violence faite aux contractants, leur folie ou
leur impuissance; et les autres découlent de
certaines lois disciplinaires établies par l'autorité légitime, par exemple la parenté, l'adultère,
la clandestinité. Ces empêchements, appelés
dirimants, font que le mariage n'existe pas (2).
La cause efficace du mariage consiste dans le
consentement mutuel de l'homme et de la femme
en tant qu'ils sont l'un et l'autres habiles à contracter. C'est ce qu'expriment les mots : *inter*

(1) 10 février 1880. On trouvera en outre la doctrine catholique exposée dans le *Catéchisme du Concile de Trente*,
chap. VIII. — *De Matrimonii sacramento.* — V. *Acta Conc.
Trident.* sess. XXIV. Cf. SAINT THOMAS, *Somme théologique*,
IIIᵉ pars. *Supplementum*, q. XLI-LXVIII. Et dans tous les traités
de théologie.

(2) Voici les vers latins où les théologiens énumèrent ces cas
qu'ils appellent *dirimants* :

> *Error, conditio, votum, cognatio, crimen;*
> *Cultus disparitas, vis, ordo, ligamen, honestas;*
> *Ætas, affinis, si clandestinus et impos;*
> *Raptave sit mulier loco nec reddita tuto;*
> *Hæc facienda vetant connubia, facta retractant.*

legitimas personas employés dans la définition juridique du mariage.

Le christianisme considère le mariage comme un sacrement. Ce sacrement embrasse à la fois les fins naturelles et les fins surnaturelles du mariage, celles-là comme conditions nécessaires de celles-ci. Naturellement le mariage est destiné à assurer d'abord la perpétuité de la race humaine, à unir ensuite les époux, à leur faciliter la bonne tenue de la vie morale; surnaturellement, le mariage a pour fin d'abord d'augmenter le nombre des enfants de Dieu, des créatures humaines destinées par grâce à la déification; ensuite, de sanctifier les époux par les grâces que leur apporte le sacrement. C'est ce qu'expriment les théologiens en disant que le mariage a pour but la descendance, la foi des époux et le sacrement : *proles, fides et sacramentum.* Dans les deux sens, naturel et surnaturel, il y a une double fin : l'une principale, c'est celle qui regarde les enfants; l'autre secondaire et subordonnée, celle qui regarde les parents, les arme contre le vice, leur ouvre les portes de la vertu, les avenues du bonheur.

Il suit évidemment de là que le mariage a deux conditions : les unes qui résultent de la fin principale et les autres qui découlent de la fin secondaire. Le mariage ne peut avoir lieu qu'entre deux personnes humaines de sexe différent, et il faut au moins que les actes essentiels puissent être normalement accomplis. S'il y a une impossibilité physique qui empêche la descendance, la fin principale du mariage ne pouvant plus se réaliser, il ne pourrait y avoir non plus mariage. Pour que les époux puissent vivre ensemble et ne pas tomber dans le vice, pour qu'ils aient une responsabilité morale véritable dans un acte aussi important que le mariage, il faut qu'ils soient libres, donc qu'ils sachent ce qu'ils font, qu'ils ne soient ni contraints ni violentés. Ils ne sauraient pas ce qu'ils font, ils seraient inhabiles à contracter, s'ils étaient trop jeunes, s'ils ignoraient ce à quoi ils s'engagent, si enfin ils épousaient une autre personne que celle qu'ils croient épouser.

A l'erreur sur la personne et y tenant de très près se trouve lié l'empêchement de la *condition*. A l'origine, cet empêchement visait simplement le fait pour une personne de condition libre d'épouser sans le savoir une autre personne de condition esclave. Les canonistes pensèrent avec raison qu'il y avait dans l'espèce une erreur telle qu'elle suffisait à vicier le libre consentement. A mesure que l'on a approfondi cette question, on s'est aperçu que l'empêchement de la *condition* ne saurait s'arrêter à ce seul cas et qu'il devait avoir lieu toutes les fois que le consentement était *conditionné* par une qualité de la personne qu'on croit exister et qu'on reconnaît ne pas exister, après l'échange des consentements. « Par exemple, dit un canoniste, si

Titius a dit : « Je veux épouser Marie, mais je « ne le veux que si elle est noble (1). »

Les époux ne seraient pas libres s'ils subissaient une violence physique ou morale, ouverte ou occulte, telle qu'elle pût leur imposer les paroles du consentement sans que cependant leur volonté intérieure eût véritablement consenti.

L'Église a toujours fait de la liberté des contractants une des conditions essentielles du mariage ; aussi n'a-t-elle pas admis que le mariage fût contracté par des enfants incapables de savoir ce qu'ils veulent, de le faire et même de le vouloir. Elle a « limité, nous dit Léon XIII, autant qu'il le fallait, le pouvoir du père de famille, pour que la juste liberté des fils et des filles qui veulent se marier ne fût en rien diminuée (2) ». — Le mariage chrétien, selon le même Pontife, a eu pour effet de pousser les hommes à reconnaître l'égalité juridique de toutes les personnes humaines, des esclaves et aussi des femmes.

« Le droit du mariage a été équitablement établi et rendu égal pour tous par la suppression de l'ancienne distinction entre les esclaves et les hommes libres ; l'égalité des droits a été recon-

<hr>

(1) Gaspari, *Tract. canon. de Matrimonio*, chap. ii, § 2, t. II, p. 14, 2 vol. in-8°, Paris, 1891.

(2) Atque illud etiam magnum est quod de potestate patris-familias Ecclesia, quantum opportuit, limitaverit, ne filiis et filiabus conjugii cupidis quidquam de justa libertate minueretur. (Encycl. *Arcanum.*)

nue entre l'homme et la femme; car, ainsi que le disait saint Jérôme, parmi nous ce qui n'est pas permis aux femmes est également interdit aux hommes, et dans une même condition ils subissent le même joug; et ces mêmes droits, par le fait de la réciprocité, de l'affection et des devoirs, se sont trouvés solidement confirmés; la dignité de la femme a été affirmée et revendiquée; il a été défendu au mari de punir de mort sa femme adultère et de violer la foi jurée, en se livrant à l'impudicité et aux passions (1). » C'est pour cela que l'Église a considéré que le mariage était contracté par cela seul que les époux ont échangé leur consentement.

Le mariage, aux yeux du christianisme, n'est pas l'état le plus parfait, le plus noble que l'homme puisse embrasser. La virginité, le célibat chaste qui se consacre à Dieu et aux œuvres pies lui apparaît comme supérieur en noblesse et en perfection. C'est que la noblesse de la vie se mesure à son expansion; or, celui qui se refuse au mariage pour se consacrer à Dieu donne à sa vie la plus large, la plus haute et la plus vaste expansion. Enfermé dans le cercle d'une famille, il ne donnerait sa vie qu'à sa femme et à ses enfants; consacré à Dieu, il est libre vis-à-vis de quelques êtres humains afin de pouvoir se donner tout entier à l'universel, à la totalité de la race humaine : c'est donc pour

---

(1) Encycl. *Arcanum.*

être à tous qu'il ne veut être à personne. Et il est vraiment difficile à une âme philosophique de contester ces principes. De là viennent les écrits comme le *De virginitate* de saint Ambroise et tant d'autres qui commentent la préférence visible témoignée par saint Paul (1) à la perfection virginale. Mais l'état de mariage a été, par contre, au rang immédiatement inférieur, loué, estimé et exalté par toutes les vraies traditions du christianisme. Saint Paul, en même temps qu'il loue la virginité, dit : « Ce sacrement est grand, je dis : en Jésus-Christ et en son Église (2). » Clément d'Alexandrie (3) réfute les divers hérétiques qui condamnaient le mariage et regardaient comme un crime la procréation des enfants ; il soutient que le mariage est non seulement innocent et permis, mais saint et destiné à sanctifier les époux. — « L'Église, écrit Léon XIII, a toujours repoussé avec la même énergie les tentatives de tous ceux qui ont attaqué le mariage chrétien, tels que les gnostiques, les manichéens, les montanistes, dans les premiers temps du christianisme, et de nos jours les mormons, les saint-simoniens, les phalanstériens, les communistes (4). »

« Le mariage est donc apparu comme un grand sacrement, honorable en tout, pieux,

---

(1) *II Cor.*, chap. vii.
(2) *Éph.*, v, 32.
(3) *Stromat.*, chap. iii
(4) Encycl. *Arcanum.*

chaste, en raison des choses sublimes dont il est la signification et l'image. Mais la perfection et la plénitude du mariage chrétien n'est pas contenue tout entière dans ce qui vient d'être rappelé. Car, d'abord, un but bien plus noble et bien plus élevé qu'auparavant fut proposé à l'union conjugale, puisque la fin qui lui fut assignée ne fut pas seulement de propager le genre humain, mais de donner à l'Église des enfants, concitoyens des . saints et familiers de Dieu, c'est-à-dire de faire qu'un peuple fût engendré et créé pour le nom et la religion du vrai Dieu et de notre Sauveur Jésus-Christ (1). »

C'est en vertu de cette haute conception que l'Église s'est attribué la juridiction matrimoniale sur tous ses fidèles. A ses yeux le mariage entre chrétiens ne saurait être qu'un sacrement conféré aux époux par leur propre, libre et mutuel consentement. On peut distinguer le contrat du sacrement, mais seulement en vertu d'une abstraction. Dans la réalité des . choses, entre chrétiens, l'un ne saurait aller sans l'autre. C'est pour cela que l'Église se refuse à admettre que le mariage enferme pour ses fidèles un contrat civil ; elle affirme, au contraire, que le mariage est un sacrement qui a des effets civils. Il appartient au prince ou au pouvoir temporel de légiférer sur la nature et sur la portée de ces effets civils ; d'édicter les conditions de publicité ou d'enre-

____

(1) Encycl. *Arcanum*.

gistrement du mariage ; de porter encore, selon plusieurs canonistes, quelques prohibitions et d'exiger certaines formalités et même d'établir des empêchements dirimants ; mais cette législation ne peut pas ruiner les principes essentiels du mariage chrétien. En particulier le mariage ne doit pas être regardé comme un contrat civil, car alors comment échapperait-il à la loi commune de tous les contrats de cette nature, qui, formés par la volonté des deux contractants, peuvent tous être dénoués ou du moins rendus caducs par une volonté commune et contraire ?

Le droit canon, réglementant la coutume, a admis comme une sorte de préface au mariage l'institution des fiançailles. L'homme et la femme ne peuvent être fiancés avant l'âge de raison. Ils ont dès lors vis-à-vis l'un de l'autre un devoir de fidélité ; ils acquièrent le droit de se voir plus librement, et si l'un des deux ne peut sans le consentement ou en l'absence d'une faute positive de la part de l'autre rompre les fiançailles, ils auront le droit de renoncer tous les deux à leur engagement réciproque par un mutuel consentement (1).

L'Église ne considère le mariage comme complet qu'après sa consommation. L'échange des serments n'y suffit pas. Les deux époux ne savent peut-être pas encore très exactement à quoi ils

____

(1) On trouvera les lois qui président aux fiançailles dans tous les traités du droit canon, en particulier chez les anciens.

s'engagent. Ce n'est qu'après l'épreuve finale que tout est connu, que les serments ont acquis toute leur portée. C'est en vertu de cette doctrine que le Souverain Pontife revendique pour certaines raisons graves (1) le droit de dispenser d'un mariage *ratum et non consummatum* et de dénouer des liens qui n'étaient encore qu'à moitié formés. Mais dès que le nœud se trouve achevé, dès que l'union des corps a comme scellé l'union des volontés, aucune puissance autre que la mort ne peut plus délier les époux. Le pouvoir pontifical suprême expire devant la force du lien conjugal. Si les mauvais traitements rendent la vie commune intenable, si l'adultère rompt la matérialité du lien conjugal, l'époux maltraité ou innocent a le droit de se séparer de l'autre; mais cette séparation, ce « divorce », comme s'expriment les théologiens, qu'il soit temporaire ou perpétuel, n'atteint pas la substance

---

(1) Voici d'après les canonistes quelles sont les principales de ces raisons : « Doctores plures istiusmodi causas exempli gratia enumerant quarum præcipuæ ad sequentes reduci possunt : *a*) animarum dissociatio, quin affulgeat futuræ reconciliationis spes; *b*) timor probabilis magni scandali futuri, discordiarum et rixarum inter consanguineos; *c*) probabilis suspicio impotentiæ cum periculo incontinentiæ, item semiplena probatio defectus consensus, aut alterius impedimenti; *d*) morbus contagiosus superveniens; *e*) periculum perversionis, ut si quæ cum hæretico contraxerint; *f*) si quis aliud matrimonium equidem nullum deinde inierit, a quo se aliter liberare nequeat v. g. matrimonium civile; *g*) tandem mutuus consensus. (GASPARI, *Tract. canon. de Matrimonio*, chap. VIII, art. II, § 1, 1081, t. II, p. 242.)

même du lien conjugal, laisse subsister l'obligation de fidélité et par suite empêche chacun des deux époux de contracter une nouvelle union du vivant de l'autre.

Il suit de là que le mariage, en même temps qu'il assure la perpétuité de la race humaine, impose aux deux époux le devoir d'une affection et d'une sujétion réciproques ; l'obéissance à la femme, mais tempérée par le respect et l'amour que son mari doit lui porter ; la responsabilité à l'homme, mais allégée par la part que prend la femme au gouvernement de la maison, à l'éducation des enfants. Saint Paul, en même temps qu'il recommande aux femmes d'être modestes et soumises à leur mari, ordonne aux maris d'aimer leurs femmes : *Viri, diligite uxores vestras* (1).

Et ainsi s'établit dans le christianisme la haute dignité que la femme y a toujours obtenue et conservée. La femme ne mérite pas seulement la considération, elle est encore digne d'amour. Si le mari est assimilé par l'Apôtre à Jésus-Christ, la femme est assimilée à l'Église. Le mari a l'autorité, mais à son tour il doit l'affection. L'amour qu'il donne rend douce l'obéissance, comme est doux le joug de celui qui dit : *Jugum meum suave est et onus meum leve* (2).

D'ailleurs, continue saint Paul, celui qui n'aime pas sa femme se hait lui-même. Car la

---

(1) *Éph.*, v, 25, 28.
(2) MATTH., xi ; JOANN., *Épist. I*, v, 3.

femme, selon la parole de la Genèse, est pour l'homme la chair de sa chair et l'os de ses os. Elle est donc un autre lui-même. Et les fils à leur tour doivent obéissance à leurs parents, à la mère et au père un égal honneur. Le but supérieur en vue duquel l'homme et la femme s'unissent consiste à donner des membres à l'Église, à susciter de nouveaux enfants de Dieu. La fin qu'ils procurent les dépasse infiniment, et cette fin ne peut être obtenue que par la libre volonté de leurs enfants. Le but principal du mariage c'est l'enfant, sa naissance, son éducation. L'enfant n'est pas un moyen, il est ici une véritable fin. C'est là ce qui fait l'originalité de la conception chrétienne du mariage, et c'est de ce caractère que découle la haute moralité du mariage chrétien ainsi que la dignité que la femme y a trouvée.

III

Si nous repassons en effet toutes les législations diverses, nous voyons que l'enfant y est bien sans doute regardé comme un but, puisqu'il y est désiré, voulu ; puisqu'on s'efforce par tous les moyens, parfois même par les plus étranges, d'assurer sa venue dans la famille ; mais si l'enfant est ainsi désiré, voulu, ce n'est pas en réalité pour lui-même, pour la valeur nouvelle qu'il apporte au monde par sa seule naissance, indépendamment de sa cité, de sa race ou de sa lignée : c'est bien plutôt, sinon même uniquement, pour sa lignée, pour sa race, pour la cité, quelquefois pour ses parents mêmes. Dans la plupart des pays existe le culte ancestral, dans l'Inde, en Égypte, dans presque toute la Grèce, à Rome (1). Dans tous ces. pays, la venue de l'enfant est nécessaire pour que le culte soit continué, pour que la vie d'outre-tombe soit assurée aux ancêtres et au père même. Après la vie terrestre, qui dure peu en somme, si longue soit-elle, s'étend la période indéfinie de la vie posthume, où l'homme subsiste à l'état d'esprit, ou d'ombre, ou de double, ou de mânes; il est nécessaire que cette vie des morts soit entretenue, et les vivants seuls le peuvent faire. Les vivants sont nécessaires aux morts. Le père doit donc s'assurer une postérité qui, par des libations, des sacrifices ou des rites déterminés, subvienne à sa subsistance posthume. Mort, il a besoin de laisser après lui des vivants qui lui donnent de quoi vivre, et de quoi bien vivre, durant son existence future. Il lui faut donc des enfants, et des enfants mâles. Car les filles ne sont pas habiles à continuer le culte ancestral, elles sont débiles et leur tête est inconstante; de plus, elles se marient et vont prendre place à

(1) Cf. Fustel de Coulanges, *la Cité antique.*

un autre foyer, participer à un autre culte domestique. Le père n'a rien à attendre d'elles; il lui faut des fils. Le mariage est nécessaire pour avoir une lignée; toutes les institutions matrimoniales seront ordonnées de façon à assurer la lignée. La femme stérile sera répudiée ou suppléée par des concubines; pour plus de sûreté la polygamie sera permise; à son tour, l'homme pourra se faire suppléer par ses frères d'abord ou même par tout autre homme. D'autre part, si la femme trompait son mari, le fils putatif n'aurait plus qualité pour continuer le culte ancestral; il convient donc de prendre les plus sévères mesures pour assurer la fidélité de la femme. De là, à Athènes, les gynécées; dans l'Inde, les harems, les gardes d'eunuques; en Chine, le silence imposé à la femme vis-à-vis de tout étranger. De là encore le contraste entre la grande liberté laissée aux filles, chez certains peuples, avant le mariage, et la sévérité dont on fait preuve chez ces mêmes peuples envers les femmes mariées.

Les enfants procréés pour les ancêtres et pour les pères appartiennent naturellement à ces derniers. L'enfant est donc la chose du père, qui a droit de vie et de mort sur lui, qui par conséquent peut, comme il lui plaît, lui reprendre la vie qu'il lui a donnée. Cette conception du mariage ne saurait condamner l'infanticide. L'infanticide des garçons est rare, celui des filles ne saurait l'être. C'est en Chine qu'on voit le

mieux apparaître cette conséquence. C'est de
même en Chine qu'on en a tiré une autre avec
le plus de rigueur. Non seulement, en effet, les
enfants en Chine ne se marient pas eux-mêmes;
mais avant le mariage les fiancés ne se sont
même pas aperçus. Dans l'Inde, on se contente
de les marier en bas âge, on ne leur interdit pas
auparavant de se voir. Partout ailleurs c'est le
père qui marie son fils ou sa fille en vertu de sa
seule et unique volonté. Il continue ainsi, en
disposant de ses enfants, à disposer de son bien.
C'est pour lui, pour la race, et non pour eux,
qu'il a des enfants; il est donc tout naturel qu'il
s'assure qu'ils accompliront leur fin, qu'ils feront
ce qu'il ont à faire, qu'ils perpétueront la race.
Tout ainsi se tient naturellement : les enfants
n'ont d'autre destination que de servir à leur
père et à leurs ancêtres; ils sont donc naturellement asservis. Quant aux femmes, comme on
ne les prend que pour avoir des enfants, leur
condition sera tout entière subordonnée à cette
fin supérieure. On y mettra seulement plus ou
moins de ménagements ou d'humanité.

En d'autres pays, comme à Sparte, le culte
de la cité s'est substitué au culte ancestral, mais
l'idée-mère n'a point changé, l'enfant est toujours un simple moyen; aussi les institutions
restent-elles à peu près semblables : même
autorité du père et de la cité, jusqu'à l'infanticide inclusivement et jusqu'à la contrainte matrimoniale, mêmes droits de répudiation ou de con-

cubinat vis-à-vis de la femme stérile, même droit et parfois même devoir pour l'homme impuissant de se faire suppléer. Dès que dans le mariage, l'enfant n'est considéré que comme un moyen, la femme, à son tour, n'est plus qu'un moyen subordonné au premier, et là où l'enfant est esclave comment la femme ne le serait-elle pas?

Dans d'autres civilisations où n'apparaît pas le culte ancestral, par exemple, en Assyrie, aux temps d'Hammourabi, où il ne semble pas non plus que tout doive être sacrifié, comme à Sparte, à la force et à la durée de la cité, l'enfant n'en est pas moins la chose du père, qui peut le vendre (1), le marier comme il veut. C'est qu'ici encore l'enfant n'est qu'un moyen au service de la race, l'anneau qui doit continuer la lignée et qui doit être forgé par le père comme lui-même l'a été par les ancêtres. La race appartient à ses fondateurs, la famille aux ancêtres, les fils aux pères. C'est pour le passé que l'avenir doit exister : cet avenir n'a d'autre fonction que de reproduire, de continuer, de prolonger et d'honorer le passé. La femme n'est ici encore qu'un moyen au service de la race.

L'enfant ne vaut donc qu'en vue des services qu'on attend de lui. C'est pour son père qu'il est procréé. De là vient qu'il n'a point de droits dans la cité antique. De là tous les droits que s'arrogent sur lui les ascendants ou l'État. On

(1) HAMMOURABI, § 117, p. 143.

l'empêche de naître, on l'égorge une fois né, on le mutile, on le déforme, on le cloître, on le soumet à des disciplines absurdes, on l'enferme ; finalement on le marie de force, contre son gré, ou du moins sans le consulter. Il n'est libre qu'après la mort de son père ; il cesse d'être esclave quand à son tour il devient tyran.

D'ailleurs, dans toutes ces rudes civilisations agricoles ou maritines, vivant de leurs champs, de leurs troupeaux, de leur chasse, de leur pêche ou même de leur trafic, toutes plus ou moins guerrières, la femme par sa faiblesse naturelle, par ses infirmités périodiques, par les fragilités de son caractère, les particularités de son intelligence et les qualités mêmes de son cœur, a dû se soumettre à l'homme. Là où la force brutale décide de toute primauté, la femme ne peut être regardée par l'homme comme son égale. Ses fonctions maternelles l'assujettissent auprès du foyer à des occupations dédaignées. C'est pourquoi, ne pouvant faire que les ouvrages débiles, elle est aussi dédaignée. A peine si chez les premiers Romains on la voit, durant quelques siècles, entourée d'une sorte de considération grave.

Partout ailleurs, elle est méprisée à la fois et désirée, redoutée et humiliée. Elle excite de vives passions, mais purement sensuelles.

Elle n'a pour elle que son charme, et il est bientôt flétri. Presque partout elle est l'esclave. On la regarde comme un être inférieur. Dans quelques civilisations elle s'élève, mais nulle part on ne la regarde comme l'égale de l'homme. L'homme la répudie, l'enferme dans ses gynécées ou dans ses harems ; lui donne pour compagnes des rivales, ses égales ou même ses inférieures. Lui, si horriblement jaloux qu'il punit de mort l'adultère de la femme, n'a aucun souci de la jalousie de la femme. Il l'estime quelquefois, l'apprécie souvent, la consulte même ; il ne la respecte pas véritablement. Aristote ne lui accorde qu'une demi-volonté, une demi-responsabilité ; par conséquent, une sorte de demi-humanité (1). L'homme la désire, mais ne l'aime pas. Le sentiment de l'amour qui paraît si universel, si naturel même, tel que nous l'éprouvons ; ce sentiment fait de tendresse et de respect qui s'adresse au corps sans doute, mais qui aussi bien parfois le néglige et en tout cas ne s'adresse au corps qu'en passant par l'âme, on ne le voit exprimé qu'après le christianisme. Avant, ce sont les feux du désir, mais du désir seul. M. Thamin, entre autres, l'a bien vu et fait remarquer (2).

(1) *Politique*, liv. I, chap. 5. — Cf. *Éthique à Nicomaque*, liv. VIII, chap. 10.

(2) « Quand les anciens parlent d'amour, c'est le plus souvent sensualité qu'il faut entendre, et voilà pourquoi les philosophes n'ont jamais pour l'amour assez de sévérité et de mépris. Le sentiment de l'amour est né de celui de la pudeur, si bien qu'il est, lui aussi, un sentiment chrétien. Il s'y mêle un espoir, un désir de se sacrifier, une mysticité qui se trouve même jusqu'à ressembler à un sentiment religieux... S'il n'y

Chez les Juifs mêmes, l'enfant paraît encore considéré avant tout comme le continuateur de la lignée, la femme est entièrement soumise à l'homme et doit subir le concubinage ou la polygamie du mari. Mais si les idées sociales paraissent ici semblables à celles des autres peuples, les lois morales sont bien différentes : l'infanticide est condamné, condamné même le mauvais usage du lit nuptial ; le père n'a plus le droit de vendre ni de prostituer ses filles, toute prostitution est flétrie, les relations des sexes sont sévèrement réduites au mariage et exécrées les infamies de Sodome. Le lévirat remplace l'odieuse coutume de la suppléance du mari de son vivant même par ses frères ; ce n'est que quand le mari est mort sans postérité que la veuve doit réclamer le mariage au frère de son mari. La morale ici est en notable avance sur

avait point eu de vierges vouées au Seigneur, il n'y aurait point eu d'amant comme Rodrigue, ou d'amante comme Chimène... Dès lors notre littérature, où l'amour joue un tel rôle, est chrétienne au même titre que l'amour lui-même. » (THAMIN, *Saint Ambroise et la Société chrétienne au quatorzième siècle.* chap. VIII, III, p. 361, grand in-8°, Paris, 1895.) — Chateaubriand avait dit de même (*Génie du Christianisme*, II° part., liv. III, chap. II) : « Ce que nous appelons proprement amour parmi nous est un sentiment dont l'antiquité a ignoré jusqu'au nom. Ce n'est que dans les siècles modernes qu'on a eu à former ce mélange des sens et de l'âme, cette espèce d'amour dont l'amitié est la partie morale. C'est encore au christianisme que l'on doit ce sentiment perfectionné ; c'est lui qui, tendant sans cesse à épurer le cœur, est parvenu à jeter de la spiritualité jusque dans le penchant qui en paraissait le moins susceptible. »

les conceptions et les coutumes sociales. Ce sont peut-être ces coutumes qui ont décidé le législateur hébreu à tolérer la polygamie et le divorce, bien que sa morale désapprouvât ces institutions; il les a donc tolérées, *ob duritiam cordis*, à cause de la ténacité intérieure de ce peuple, ainsi que s'exprime l'Évangile.

Avec le christianisme, la morale finit par se subordonner entièrement les institutions sociales. Ce n'est plus pour les pères que les enfants doivent travailler; ce sont au contraire les pères qui doivent travailler pour les enfants. *Nec enim debent filii parentibus thesaurizare, sed parentes filiis* (1). — L'enfant n'est plus un moyen; par cela seul qu'il est appelé à participer à la société de Dieu, à entrer dans le royaume, à devenir fils de Dieu, il devient une fin, la fin principale du mariage et de la paternité. Il naît donc bien moins pour son père que son père n'existe pour lui. L'avenir n'est pas fait pour le passé, mais le passé au contraire pour l'avenir (2). Ce n'est

(1) II *Cor.*, xxix, 14.

(2) On voit assez que la notion du progrès est liée à l'idée même du christianisme. Auguste Comte ajoute ces réflexions :

« J'ai déjà indiqué, dans la leçon précédente, la première ébauche générale de la notion, ou plutôt du sentiment du progrès de l'humanité, comme ayant été d'abord nécessairement due au christianisme qui, en proclamant directement la supériorité fondamentale de la loi de Jésus sur celle de Moïse, avait spontanément formulé cette idée, jusqu'alors inconnue, d'un état plus parfait remplaçant définitivement un état moins parfait, préalablement indispensable jusqu'à une époque déterminée (1). Quoique

(1) Il convient, ce me semble de noter ici que cette grande notion

pas pour les morts que s'opère la naissance des
vivants, c'est pour les vivants présents et futurs

le catholicisme n'ait fait ainsi, sans doute, que servir d'organe
général au développement naturel de la raison humaine,
ce précieux office n'en constituera pas moins toujours, aux
yeux impartiaux des vrais philosophes, un de ses plus beaux
titres à notre impérissable reconnaissance. Mais indépendamment des graves inconvénients de mysticisme et de vague
obscurité, qui sont inhérents à tout emploi quelconque de la
méthode théologique, une telle ébauche était certainement
insuffisante pour constituer aucun aperçu scientifique de la
progression sociale. Car cette progression se trouve ainsi nécessairement fermée par la formule même qui la proclame,
puisqu'elle est alors irrévocablement bornée, de la manière la
plus absolue, au seul avènement du christianisme, au delà
duquel l'humanité ne saurait faire un pas. Or, l'efficacité
sociale de toute philosophie théologique quelconque étant
aujourd'hui, et pour jamais, essentiellement épuisée, il est évident que cette conception présente désormais, en réalité, un
caractère éminemment rétrograde, comme je l'ai déjà établi,
en confirmation d'une irrécusable expérience qui ne cesse de
s'accomplir sous nos yeux. D'un point de vue purement scientifique, on conçoit aisément que la condition de continuité
constitue un élément indispensable de la notion définitive du
progrès de l'humanité, notion qui resterait nécessairement
impuissante à diriger l'ensemble rationnel des spéculations
sociales, si elle représentait la progression comme limitée, par
sa nature, à un état déterminé, depuis longtemps atteint.
(*Cours de philosophie positive*, 47ᵉ leçon, t. IV, p. 184.)

appartient essentiellement au catholicisme, auquel le protestantisme
ne l'a ensuite empruntée que d'une manière très imparfaite, et même
radicalement vicieuse, non seulement à cause de son recours vulgaire et
irrationnel au temps de la primitive Église, mais aussi en vertu de sa
tendance continue, plus aveugle encore et non moins prononcée, à
proposer surtout pour guide aux peuples modernes la partie la plus
arriérée et la plus dangereuse des Saintes Écritures, c'est-à-dire celle qui
concerne l'antiquité judaïque. On sait d'ailleurs que le mahométisme,
en prolongeant à sa manière la même notion, n'a fait que tenter, à ce
sujet, comme à tant d'autres, sans aucune amélioration réelle, une grossière imitation, évidemment dépourvue de toute véritable originalité.

que tous les morts ont vécu, c'est pour la vie
qu'ils ont travaillé et ce n'est pas à la vie de
travailler pour la mort. Voilà les grands enseignements du christianisme. En conséquence,
puisque l'enfant ne vaut qu'à cause de sa dignité
morale, il serait absurde de sacrifier la morale à
la naissance de l'enfant. Du même coup surgit
la règle morale qui s'impose aux sources de la
vie humaine, cette règle que les anciens avaient
soupçonnée, cherchée peut-être, qu'ils n'avaient
pu découvrir, si bien que les civilisations les
plus renommées, les plus hautes, les plus pures
même en de certains sens, en étaient venues
sinon toujours à d'infâmes et monstrueuses abo-
minations, du moins à des impudeurs que nous
trouverions cyniques. En dehors du mariage, la
chasteté; dans le mariage, le respect du lit conjugal. La femme n'est plus simplement un instrument de plaisir ou un moyen de procréation,
elle aspire aux mêmes destinées que l'homme;
comme lui, elle est appelée à entrer dans le
royaume; elle devient donc son égale non pas
en fonctions, mais en dignité. Respectée comme
vierge, aimée comme épouse, obéie et vénérée
comme mère, elle a à côté de l'homme sa place
d'honneur au foyer. « La femme qui donne son
cœur tout entier et à jamais, dit à ce propos
Bossuet, reçoit d'un époux fidèle un pareil présent et ne craint point d'être méprisée ni dé-
laissée pour une autre. Toute la famille est unie
par ce moyen : les enfants sont élevés par des

soins communs, et un père qui les voit tous naître d'une même source leur partage également son amour (1). »

Dès que l'enfant est considéré comme une personne morale ayant une destinée propre et qui se suffit à elle-même, il n'est plus seulement un anneau matériel indispensable à la continuité de la chaîne des vivants ; il a une vie intérieure particulière, à laquelle il est nécessaire de donner autre chose que des cadres rituels, qui a besoin d'aliments moraux, d'une atmosphère morale pure qui ne soit empoisonnée ni par les manifestations trop vives des appétits sensuels, ni par les jalousies ou les oisivetés d'un harem, ni par les craintes serviles et les duplicités d'une mère esclave, ni par les brutalités d'un père despote ; son éducation morale prend dès lors une importance supérieure. Les droits de l'enfant dont on fait à cette heure tant de bruit et qu'on invoque contre le christianisme, c'est, par une ironie de l'histoire, le christianisme et le christianisme seul qui les a reconnus et revendiqués (2). Plus l'éducation de l'enfant prend

____

(1) *Avertissements aux Protestants*, II, *op. cit.*, t. III, p. 191.

(2) On ne lira peut-être pas sans intérêt ce que dit Auguste COMTE à ce propos : *Cours de philosophie positive*, leç. LIV, t. V, p. 352, 5ᵉ édit. :

« Il serait d'un haut intérêt de mieux apprécier qu'on ne l'a fait encore comment le catholicisme, tout en consacrant de la manière la plus solennelle l'autorité paternelle, a totalement aboli le despotisme presque absolu qui la caractérisait chez d'importance, plus le mariage a besoin de stabilité. Plus le mariage est stable, plus la femme acquiert de puissance et de dignité. Car si la femme est faible, sa faiblesse n'est qu'apparente. Elle a des qualités qui la suppléent. Elle a moins de forces disponibles à chaque instant que l'homme n'en peut avoir. Mais elle a plus de patience, s'accommode mieux de la gêne et des souffrances physiques, sait attendre son moment

les anciens, et qui, dès la naissance, était si fréquemment manifesté par le meurtre ou l'abandon des nouveau-nés, encore essentiellement légitime hors de la sphère territoriale du monothéisme. Restreint ici par d'inévitables limites, j'indiquerai seulement ce qui se rapporte au lien le plus fondamental, envers lequel, après une profonde appréciation, tous les vrais philosophes finiront, à mon gré, par reconnaître bientôt, malgré nos graves aberrations actuelles, qu'il ne reste vraiment à faire rien d'essentiel, si ce n'est de consolider ou de compléter ce que le catholicisme a si heureusement organisé. Nul ne conteste plus maintenant qu'il n'ait essentiellement amélioré la condition sociale des femmes, et cependant personne n'a remarqué qu'il leur a radicalement enlevé toute participation quelconque aux fonctions sacerdotales. On doit ajouter, en outre, pour fortifier cette importante observation, qu'il leur a, autant que possible, pareillement interdit la royauté, dans tous les pays où son influence politique a pu être suffisamment réalisée, en modifiant, dans des vues d'aptitude, l'hérédité purement théocratique, où la caste dominait d'abord absolument. Ces incontestables restrictions doivent faire comprendre que le perfectionnement opéré par le catholicisme a surtout consisté, quant aux femmes, en les concentrant davantage dans leur existence essentiellement domestique, à garantir la juste liberté de leur vie intérieure, et à consolider leur situation, en consacrant l'indissolubilité fondamentale du mariage; tandis que, même chez les Romains, la répudiation facultative altérait gravement, au détriment des femmes, l'état de pleine monogamie. »

et mieux saisir l'occasion. Plus elle a de temps devant elle, plus elle peut faire sentir sa force et assurer son pouvoir. C'est une force moindre, mais qui persiste, qui dure, qui ne s'endort pas et sait profiter de ses avantages. Plus on lui accorde de durée et plus elle peut prétendre à l'égalité, plus elle l'atteint et bien souvent la dépasse. C'est pour cela que tout ce qui rend le mariage fragile porte atteinte à la dignité de la femme, que tout ce qui le consolide et le rend durable rehausse au contraire cette dignité. Le respect de l'enfant entraîne aussi le respect de la femme; le droit de l'enfant fait reconnaître ses droits; l'enfant libère la mère.

Chaque être humain trouve ainsi dans la valeur éminente que lui reconnaît l'Évangile les titres de sa propre dignité. Ajoutez la maternité glorieuse de la mère de Jésus, l'héroïsme des femmes de l'Évangile et des premiers temps de l'Église, des Madeleine, des Marie, des Priscille, des Agnès, des Perpétue, des Paule, des Eusto-chie. Tout se déduit d'une idée très claire : la valeur de la personne de l'enfant est inestimable puisqu'il doit être fils de Dieu; si donc un homme et une femme, tous deux aussi et également personnes morales et fils de Dieu, veulent s'unir, ils ne le peuvent que sous la loi de Dieu, en vue de l'enfant futur; leur volonté seule les unit; mais la fin qu'ils doivent poursuivre leur impose les lois de leur union, leur mutuel respect, le respect des fins poursuivies, et donc l'unité, la fidélité, la règle, l'indissolubilité de leur union.

Ainsi tout est simplement et logiquement réglé, et qu'a-t-il fallu pour cela?

Simplement qu'à la place du culte particulier des ancêtres, de la race ou de la cité se constitue le culte universel du vrai Dieu; à la place du culte des morts, le culte de l'éternel Vivant. Dès lors, aucune personne humaine ne devient plus pour une autre un moyen, toutes ont une égale, et immortelle, et surhumaine destinée. Et ainsi c'est précisément au moment et par le fait seul qu'il abandonne le culte de l'homme que l'homme retrouve sa dignité tout entière. Il semble s'être perdu, mais c'est pour se retrouver. Il vaut dès lors par lui-même, et tout âge et tout sexe méritent respect. L'homme n'est jamais si grand que lorsqu'il s'abaisse devant Dieu. S'agenouiller, c'est grandir.

Le christianisme, en condamnant les cultes anthropomorphiques et en leur substituant le culte spirituel du vrai Dieu, a fait se retourner sur lui-même le monde social et moral. Tout, avant le christianisme, était orienté sur le passé et réglé par le passé; à partir du christianisme et par cela seul qu'il oriente l'homme vers l'Éternel, tout travaille à élaborer l'avenir. C'est pour cela que l'Évangile, malgré la pureté de son objet religieux, est gros de tous les progrès. C'est lui qui a vraiment découvert et proclamé les titres de gloire du genre humain. Toutes les fois qu'on marche dans ses directions, on va vers la justice et la civilisation meilleure; toutes les fois qu'on s'écarte des routes qu'il a tracées, que sous prétexte de progrès on intervertit les fins qu'il a assignées, on assiste à un recul de la moralité et de la véritable civilisation.

On le verra mieux encore par l'étude qui nous reste à faire des luttes que le mariage chrétien a eu à subir.

CHAPITRE III

LES VICISSITUDES DE L'INDISSOLUBILITÉ

I

Le catholicisme, poussant jusqu'au bout les conséquences de la doctrine chrétienne, établit l'indissolubilité. L'antique conception qui fait de l'enfant un moyen a à peu près complètement disparu; mais beaucoup cependant se refusent à reconnaître que le mariage n'a point principalement les parents pour but; les coutumes antiques persistent à travers les institutions chrétiennes. Nos vieux conteurs du moyen âge montrent qu'ils font peu de cas de la femme : on la surveille, on la suspecte; les mœurs lui imposent une foule de sujétions; honorée par les enfants et les serviteurs, elle doit se tenir devant le mari en servante plus qu'en égale; elle veille aux repas, au gouvernement de la maison, en beaucoup d'endroits ne s'assied même pas ou s'assied à peine à la table de son mari. Jeune fille, elle doit garder sévèrement la maison, ne sortir qu'accompagnée, ne montrer aucune inclination ou préférence vis-à-vis des jeunes gens ; « elle ne doit vouloir que ce seulement que ordonneront ses parens :... car d'iceulx elle n'est point moins aymée que de soy mesmes, et cognoissent mieulx ce qu'ils lui fault, car ils sont plus expérimentés et plus sages (1) ». — « Mariée, elle doit obéissance à celluy qu'elle a print pour seigneur et maistre. L'homme est l'âme et la femme le corps : l'ung commande, l'autre sert (2). » Elle ne devra point être ardente au plaisir, et « la femme maryée porte le nom de dignité, non de volupté (3). » Que le mari d'ailleurs ait conscience qu'il n'est pas né pour la femme, mais la femme pour lui : « Pour ce l'accoutumeras à ministrer et servir ; qu'elle se cognoisse donnée pour ayde de tes labeurs, non pour être voluptueuse et gorgiase (4) ».

Ce sont des idées à peu près semblables que nous trouvons dans Montaigne : d'abord la défiance vis-à-vis de la femme considérée comme très inférieure à l'homme, non seulement par l'intelligence, par la loyauté et la franchise, mais même par la chasteté (5) ; puis l'exclusion de l'amour dans le mariage. « Un bon mariage, s'il en est, refuse la compaignie et condition de

---

(1) *Livre de l'institution de la femme chrétienne*, par Vivès, trad. Changy, in-12, Paris, 1542 ; réimpression Lemale, in-12 (le Havre), 1891, l. I, chap. XVI, p. 123.

(2) *Ibid.*, l. II, chap. III, p. 160.

(3) *Ibid.*, chap. V, p. 197.

(4) *De l'office du mary*, chap. VII. — *Ibid.*, p. 349.

(5) *Essais*, liv. III, chap. V, t. V, p. 76. — 6 vol. in-8°, Paris, 1828.

l'amour : il tasche à représenter celles de l'amitié. C'est une doulce société de vie pleine de constance, de fiance et d'un nombre infini d'utiles et solides offices, et obligations mutuelles. Aulcune femme qui en savoure le goust,

Optato quam junxit lumine tæda,

ne vouldroit tenir lieu de maistresse et d'amie à son mary : si elle est logée en son affection comme femme, elle y est bien plus honorablement et seurement logée (1). » Aussi Montaigne accordé-t-il au mari féru des libertés qui, du biais dont il prend ces choses, ne sauraient plus offenser la femme. La « Vénus maritale », comme il s'exprime, devant être fort réservée, on ne saurait refuser à l'homme le culte de l'autre Vénus. Car « l'usage et l'intérest du mariage touche nostre race bien loin par delà nous (2) » ; mais l'homme, après avoir pensé à ce qu'exige la race, ne saurait être privé de ce que réclame l'impatience de sa nature. Le mariage est une association que domine la raison; l'amour se gouverne par d'autres lois. L'amour est donc interdit à la femme, qui doit se conserver chaste et fidèle; c'est une sorte de jardin clos dont l'entrée lui est défendue; elle doit se contenter de l'honneur. En sorte que c'est à la créature même qu'on regarde comme la plus sensible, la plus

(1) *Essais*, liv. III, chap. v, t. V, p. 70.
(2) *Ibid.*, p. 67.

inconstante, la plus débile qu'il est commandé
de régler sa conduite d'après les lois les plus
austères de la fidélité et de la raison.

Vivès va jusqu'à donner l'exemple d'une dame
Claire, de Bruges, qui, mariée à un homme pourri
par ses débauches antérieures, soigne avec joie ses
plaies repoussantes et, devenue veuve, s'enchante
de son souvenir (1). Aux yeux de Vivès cette
héroïne admirable ne remplit que son devoir.
Telle était la pensée des personnages que Molière a mis en scène; telle l'idée de nos pères; la
femme n'est qu'un être complémentaire, elle a
des devoirs et fort peu de droits.

C'est contre ces idées traditionnelles, contre
les mœurs qui en résultaient, que beaucoup de
critiques se sont élevées avec raison. Mais le
christianisme, si on l'eût suivi, aurait mis au
point toutes choses. Nous avons vu que le concile de Trente se refusa à exiger pour la validité
du mariage le consentement des parents : la
liberté de la jeune fille est aussi sacrée que la
volonté du jeune homme. Le christianisme n'a
pas banni du mariage l'amour, comme l'ont fait
les observateurs des mœurs séculières; on peut
voir dans les moralistes spéciaux quelle part ils
accordent aux droits de la femme dans les relations conjugales (2).

<hr>

(1) *Essais*, liv. II, chap. iii, p. 169.

(2) BONACINA se demande : « An uxor possit a tactibus excitare
donec seminet quando vir jam seminarit », et il répond par
l'affirmative parce que « gravem alioquin (uxor) sentiret afflic-

Mais si le catholicisme, suivant la direction incontestablement donnée par l'Évangile, a proclamé l'indissolubilité du mariage et si cette indissolubilité, avec la sécurité et la dignité de la femme qui en sont la suite, découle naturellement de l'importance accordée à la personnalité morale de l'enfant, l'antique conception, qui fait de l'enfant un moyen et trouve dans la vie des parents la fin véritable, n'a pas pour cela complètement disparu, non plus que l'égoïsme ne peut disparaître. Aussi venons-nous de voir méconnaître les droits de la femme, et nous allons voir maintenant les luttes contre l'indissolubilité reprendre en même temps que l'autorité des doctrines catholiques cessera de dominer la chrétienté.

II

Durant tout le moyen âge, il y eut souvent des conflits entre la cour de Rome et les princes chrétiens à propos de leurs mariages. Plus d'une fois les princes ont voulu répudier leurs femmes sous divers prétextes : ce fut, par exemple, le cas de Philippe-Auguste par rapport à Ingeburge.

tionem si cogeretur ita remanere libidine excitata. » *De Sacramento matrimonio*, q. IV, p. VI, 15. — Nous sommes loin des exigences de Vivès et de Montaigne vis-à-vis de la femme.

Aucun d'eux, cependant, ne prétendait véritablement au divorce, moins encore à la polygamie. Ils désiraient seulement faire reconnaître la nullité de leur mariage antérieur. Henri VIII lui-même ne demandait pas autre chose. Il alléguait contre Catherine d'Aragon non des raisons de divorce, mais un cas de nullité : il avait, en effet, épousé sur une dispense de Jules II Catherine, veuve de son frère aîné Arthur, et il soutenait que le *Lévitique*, expression en ce point de la loi naturelle, défendait absolument comme incestueux un tel mariage, en sorte qu'aucune dispense ne pouvait l'autoriser ni le valider (1). Clément VII refusa d'accepter ces raisons, ce qui conduisit Henri VIII au schisme ; mais il est à remarquer qu'Henri VIII ne paraît pas avoir revendiqué le droit de rompre un mariage valable et, par conséquent, quelle que fût sa pratique, n'a pas combattu l'indissolubilité du mariage.

Ce sont les protestants, et tout d'abord les partisans de Luther, qui ont les premiers accepté le divorce, et, chose curieuse, ils semblent y être arrivés par un détour qui d'abord paraît étrange, en passant par la polygamie. C'est en premier lieu l'unité du mariage qu'ils ont ébréchée et c'est par là qu'ils sont arrivés à ruiner l'indissolubilité. Le landgrave de Hesse jugea en effet

______

(1) Cf. Paul FRIEDMANN, *Lady Anne Boleyn*, t. I; *Vers le schisme*, traduit par LUCNÉ-PHILIPPON et Dauphin MEUNIER, in-8°, Paris, Fontemoing, 1903.

dans sa sagesse qu'il était temps de régler ses propres déportements : pour ne plus donner l'exemple d'une conduite très licencieuse, relevant à peine d'une grande maladie qu'il devait à ses désordres ; ne voulant pas d'autre part s'astreindre à la fidélité envers sa femme légitime, il demanda aux patriarches de la Réforme, Luther, Mélanchton, Bucer et les autres, la permission d'épouser une seconde femme tout en gardant la première. Luther et ses amis l'y autorisèrent, non sans doute sans quelques façons, mais enfin l'y autorisèrent. « L'Évangile, dirent-ils, n'a ni révoqué ni défendu ce qui avait été permis par la loi de Moïse à l'égard du mariage. » Et, par conséquent, la polygamie permise par Moïse n'est point défendue par l'Évangile. Ils reconnaissent cependant que l'Évangile a fait une loi de la monogamie ; mais cette loi peut souffrir et exception et dispense dans le cas de nécessité. Or, c'est un cas de ce genre qu'allègue le landgrave. « Avec la femme que j'ai, disait-il dans ses instructions à Bucer pour négocier l'affaire avec Luther et Mélanchton, ni je ne puis ni je ne veux changer de vie » ; et dans son acte de mariage avec Marguerite de Saal, qu'il prit pour seconde femme, du vivant même de la première qu'il gardait aussi, il fit authentiquer par son notaire qu' « il ne la prend à femme ni par légèreté, ni par curiosité, ni par aucun mépris du droit ou des supérieurs, mais qu'il y est obligé par de certaines nécessités si importantes et si inévitables de corps et de conscience *(aliquibus gravibus et inevitabilibus necessitatibus conscientiæ et corporis)*, en sorte qu'il lui est impossible de passer sa vie et de vivre selon Dieu à moins que d'ajouter une seconde femme légitime à la première ». Luther reconnaît en outre que la dispense de la monogamie peut être accordée pour « conserver ou pour recouvrer la santé ».

Comment, d'ailleurs, Luther aurait-il pu refuser d'admettre les raisons que lui donnait le landgrave lorsque ce sont celles dont il s'était lui-même servi pour rompre ses propres vœux ? Il disait qu'il était aussi peu possible d'accomplir le vœu de chasteté que de se dépouiller de son sexe (1), et, par conséquent, toute obligation cessant dès qu'elle se trouvait en opposition avec une nécessité naturelle, il suffisait d'alléguer une telle nécessité pour être dispensé de l'obligation. C'est justement ce que faisait le landgrave, ce que Luther ne pouvait manquer d'approuver.

Pourquoi, en effet, si la chasteté complète n'est pas possible, la fidélité à la femme malade ou éloignée le serait-elle davantage ? Et pourquoi, dès lors, ne pas permettre d'avoir une seconde femme aux quasi-veufs, à ceux dont la femme est empêchée par la maladie ou l'infirmité de remplir toutes ses obligations, aux absents ou aux voyageurs ?

____

(1) V. *Histoire des Variations*, liv. III, t. I, p. 142.

Cependant la polygamie était chose si difficile à faire admettre aux habitudes invétérées par quinze siècles de christianisme que, en dépit des raisonnements que nous venons de voir formuler par Bucer et par Luther, les partisans de la Réforme n'acceptèrent que le divorce. Ils admirent la dissolubilité du mariage ; ils autorisèrent les époux à se séparer et à convoler en nouvelles noces du vivant même du premier conjoint. Aussi voyons-nous le divorce s'établir à la suite de la Réforme dans tous les pays qui adoptèrent le protestantisme, en Allemagne, en Hollande, en Danemark, en Suède, en Norvège. C'est en Angleterre que le divorce rencontra la plus grande résistance. Le statut de Henri VIII maintient l'indissolubilité. C'est longtemps après que le divorce fait son apparition, et encore faut-il un *act* du Parlement pour l'autoriser. Ce qui montre bien que non seulement il est une exception, mais qu'il constitue un privilège au profit des personnages les plus importants de l'État. Car quelle vraisemblance y aurait-il que le Parlement tout entier se préoccupât des troubles de ménage d'un laboureur, d'un artisan ou même d'un simple squire?

Ce n'est qu'en 1857 que les cas de divorce furent renvoyés aux juges. On institua une chambre spéciale, la *Cour des divorces*, et le divorce put entrer dans la pratique courante. Encore n'y est-il pas devenu fréquent, car d'une part l'énormité des frais l'interdit aux classes

peu fortunées et d'autre part les mœurs l'inter-
disent, ou autant dire, à la haute société.

III

Dans les États catholiques et surtout en
France, ce furent les philosophes qui atta-
quèrent au nom de la nature et de la raison l'indissolubilité du lien conjugal. On connaît le
passage célèbre de Diderot : « Le premier serment que se firent deux êtres de chair, ce fut
au pied d'un rocher qui tombait en poussière ;
ils attestèrent de leur constance un ciel qui n'est
pas un instant le même ; tout se passait en eux
et autour d'eux et ils croyaient leurs cœurs af-
franchis de vicissitudes. O enfants ! Toujours
enfants (1)... » C'est de ce fait de la mobilité

(1) *Jacques le Fataliste. OEuvres*, éd. BRIÈRE, Paris, 1821,
t. VI, p. 179. C'est ce passage que Musset a reproduit textuel-
lement dans les belles strophes du *Souvenir* :

> Oui, les premiers baisers ; oui, les premiers serments
> Que deux êtres mortels échangèrent sur terre,
> Ce fut au pied d'un arbre effeuillé par les vents,
>   Sur un roc en poussière.
>
> Ils prirent pour témoin de leur joie éphémère
> Un ciel toujours voilé qui change à tout moment,
> Et des astres sans nom que leur propre lumière
>   Dévore incessamment.
>
> Tout mourait autour d'eux...
> — Insensés ! dit le sage, — Heureux ! dit le poète.

universelle exprimé presque dans les mêmes termes que dans le *Supplément au voyage de Bougainville* le bon Orou tire toutes les raisons qui mirent en si délicate posture le malheureux aumônier :

Ces préceptes singuliers (qui font qu'un homme et une femme après le mariage s'appartiennent l'un à l'autre exclusivement pour toute leur vie), je les trouve opposés à la nature et contraires à la raison... : contraires à la nature, parce qu'ils supposent qu'un être pensant, sentant et libre, peut être la propriété d'un être semblable à lui : sur quoi ce droit serait-il fondé ? Ne vois-tu pas qu'on a confondu dans ton pays la chose qui n'a ni sensibilité, ni pensée, ni désir, ni volonté ; qu'on quitte, qu'on prend, qu'on garde, qu'on échange sans qu'elle souffre et qu'elle se plaigne, avec la chose qui ne s'échange point, ne s'acquiert point ; qui a liberté, volonté, désir ; qui peut se donner ou se refuser pour un moment, se donner ou se refuser pour toujours ; qui se plaint et qui souffre, et qui ne saurait devenir un effet de commerce, sans qu'on oublie son caractère, et qu'on fasse violence à la nature : contraires à la loi générale des êtres. Rien, en effet, te paraît-il plus insensé qu'un précepte qui proscrit le changement qui est en nous, qui commande une constance qui n'y peut être, et qui viole la liberté du mâle et de la femelle, en les enchaînant pour jamais l'un à l'autre ; qu'une fidélité qui borne la plus capricieuse des jouissances à un même individu ; qu'un serment d'immutabilité de deux êtres de chair, à la face d'un ciel qui n'est pas un instant le même, sous des astres qui menacent ruine ; au pied d'un arbre qui se gerce ; sur une pierre qui s'ébranle (1) ?

(1) *Jacques le Fataliste. Œuvres posthumes*, t. II, § 3, p. 382.

Et plus loin : « La constance?... — Pauvre vanité de deux enfants qui s'ignorent eux-mêmes et que l'ivresse d'un instant aveugle sur l'instabilité de tout ce qui les entoure (1) !»

L'indissolubilité du mariage est ainsi présentée comme contraire à la nature de l'homme. C'est une loi contre nature forgée par l'Église, qui ne peut entraîner, comme tout ce qui est antinaturel, que révoltes, désordres ou hypocrisies. Au rapport de Bergier (2), un grand nombre d'écrivains, sans aller aussi loin que Diderot, soutenaient du moins que, selon la loi naturelle, le mariage devrait pouvoir être dissous dès que les enfants n'ont plus besoin du secours ni de la tutelle de leurs père et mère. Hume (3) a répondu avec vigueur aux partisans du divorce en particulier à Diderot. Il montre qu'il est aussi naturel à l'homme de dominer ses caprices et son inconstance que d'éprouver l'inconstance même et le caprice. Car s'il est naturel à l'homme d'aimer la liberté, il lui est aussi naturel de céder à la nécessité. Si donc on oppose au caprice une infranchissable barrière, l'homme s'arrangera de façon à la respecter. Et cette barrière est nécessaire à la paix et à la tranquillité des ménages, car il ne saurait y avoir de concorde entre les époux si leurs intérêts matériels, au lieu d'être unifiés et confondus, peuvent être séparés

(1) *Jacques le Fataliste*, *OEuvres posthumes*, t. II, § 4, p. 411.
(2) *Dictionnaire de théologie*, article DIVORCE.
(3) *Essais moraux et politiques*, t. I, Ess. XXII.

et opposés, ce qui ne manquerait pas d'arriver dès que le mariage ne serait plus indissoluble. Il ne saurait, en effet, y avoir d'intérêts unifiés et confondus entre des époux qui pourraient se séparer. Un mariage où le divorce est possible est par conséquent un mariage où chacun des deux époux doit pourvoir à ses propres intérêts, opposés d'ordinaire à ceux de l'autre, et par suite un mariage que menacent les divisions et les troubles.

IV

En dépit des oppositions de l'Église et de quelques philosophes indépendants, l'opinion dominante de ceux qui s'appelaient eux-mêmes les gens « éclairés » se prononça en faveur du divorce. Aussi, dès que les assemblées révolutionnaires permirent à cette opinion de se traduire en textes législatifs, on vit se produire des propositions de loi. Le duc d'Orléans fut le seul en 1789 à réclamer le divorce : sa demande ne fut pas prise en considération; mais à la fin de 1790 le divorce fut concédé à l'Alsace et, en septembre 1791, Mme de Staël fait écrire à sa Delphine : « Vous vivez, par un hasard que vous devez bénir, dans une de ces époques rares où la puissance ne méprise pas les lumières; dans un mois la loi du divorce sera décrétée (1). » Elle ne le fut qu'un an plus tard. Le 30 août 1792, le député Aubert Dubayet, au bout d'un discours de trois minutes, fit déclarer par l'Assemblée législative que le mariage est un contrat disso- luble. Le 7 septembre, le rapport fut déposé et, le 20 septembre, la loi fut votée avec ce préam- bule : « Considérant combien il importe de faire jouir les Français de la faculté du divorce qui résulte de la liberté individuelle dont un enga- gement indissoluble serait la perte... » Le légis- lateur révolutionnaire adoptait par là les raisons données par les philosophes et toutes tirées de la liberté. L'homme n'a pas le droit de renoncer à sa liberté; il n'a pas le droit, et la loi lui inter- dit, de louer ses services pour la vie (2) ; il n'a pas le droit, et la loi lui interdit, de faire des vœux religieux; la loi doit donc le laisser libre de rompre le lien conjugal. Une législation qui interdit les vœux perpétuels ne saurait admettre la perpétuité du vœu matrimonial. Aussi la loi admet-elle parmi les causes du divorce la de- mande d'un seul des époux, certaines condam- nations judiciaires, les excès, sévices ou injures graves, l'incompatibilité d'humeur, l'abandon, l'émigration, et les mesures législatives se succèdent qui relâchent peu à peu les liens con-

____

(1) *Delphine*. Lettre XVII. *M. de Lebensei à Delphine*. Édition Charpentier, 1 vol. in-12, 1839, p. 440.
(2) *Code civil*, art. 1780.

jugaux. Le 22 août 1793, Cambacérès, fidèle à sa théorie que « la volonté des époux forme la substance du mariage et que le changement de cette volonté en opère la dissolution », présente à la Convention un projet destiné à rendre le divorce plus facile et à en abréger les délais. La loi de 1792 avait institué des tribunaux de famille chargés d'instruire les causes matrimoniales; ces tribunaux montraient sans doute peu d'empressement puisque, dès le 8 nivôse an II, une loi ordonna aux tribunaux de famille de statuer dans le mois de la demande en divorce. Aussitôt le divorce prononcé, les époux peuvent se remarier, la femme aussi bien que l'homme, pourvu qu'elle ait cessé de cohabiter avec son mari depuis dix mois. Le 4 floréal de la même année, la latitude augmente encore : la femme peut se remarier dès qu'elle établit qu'elle a accouché depuis la dissolution du mariage. Le 24 vendémiaire an III, une loi nouvelle dispense d'assigner la partie adverse dans certains cas : lorsqu'elle est portée sur la liste des émigrés, lorsqu'elle réside à l'étranger ou aux colonies. Il semble que toutes les entraves doivent être brisées, tous les retards supprimés; on ne saurait aller trop vite dans les voies de la liberté. N'est-ce pas en supprimant toutes les contraintes que l'on replacera l'homme dans son état naturel, qu'on lui laissera libre l'accès du bonheur auquel la nature l'a prédestiné? Le M. de Lebensei de Mme de Staël, qui paraît bien représenter dans *Delphine* Benjamin Constant (1), base sur ces idées tout son plaidoyer pour le divorce. Si long qu'il soit il faut le citer ici :

J'ignore ce que vous et votre ami pensez du divorce ; je me persuade aisément que l'amour suffirait pour vous entraîner tous les deux à l'approuver ; mais cependant, Madame, je connais assez votre raison et votre âme pour croire que vous refuseriez le bonheur même, s'il n'était pas d'accord avec l'idée que vous vous êtes faite de la véritable vertu. Ceux qui condamnent le divorce prétendent que leur opinion est d'une moralité plus parfaite ; s'il en était ainsi, il faudrait que les vrais philosophes l'adoptassent, car le premier but de la pensée est de connaître nos devoirs dans toute leur étendue ; mais je veux examiner avec vous si les principes qui me font approuver le divorce sont d'accord avec la nature de l'homme et avec les intentions bienfaisantes que nous devons attribuer à la Divinité.

C'est un grand mystère que l'amour ; peut-être est-ce un bien céleste qu'un ange a laissé sur la terre ; peut-être est-ce une chimère de l'imagination, qu'elle poursuit jusqu'à ce que le cœur refroidi appartienne déjà plus à la mort qu'à la vie. N'importe, si je ne voyais dans votre sentiment pour Léonce que de l'amour, si je ne croyais pas que sa femme disconvient à son caractère et à son esprit sous mille rapports différents, je ne vous conseillerais pas de tout briser pour vous réunir ; mais écoutez-moi l'un et l'autre. De quelque manière que l'on combine les institutions humaines, bien peu d'hommes, bien peu de femmes

(1) *Relations secrètes des agents de Louis XVIII*, publiées par le comte REMACLE, p. 215, cité par Paul GAUTHIER, *Napoléon et Mme de Staël*, chap. VIII, p. 103, 1 vol. gr. in-8°, Plon, 1903.

renonceront au seul bonheur qui console de vivre :
l'intime confiance, le rapport des sentiments et
des idées, l'estime réciproque et cet intérêt qui
s'accroît avec les souvenirs. Ce n'est pas pour les
jours de délices placés par la nature au commencement de notre carrière, afin de nous dérober
la réflexion sur le reste de l'existence; ce n'est pas
pour ces jours que la convenance des caractères est
surtout nécessaire; c'est pour l'époque de la vie où
l'on cherche à trouver dans le cœur l'un de l'autre
l'oubli du temps qui nous poursuit, et des hommes
qui nous abandonnent. L'indissolubilité des mariages
mal assortis prépare des malheurs sans espoir à la
vieillesse; il semble qu'il ne s'agisse que de repousser
les désirs des jeunes gens, et l'on oublie que les désirs
repoussés des jeunes gens deviendront les regrets
éternels des vieillards. La jeunesse prend soin d'elle-
même, on n'a pas besoin de s'en occuper; mais toutes
les institutions, toutes les réflexions doivent avoir
pour but de protéger à l'avance ces dernières années
que l'homme le plus dur ne peut considérer sans
pitié, ni le plus intrépide sans effroi.

Je ne nie point les inconvénients du divorce, ou
plutôt de la nature humaine qui l'exige; c'est aux
moralistes, c'est à l'opinion à condamner ceux dont
les motifs ne paraissent pas dignes d'excuse : mais au
milieu d'une société civilisée qui introduit les mariages par convenance, les mariages dans un âge où
l'on n'a nulle idée de l'avenir, lorsque les lois ne
peuvent punir, ni les parents qui abusent de leur
autorité, ni les époux qui se conduisent mal l'un
envers l'autre : en interdisant le divorce, la loi n'est
sévère que pour les victimes; elle se charge de river
les chaînes, sans pouvoir influer sur les circonstances
qui les rendent douces ou cruelles; elle semble dire :
Je ne puis assurer votre bonheur, mais je garantirai
du moins la durée de votre infortune. Certes, il fau-

dra que la morale fasse de grands progrès, avant qu'on rencontre beaucoup d'époux qui se résignent au malheur, sans y échapper, de quelque manière; et si l'on y échappe, et si la société se montre indulgente en proportion de la sévérité même des institutions, c'est alors que toutes les idées de devoir et de vertu sont confondues et que l'on vit sous l'esclavage civil comme sous l'esclavage politique, dégagé par l'opinion des entraves imposées par la loi.

Ce sont les circonstances particulières à chacun qui déterminent si le divorce autorisé par la loi peut être approuvé par le tribunal de l'opinion et de notre propre cœur. Un divorce qui aurait pour motif des malheurs survenus à l'un des deux époux serait l'action la plus vile que la pensée pût concevoir; car les affections du cœur, les liens de famille ont précisément pour but de donner à l'homme des amis indépendants de ses succès et de ses revers, et de mettre au moins quelques bornes à la puissance du hasard sur sa destinée. Les Anglais, cette nation morale, religieuse et libre; les Anglais ont, dans la liturgie du mariage une expression qui m'a touchée : *Je l'accepte*, disent réciproquement la femme et le mari, *in health and in sickness, for better and for worse; dans la santé comme dans la maladie, dans ses meilleures circonstances, comme dans ses plus funestes.* La vertu, si même il en faut pour partager l'infortune quand on a partagé le bonheur; la vertu n'exige alors qu'un dévouement tellement conforme à une nature généreuse, qu'il lui serait tout à fait impossible d'agir autrement. Mais les Anglais, dont j'admire, sous presque tous les rapports, les institutions civiles, religieuses et politiques; les Anglais ont eu tort de n'admettre le divorce que pour cause d'adultère; c'est rendre l'indépendance au vice et n'enchaîner que la vertu; c'est méconnaître les oppositions les plus fortes, celles qui peuvent exister entre les caractères, les sentiments et les principes.

L'infidélité rompt le contrat, mais l'impossibilité de s'aimer dépouille la vie du premier bonheur que lui avait destiné la nature; et quand cette impossibilité existe réellement, quand le temps, la réflexion, la raison même de nos amis et de nos parents la confirment, qui osera prononcer qu'un tel mariage est indissoluble? Une promesse, considérée dans un âge où les lois ne permettent pas même de statuer sur le moindre des intérêts de fortune, décidera pour jamais du sort d'un être dont les années ne reviendront plus, qui doit mourir, et mourir sans avoir été aimé.

La religion catholique est la seule qui consacre l'indissolubilité du mariage; mais c'est parce qu'il est dans l'esprit de cette religion d'imposer la douleur à l'homme sous mille formes différentes, comme le moyen le plus efficace pour son perfectionnement moral et religieux.

Depuis les macérations qu'on s'inflige à soi-même, jusqu'aux supplices que l'Inquisition ordonnait dans les siècles barbares, tout est souffrance et terreur dans les moyens employés par cette religion pour forcer les hommes à la vertu. La nature, guidée par la Providence, suit une marche absolument opposée; elle conduit l'homme vers tout ce qui est bon, comme vers tout ce qui est bien, par l'attrait le plus doux.

La religion protestante, beaucoup plus rapprochée du pur esprit de l'Évangile que la religion catholique, ne se sert de la douleur ni pour effrayer, ni pour enchaîner l'esprit. Il en résulte que dans les pays protestants, en Angleterre, en Hollande, en Suisse, en Amérique, les mœurs sont plus pures, les crimes moins atroces, les lois plus humaines, tandis qu'en Espagne, en Italie, dans les pays où le catholicisme est dans toute sa force, les institutions politiques et les mœurs privées se ressentent de l'erreur d'une re-

ligion qui regarde la contrainte et la douleur comme
le meilleur moyen d'améliorer les hommes.

Ce n'est pas tout encore : comme cet empire de la
souffrance répugne à l'homme, il y échappe de mille
manières. De là vient que la religion catholique, si
elle a quelques martyrs, fait un si grand nombre d'in-
crédules; on s'avouait athée ouvertement en France,
avant la Révolution. Spinoza est Italien (1) : presque
tous les systèmes du matérialisme ont pris naissance
dans les pays catholiques, tandis qu'en Angleterre,
en Amérique, dans tous les pays protestants enfin,
personne ne professe cette opinion malheureuse;
l'athéisme, n'ayant dans ces pays aucune superstition
à combattre, ne paraîtrait que le destructeur des plus
douces espérances de la vie.

Les stoïciens, comme les catholiques, croyaient que
le malheur rend l'homme plus vertueux; mais leur
système, purement philosophique, était infiniment
moins dangereux. Chaque homme, se l'appliquant à
lui seul, l'interprétait à sa manière; il n'était point
uni à ces superstitions religieuses qui n'ont ni borne,
ni but. Il ne donnait point à un corps de prêtres un
ascendant incalculable sur l'espèce humaine; car
l'imagination répugnant aux souffrances, elle est
d'autant plus subjuguée, quand une fois elle s'y résout,
qu'il lui en a coûté davantage; et l'on a bien plus de
pouvoir sur les hommes que l'on a déterminés à s'imposer eux-mêmes de cruelles peines, que sur ceux
qu'on a laissés dans leur bon sens naturel, en ne leur
parlant que raison et bonheur.

L'un des bienfaits de la morale évangélique était
d'adoucir les principes rigoureux du stoïcisme; le
christianisme inspire surtout la bienfaisance et l'humanité; et, par de singulières interprétations, il se
trouve qu'on en fait un stoïcisme nouveau, qui soumet

____

(1) *Sic.*

la pensée à la volonté des prêtres, tandis que l'ancien rendait indépendant de tous les hommes; un stoïcisme qui fait votre cœur humble, tandis que l'autre le rendait fier; un stoïcisme qui vous détache des intérêts publics, tandis que l'autre vous dévouait à votre patrie; un stoïcisme enfin qui se sert de la douleur pour enchaîner l'âme et la pensée, tandis que l'autre du moins la consacrait à fortifier l'esprit, en affranchissant la raison.

Si ces réflexions que je pourrais étendre beaucoup plus si votre esprit, madame, ne savait y suppléer; si ces réflexions, dis-je, vous ont convaincue que celui qui veut conduire les hommes à la vertu par la souffrance méconnaît la bonté divine, et marche contre ses voies, vous serez d'accord avec moi dans toutes les conséquences que je veux en tirer.

Retracez-vous tous les devoirs que la vertu nous prescrit; notre nature morale, je dirai plus, l'impulsion de notre sang, tout ce qu'il y a d'involontaire en nous, nous entraîne vers ces devoirs. Faut-il un effort pour soigner nos parents, dont la seule voix retentit à tous les souvenirs de notre vie? Si l'on pouvait se représenter une nécessité qui contraignît à les abandonner, c'est alors que l'âme serait condamnée aux supplices les plus douloureux! Faut-il un effort pour protéger ses enfants? La nature a voulu que l'amour qu'ils inspirent fût encore plus puissant que toutes les autres passions du cœur. Qu'y aurait-il de plus cruel que d'être privé de ce devoir? Parcourons toutes les vertus, fierté, franchise, pitié, humanité; quel travail ne faudrait-il pas faire sur son caractère? quel travail ne ferait-on pas en vain pour obtenir de soi, malgré la révolte de sa nature, une bassesse, un mensonge, un acte de dureté? D'où vient donc ce sublime accord entre notre être et nos devoirs? De la même Providence, qui nous a attirés par une sensation douce vers tout ce qui est nécessaire à notre conservation? Quoi! la divinité, qui a voulu que tout fût facile et agréable pour le maintien de l'existence physique, aurait mis notre nature morale en opposition avec la vertu! La récompense nous en serait promise dans un monde inconnu; mais pour celui dont la réalité pèse sur nous, il faudrait sans cesse réprimer l'élan toujours renaissant de l'âme vers le bonheur; il faudrait réprimer ce sentiment doux en lui-même, quand il n'est pas injustement contrarié.

De quelles bizarreries les hommes n'ont-ils pas été capables? Le Créateur les avait préservés de la cruauté par la sympathie; le fanatisme leur a fait braver cet instinct de l'âme, en leur persuadant que celui qui en avait doué leur nature leur commandait de l'étouffer. Un désir vif d'être heureux anime tous les hommes; des hypocrites ont représenté ce désir comme la tentation du crime. Ils ont ainsi blasphémé Dieu, car toute la création repose sur le besoin du bonheur. Sans doute on pourrait abuser de cette idée comme de toutes les autres, en la faisant sortir de ses limites. Il y a des circonstances où les sacrifices sont nécessaires; ce sont toutes celles où le bonheur des autres exige que vous vous immoliez vous-même à eux; mais c'est toujours dans le but d'une plus grande somme de félicité pour tous que quelques-uns ont à souffrir; et le moyen de la nature, au moral comme au physique, ce sont les jouissances de la vie.

Si ces principes sont vrais, peut-on croire que la Providence exige des hommes de supporter la plus amère des douleurs, en les condamnant à rester liés pour toujours à l'objet qui les rend profondément infortunés? Ce supplice serait-il ordonné par la bonté suprême? Et la miséricorde divine l'exigerait-elle pour expiation d'une erreur?

Dieu a dit : *Il ne convient pas que l'homme soit seul;* cette intention bienfaisante ne serait pas remplie s'il n'existait aucun moyen de se séparer de la femme insensible ou stupide, ou coupable, qui n'en

trerait jamais en partage de vos sentiments ni de vos
pensées! Qu'il est insensé celui qui a osé prononcer
qu'il existait des liens que le désespoir ne pouvait pas
rompre! La mort vient au secours des souffrances
physiques quand on n'a plus la force de les supporter, et les institutions sociales feraient de cette vie
la prison d'Hugolin, qui n'avait point d'issue! Ses
enfants y périrent avec lui; les enfants aussi souffrent
autant que leurs parents, quand ils sont renfermés
avec eux dans le cercle éternel des douleurs que forme
une union mal assortie et indissoluble.

La plus grande objection que l'on fait contre le
divorce ne concerne point la situation où se trouve
M. de Mondoville, puisqu'il n'a point d'enfants; je ne
rappellerai donc point tout ce qu'on pourrait répondre
à cette difficulté. Néanmoins, je vous dirai que les
moralistes qui ont écrit contre le divorce, en s'appuyant de l'intérêt des enfants, ont tout à fait oublié
que si la possibilité du divorce est un bonheur pour
les hommes, elle est un bonheur pour les enfants qui
eux aussi seront des hommes à leur tour. On considère les enfants en général comme s'ils devaient toujours rester tels; mais les enfants actuels sont des
époux futurs; et vous sacrifiez leur vie à leur enfance,
en privant, à cause d'eux, l'âge viril d'un droit qui
peut-être un jour les aurait sauvés du désespoir (1).

La nature nous a faits pour le bonheur; l'indissolubilité peut condamner parfois au malheur;
la nature exige donc que le divorce soit autorisé : tel est bien le résumé de ce plaidoyer. La
constance perpétuelle est impossible, disait Diderot, et elle nous rend malheureux, ajoutent
Benjamin Constant et Mme de Staël : il faut

(1) Mme DE STAËL, *Delphine, loc. cit.*, p. 434-440.

donc reconnaître le droit à l'inconstance. C'est
ce que firent les législateurs révolutionnaires.

Malgré ce plaidoyer éloquent de l'un de ses
personnages, Mme de Staël ne semble pas avoir
été personnellement enthousiaste du divorce.
« On ne saurait le nier, dit-elle dans l'*Allemagne* (1), la facilité du divorce dans les pro-
vinces protestantes porte atteinte à la sainteté
du mariage. On y change aussi paisiblement
d'époux que s'il s'agissait d'arranger les inci
dents d'un drame ; le bon naturel des hommes
et des femmes fait qu'on ne mêle point d'amer-
tume à ces faciles ruptures ; et comme il y a
chez les Allemands plus d'imagination que de
vraie passion, les événements les plus bizarres
s'y passent avec une tranquillité singulière ; cependant c'est ainsi que les mœurs et le caractère
perdent toute consistance ; l'esprit paradoxal
ébranle les institutions les plus sacrées et l'on
n'y a sur aucun sujet des règles assez fixes. »

V

Les inconvénients du divorce se firent voir en
France avec encore plus d'intensité. Les facilités
extrêmes données au divorce n'augmentaient ni

(1) 1re partie, chap. II

la vertu ni le bonheur. Les désordres les plus graves se produisirent, et il fallut peu à peu resserrer les liens que l'on avait dénoués avec tant d'entrain.

Dès le 15 thermidor an III, on suspend l'exécution de la loi du 8 nivôse an II ; on laisse respirer les tribunaux de famille ; on leur permet de prendre tels délais qu'ils jugeront bons pour statuer en connaissance de cause ou même pour permettre au temps de faire son œuvre ordinaire d'apaisement ; on retire également à la femme la faculté que lui avait donnée la loi du 4 floréal an II. En même temps on impose aux demandes pour incompatibilité d'humeur l'obligation de plus grands délais. La réaction commence déjà.

C'est que si les législateurs avaient cru de bonne foi aux paroles des philosophes, malgré tout ils ne voulaient pas compromettre la famille, et ils s'apercevaient que sous l'action des facilités données au divorce la famille se dissolvait. Si l'on s'en rapporte aux chiffres donnés par M. Glasson (1), bien qu'ils soient suspectés par M. Jacques Bertillon (2), dans les vingt-sept mois qui suivirent la promulgation de la loi

(1) *Le Mariage civil et le Divorce dans l'antiquité et dans les principales législations modernes de l'Europe*, 2ᵉ édit., 2ᵉ part., p. 251, 1 vol. in-8°, Paris, 1880.

(2) *Étude démographique du divorce*, chap. xi, § 45, p. 93, gr. in-8°, Masson, 1883. — M. Olivier MARTIN dans sa thèse : *la Crise du mariage pendant la Révolution* (1901), conteste aussi l'exactitude de ces chiffres.

de 1792, les tribunaux de Paris prononcèrent · 5,994 divorces; dans les trois premiers mois de 1793, le nombre des divorces égala à Paris le nombre des mariages; dans le seul mois de pluviôse an III (janvier-février 1795), il y eut, toujours à Paris, 223 divorces, et durant l'an VI (septembre 1797-1798) le nombre des divorces dépassa le nombre des mariages. M. Franck, bien que favorable au divorce, donne les mêmes chiffres que M. Glasson et conclut : « En réalité le mariage civil, le seul qui fût conservé, descendu au rang d'un contrat temporaire, révocable à volonté, avait cessé d'exister. Il était entré dans la catégorie de ce qu'on appelle aujourd'hui les *unions libres* (1). » Aussi, en 1795, dans l'année même où sont promulguées les lois du 8 nivôse et du 4 floréal, le député Bonguyot demande la revision de la loi de 1792. Mailhe, jadis l'un des promoteurs de cette loi, la déclare maintenant désastreuse et demande qu'on restreigne la faculté du divorce. Les parents, dit-il, abandonnent leurs enfants. « Vous ne sauriez arrêter trop tôt le torrent d'immoralité que roulent ces lois désastreuses. — La loi du divorce est plutôt un tarif d'agiotage qu'une loi (2). » Le 20 novembre 1797, Regnault de l'Orne signalait dans le divorce une prime à la légèreté et à l'inconstance des époux, qui transformait la sain-

----

(1) *Philosophie du droit civil*, chap. VIII, p. 69.
(2) GLASSON, *loc. cit.*, p. 262.

teté du mariage en un concubinage honteux et choquant. « Jusqu'à quand, disait Delleville, verra-t-on triompher cet infàme marché de chair humaine (1) ? »

« A Paris, en l'an IX, dit le tribun Carion Nisas, le nombre des mariages a été de quatre mille environ, celui des divorces de sept cents; en l'an X, celui des mariages d'environ trois mille seulement, celui des divorces de neuf cents, proportion croissante et décroissante qui, des deux côtés, effraie et qui prouve que le divorce, loin d'être un remède, est, comme je l'ai dit, un mal de plus et qu'au lieu d'appeler les citoyens au mariage, comme on l'a prétendu, il les en dégoûte et les en écarte (2). » Le 11 juin 1798 (20 nivôse an V), Favard avait présenté un rapport tendant à restreindre la loi de 1792 et où il citait le fait suivant :

« Une citoyenne se marie avec l'assurance de recueillir la succession d'une grand'tante. Arrive la loi du 17 nivôse qui la prive de cet espoir, les deux époux conviennent de faire divorce : le projet exécuté, le mari épouse la grand'tante, âgée de quatre-vingt-deux ans, qui lui donne tous ses biens par contrat de mariage, ainsi que la loi le permettait. La vieille tante ne tarda pas à mourir, et son jeune veuf se remaria avec sa

(1) GLASSON, *loc. cit.*
(2) ID., *ibid.*, p. 261. — M. BERTILLON, *loc. cit.*, demande d'où l'auteur a tiré les chiffres qu'il cite. Il est assez vraisemblable que c'est des discours prononcés au Tribunat.

première femme (1). » Ce n'étaient pas seulement Favard et Nisas, Mailhe et Delleville qui signalaient les maux causés par le divorce ; un autre disait : « Le législateur a perdu de vue qu'il importe surtout d'empêcher les passions violentes de naître et d'éclater, et qu'une fois déchaînées elles ne connaissent plus de bornes. » Les juges eux-mêmes en étaient arrivés à ne plus distinguer entre le divorce et la bigamie. Un homme condamné à douze ans de fers pour bigamie se pourvoit en cassation. Il fait observer « qu'on ne peut voir dans la bigamie que la négligence d'une simple formalité ; que la bigamie n'était autrefois un crime que parce qu'elle portait atteinte aux droits du mariage, mais qu'il n'y a point de droits du mariage là où un des deux époux peut le dissoudre par un simple acte de sa volonté ». Le pourvoi fut admis (2). Ému de tant de désordres, le conseil des Cinq Cents vota la suspension de la loi (3).

Enfin, la loi du 10 germinal an XI, insérée au Code civil, modifia profondément les lois révolu-

(1) Cité par Vidieu, *Famille et Divorce*, chap. ix, § 2, p. 137, 1 vol. in-12, Dentu, s. d. Sciout, II, 252. Cf. dans l'ouvrage du comte Fleury, *les Grandes Dames pendant la Révolution et sous l'Empire*, le chapitre intitulé : *les Effets du divorce sous le Directoire*, p. 180-185.

(2) V. Saosat, *la Législation civile de la Révolution française*, p. 289-290. — Vandal, *Avènement de Bonaparte*, ch. prélimin., p. 58 ; gr. in-8°, Plon, Paris, 1903.

(3) Glasson, *ibid.*, p. 262.

tionnaires. Tout en admettant encore le divorce par consentement mutuel, la nouvelle loi le soumettait à certaines épreuves, à certaines restrictions ; elle supprimait le divorce pour incompatibilité d'humeur, exigeant ainsi au moins le consentement commun des deux parties. Bien que Napoléon ait eu plus d'une fois des paroles sévères pour les divorcés (1), il semble bien que la conservation du divorce dans le Code soit due à son intervention personnelle. Il disait au Conseil d'État : « Il faut que les premières années soient un temps d'épreuve et que si les époux reconnaissent qu'ils ne sont pas faits l'un pour l'autre, ils puissent rompre une union sur laquelle il ne leur a pas été permis de réfléchir. » Aussi l'article 266 du Code civil porta-t-il que « le consentement mutuel ne sera admis qu'après deux ans de mariage ». Il écrivait en 1808 à Murat, qui hésitait à rétablir le divorce devant l'opposition des Napolitains : « La considération la plus importante dans le Code est celle du divorce ; elle en est le fondement. Vous ne devez y toucher d'aucune manière ; elle est la loi de l'État (2). » Pour des raisons diverses, en effet, séduction exercée par les mœurs orientales, désir

____

(1) « Je ne veux pas chez moi de femme divorcée », dit-il un jour. Il pensait, rapporte Fiévée dans sa *Correspondance*, que le divorce favorisait le développement des passions, « le relâchement du lien conjugal ». — Voir Paul GAUTHIER, *Napoléon et Mme de Staël, loc. cit.*, p. 109.

(2) *Correspondance de Napoléon*. Lettre du 27 novembre 1808.

de général qui désire voir augmenter les naissances des futurs soldats, on est en droit de penser, après Accolas, que l'idéal de Napoléon était
la polygamie (1). Il disait à Portalis : « Le mariage ne dérive point de la nature, mais de la
société et des mœurs ; la famille orientale est com-
posée de plusieurs épouses et concubines ; cela
paraît immoral, mais cela marche. L'organisation des familles ne dérive pas du droit
naturel (2). »

Le divorce subsista jusqu'en 1816. Sur le
rapport de Bonald, son abolition fut votée par
195 voix contre 22 par la Chambre des députés,
confirmée par la Chambre des pairs et promulguée le 8 mai. Il est faux de dire, comme on l'a
dit trop souvent, que ce fut uniquement pour se
mettre d'accord avec les lois de l'Église que les
Chambres de 1816 modifièrent la législation (3).
Le plus sérieux adversaire du divorce, le rapporteur de la loi, Bonald, conformément à sa
méthode constante, s'appuya sur la législation
naturelle, sur la nature des choses, sur des considérations tirées de l'essence du lien conjugal,

(1) *Manuel du Droit civil*, t. I, p. 167. — Cf. MASSON,
Napoléon et les Femmes. — PÉROUSE, *Napoléon et les lois
civiles du Consulat et de l'Empire*.

(2) THIBAUDEAU, *le Consulat et l'Empire*, t. III, p. 203.
FERRET, *Travaux préparatoires du Code civil*, t. IX, p. 265.

(3) Il serait plus vrai de dire que la préoccupation de nuire
à l'Église ou du moins de lui rompre ouvertement en visière a
inspiré la plupart des protagonistes du divorce.

bien plus que sur des considérations religieuses.
Il avait donné à son livre *Du Divorce considéré au
dix-neuvième siècle* cette épigraphe tirée de Rousseau : « Si le législateur, se trompant dans son
objet, établit un principe différent de celui qui
naît *de la nature des choses*, l'État ne cessera
d'être agité jusqu'à ce qu'il soit détruit ou
changé et que l'*invincible nature* aura repris son
empire. » La vérité est que les législateurs de
1816 éprouvèrent sans doute une réelle satisfaction à mettre la législation nationale d'accord
avec les lois de l'Église, mais qu'ils obéirent
beaucoup moins aux raisons d'ordre théologique
suggérées par leur foi chrétienne qu'aux raisons
d'ordre moral et social que leur fournissait la
vue des maux causés en France par le divorce.
Ils se montrèrent moins les fidèles observateurs
des canons du concile de Trente que les continuateurs de l'œuvre du conseil des Cinq Cents
qui, sous le Directoire, pour de tout autres raisons que des raisons religieuses, avait déjà suspendu la loi du divorce.

CHAPITRE IV

LES APOTRES DU DIVORCÈ

I

A peine la Restauration eut-elle disparu, emportée par la révolution de Juillet, que des tentatives furent faites pour rétablir le divorce. En 1830, M. de Schonen dépose une proposition de loi : appuyée par le rapporteur Odilon Barrot, elle est votée à plusieurs reprises en 1831, 1832, 1833 et 1834, par la Chambre des députés. Chaque fois la Chambre des pairs la repousse et, de guerre lasse, les députés s'abstiennent de revenir à la charge.

Mais dans la société la littérature romantique travaillait à rendre odieuse l'indissolubilité du lien conjugal. Le romantisme français est, comme le romantisme allemand, une efflorescence de l'individualisme ; s'il ne va pas jusqu'à l'expresse divinisation de l'individu et du Moi, il n'en considère pas moins l'individu comme le centre du monde. Les romantiques allemands ont lu Kant et se sont nourris de Fichte ; les romantiques français en ont à peine entendu parler, cependant c'est bien la même tendance individualiste à laquelle ils obéissent. Seulement ce qui, pour les Allemands, caractérise l'individu, c'est la volonté, tandis que les Français s'arrêtent à la passion. C'est la passion qui est reine et qui doit être maîtresse, c'est elle en qui réside la force et qui est aussi le droit et l'honneur. Nul écrivain français n'a plus que George Sand proclamé les droits inéluctables de la passion, et n'a contribué à répandre dans le public l'opinion que l'institution du mariage indissoluble oppose à la passion d'injustes barrières et doit, par conséquent, être réformée. Elle n'était pas la seule, et au théâtre même, en 1832, Merville et Francis faisaient représenter *Sophie ou le Mauvais Ménage*, qui mettait nettement à la charge du mariage et des droits prétendus qu'il confère les malheurs des protagonistes :

M. de Bermont, en l'absence de sa femme qui est au bal, donne asile chez lui à Mme Bollero, dont le mari, proscrit italien, vient d'être arrêté. Mme de Bermont, à son retour, demande la clef du cabinet où la fugitive est enfermée : refus du mari ; scène de jalousie ; la femme fait appeler un serrurier ; il en résulte une plainte en adultère déposée au parquet par Mme de Bermont. On plaide. On a plaidé : Mme de Bermont est condamnée à rester chez son mari. Alors elle se répand en accusations contre la société qui la rive à sa chaîne (voyez *les Tenailles*), et elle veut mourir. A cet effet, elle prépare du poison dans un verre de lait; elle l'oublie un instant sur sa table, et c'est sa fille, une enfant de six à sept ans, qui le boit! Désespoir des parents, qui voient expirer leur fille entre leurs bras.

Les déclamations dont la pièce est remplie contre les situations terribles et inextricables créées *par le mariage* (chacun des époux se croyant des droits sur l'autre) inspirent au critique des *Débats* les réflexions suivantes, qui, très ironiques sans doute, n'en expriment pas moins le sentiment du public : « Et cependant, dit-il, il s'agit d'une femme de bonnes mœurs; il s'agit d'un galant homme... Savez-vous pourquoi ces gens-là sont malheureux? Tout simplement parce qu'ils sont mariés : ces gens-là sont unis par un serment indissoluble. Le mariage, le saint mariage, a flétri toutes les existences; il a défiguré toutes les visages; il a dénaturé toutes les âmes; le mariage est le fléau de cet intérieur qui pourrait être si heureux! Si Mme de Bermont n'était que la maîtresse de M. de Bermont; si M. de Bermont n'était que l'amant de sa femme, à la bonne heure (1)! »

M. des Granges, que nous venons de citer, ne trouve à cette époque qu'un vaudeville sur le divorce.

En mai 1833, on donnait *Vive le divorce!* de Laurencin. Une jeune femme, Mme Beauvoisin, se plaît à faire enrager son bonhomme de mari; elle l'obsède de ses caprices ruineux; elle le brouille avec ses vieux amis; elle irrite sa jalousie en encourageant les assiduités d'un jeune cousin. Tout à coup son attitude

(1) *Débats,* 13 août 1832. — *La Comédie et les Mœurs sous la Restauration et la monarchie de Juillet,* par Charles-Marc DES GRANGES, p. 86, gr. in-8°, Paris, de Soye, 1902.

change; elle devient aimable, prévenante; le jeune cousin est évincé; les vieux amis sont rappelés. D'où vient cela? C'est qu'elle a lu dans les journaux que le divorce allait être remis en vigueur. Et comme son mari l'a épousée pour ses beaux yeux; comme, divorcée, elle serait réduite à la misère, ou comme elle ne retrouverait pas un intérieur aussi confortable et un mari aussi patient, elle se hâte de réparer son imprudente conduite (1).

C'est la mise à la scène d'un des arguments dont ont usé depuis les partisans du divorce et dont ils useront à l'avenir, soutenant que, loin de nuire à la fidélité et à l'affection conjugales, l'institution du divorce ne peut que les renforcer, puisqu'elle rend plus légères les chaînes que l'on se sent libre de quitter, et puisqu'elle pousse chacun des époux à veiller sur lui-même, à corriger ses défauts de peur de détruire son foyer.

Mais nos grands romantiques ne s'arrêtent pas à de si bourgeoises pensées. Ils ont découvert la valeur absolue de la passion. Et parmi les passions, celle qu'ils exaltent au-dessus de toutes les autres, à laquelle ils prétendent que tout doit être sacrifié, qui suffit à excuser tous les crimes, à laver toutes les souillures, c'est la passion de l'amour. Ils sont jeunes; ils sont amoureux, également enivrés de leur jeunesse et de leur amour; ils proclament que l'amour suffit à tout sanctifier, qu'il est la marque même

(1) *Constitutionnel*, 23 mai 1833.

de la volonté supérieure, une étincelle du feu divin et donc la seule raison qui puisse autoriser l'union de l'homme et de la femme, le seul sacrement qui soit capable de lier et de délier. Le mariage sans l'amour n'est qu'une infamie et une prostitution; quand l'amour n'existe plus, tous les liens sont par là même dissous. « Elle me résistait, je l'ai assassinée! » s'écrie l'Antony de Dumas père, affirmant ainsi, dans une inconscience que nous trouvons aujourd'hui extravagante, qu'en 1832 on trouvait superbe, le droit de l'amour sur la vie de son objet. Par l'amour, Victor Hugo réhabilite Marion Delorme, et la purification amoureuse de la courtisane devient un lieu commun de toute la littérature. Qu'importent les horreurs et les impuretés d'une vie? Pourvu qu'elle éprouve le sentiment passionné, pourvu qu'elle aime véritablement, cette vie est tout entière régénérée, capable des plus rares dévouements, des plus hautes vertus, du plus sublime héroïsme! Spiritualistes effrénés, tels que George Sand les a dépeints dans *Lélia*, les romantiques ne tiennent aucun compte des habitudes acquises, des turpitudes invétérées dans la chair, dans cette chair qui, en dépit de Descartes et de Victor Cousin et de Jouffroy, fait partie intégrante de notre être. Sincère avec lui-même et plus clairvoyant qu'eux tous, Musset sut mieux voir les retentissements sur l'esprit des anciennes débauches du corps. C'est en 1832 qu'il écrivait :

> Ah! malheur à celui qui laisse la débauche
> Planter le premier clou sous sa mamelle gauche!
> Le cœur d'un homme vierge est un vase profond :
> Lorsque la première eau qu'on y verse est impure,
> La mer y passerait sans laver la souillure,
> Car l'abîme est immense, et la tâche est au fond (1).

Par ses romans, par les expériences personnelles de sa vie, c'est George Sand qui a appliqué au mariage les idées du romantisme. *Indiana*, *Valentine*, montrent les malheurs des époux — et surtout de l'épouse — mal assortis, décrivent le bonheur que des amants peuvent goûter en toute paix de l'âme dans les liaisons que le mariage n'a pas consacrées. Les idées générales qui doivent comme constituer la philosophie de ses romans se dégagent peu à peu.

Ne savais-tu pas que l'homme est brutal et que la femme est mobile? Ces deux êtres si semblables et si dissemblables sont faits de telle sorte qu'il y a toujours entre eux de la haine, même dans l'amour qu'ils ont l'un pour l'autre. Le premier sentiment qui succède à leurs étreintes, c'est le dégoût et la tristesse. C'est une loi d'en haut contre laquelle vous vous révolterez en vain. L'union de l'homme et de la femme devait être passagère dans les desseins de la Providence. Tout s'oppose à leur éternelle association, et le changement est une nécessité de leur nature (2).

Lélia voudrait :

... Qu'au moins le petit nombre des cœurs purs entretint la flamme du céleste amour, et qu'affranchi des

____

(1) *La Coupe et les Lèvres*, acte IV, sc. I.
(2) *Lélia*, III⁰ part., chap. xxxv.

liens de l'égoïsme et de la vanité l'hymen des âmes fût
le refuge des derniers disciples de l'idéal poétique. Il
n'en est point ainsi : ces âmes d'exception, éparses sur
la face d'un monde où tout les froisse, les refoule et
les force à se replier sur elles-mêmes, se chercheraient
et s'appelleraient en vain. Leur union ne serait pas
consacrée par les lois humaines, ou bien leur existence ne serait pas protégée par la sympathie des
autres existences. C'est ainsi que tout essai de cette
vie idéale a misérablement échoué entre des êtres qui
eussent pu s'identifier l'un à l'autre, sous l'œil de
Dieu, dans un monde meilleur.

— La faute en est donc à la société? dit Pulchérie (1).

Lélia écrit à Sténio :

A mesure que je vis, je ne puis me refuser à reconnaître que les idées adoptées par la jeunesse sur l'exclusive ardeur de l'amour, sur la possession absolue
qu'il réclame, sur les droits éternels qu'il revendique,
sont fausses ou tout au moins funestes. Toutes les
théories devraient être admises, et j'accorderais celle
de la fidélité conjugale aux âmes d'exception. La
majorité a d'autres besoins, d'autres puissances. A
ceux-ci, la liberté réciproque, la mutuelle tolérance,
l'abjuration de tout égoïsme jaloux. — A ceux-là, de
mystiques ardeurs, des feux longtemps couvés dans
le silence, une longue et voluptueuse réserve. — A
d'autres enfin le calme des anges, la chasteté frater-
nelle, une éternelle virginité. Toutes les âmes sont-
elles semblables? Tous les hommes ont-ils les mêmes
facultés? Les uns ne sont-ils pas nés pour l'austérité
de la foi religieuse, les autres pour les langueurs de
la volupté, d'autres pour les travaux et les luttes de la

(1) *Lélia*, IIIᵉ part., ch. **xxxv**.

passion, d'autres enfin pour les rêveries vagues de la poésie? Rien n'est plus arbitraire que le sens du *véritable amour*. Tous les amours sont vrais, qu'ils soient fougueux ou paisibles, sensuels ou ascétiques, durables ou passagers; qu'ils mènent les hommes au suicide ou au plaisir. Les amours *de tête* conduisent à d'aussi grandes actions que les amours *de cœur*. Ils ont autant de violence, autant d'empire, sinon autant de durée. L'amour des sens peut être anobli et sanctifié par la lutte et le sacrifice. Combien de vierges voilées ont, à leur insu, obéi à l'impulsion de la nature en baisant les pieds du Christ, en répandant de chaudes larmes sur les mains de marbre de leur céleste époux! Croyez-moi, Sténio, cette déification de l'égoïsme qui possède et qui garde cette loi du mariage moral dans l'amour est aussi folle, aussi impuissante à contenir les volontés, aussi dérisoire devant Dieu que celle du mariage social l'est maintenant aux yeux des hommes (1).

Elle écrit encore :

Nous avons transgressé tous deux les lois divines, faute d'avoir vécu sous des lois humaines, qui nous permissent de nous entendre et de nous aimer. Les préjugés de votre éducation et les habitudes de votre esprit, l'exemple de l'humanité, la sanction des lois, vous eussent donné sur moi des droits de commandement et de possession que ma volonté seule eût pu ratifier, craignant l'abus inévitable où vous entraineraient tant de puissances réunies contre moi. A ne parler que d'un seul de vos droits exclusifs, la société ne me donnait aucune garantie contre votre infidélité, et, au contraire, elle vous donnait contre la mienne les garanties les plus avilissantes pour ma dignité. Ne dites pas que nous eussions pu nous élever au-dessus de cette société et braver ses institutions en

____

(1) *Lélia*, iiie part., chap. xxxix.

contractant une union libre de formalités. J'avais fait cette expérience, et je savais qu'elle est impossible; car là, moins encore que dans le mariage, la femme peut être la compagne et l'égale de l'homme. Les intérêts sont opposés; l'homme croit les siens plus précieux et plus importants. Il faut que la femme y sacrifie les siens et s'engage dans une carrière de dévouement, sans compensation possible de la part de l'homme; car l'homme tient à la société; quoi qu'il fasse, il ne peut s'isoler, et la société repousse le lien illégitime. Il faut donc que l'existence de la femme disparaisse, absorbée par celle de l'homme : et moi, je voulais exister. Je ne l'ai pas pu, j'ai préféré scinder mon existence et sacrifier ma part de vie humaine à la vie divine, que de perdre l'une et l'autre dans une lutte vaine et funeste.

Vous, Sténio, vous aviez compris instinctivement mes prétentions et mes droits; car vous m'aimiez plus que vous n'eussiez aimé une autre femme. Mais il n'était pas en votre pouvoir d'y acquiescer. Comme il y a pour les hommes deux existences, l'une sociale et l'autre individuelle, il y a en eux deux natures, deux âmes, pour ainsi dire : l'une qui veut l'adhésion de la société, l'autre qui veut les joies de l'amour. Or, quand ces deux existences sont en guerre, le cœur de l'homme est en guerre contre lui-même. Il sent que l'idéal n'est pas dans une société injuste et corrompue; mais il sent aussi que son idéal ne peut exister dans l'amour sans la sanction de la société. Qu'il rompe avec l'amour ou la société, il scinde également sa vie. Dieu a mis en lui des instincts de tendresse et des besoins de bonheur, voilà pour son amour; mais il a mis aussi en lui des instincts de dévouement et des sentiments de devoir, voilà pour son rôle de citoyen. Ces lois ont concilié ces besoins et ces devoirs de telle façon qu'en renonçant à son rôle de citoyen l'homme est sacrifié à la femme, et qu'en renonçant à l'amour il est sacrifié à la société.

Si Lélia revendique, comme elle dit, sa « volonté d'exister », son droit en face de la société, ce n'est pas qu'elle juge, comme Diderot, ou comme Luther, qu'il est impossible de résister à la passion ou à la nature même qui poussent l'homme et la femme à la satisfaction de leurs désirs et à la mobilité. Elle écrit :

J'ai voulu savoir si, dans la retraite et l'inaction, je n'avais rien perdu de mon courage et de ma force physique. Je me suis aventurée au milieu de la nuit, par un beau clair de lune, à descendre ces degrés. Je suis parvenue sans peine jusqu'à un endroit où la montagne, en s'écroulant, semblait avoir emporté le travail des cénobites. A un instant, suspendue entre le ciel et les abîmes, j'ai frémi d'être forcée de me retourner pour revenir sur mes pas. J'étais sur une plate-forme où mes pieds avaient à peine l'espace nécessaire pour tenir tous les deux. Je suis restée longtemps immobile afin d'habituer mes yeux à supporter cette situation, et je songeais à l'empire de la volonté d'une part, de l'autre à celui de l'imagination sur les sens. Si j'eusse cédé à l'imagination, je me serais élancée au fond du gouffre qui semblait m'attirer par un aimant ; mais la froide volonté dominait mes terreurs et me maintenait ferme sur mon piédestal.

Ne pourrait-on pas proposer cet exemple à ceux qui disent que les tentations sont irrésistibles, que toute contrainte imposée à l'homme est contraire au vœu de la nature et criminelle envers Dieu ? O Pulchérie ! je pensai à toi en cet instant. Je comparai ces vains plaisirs qui t'ont perdue à cette erreur des sens que je subissais sur le bord du précipice, et qui me poussait à abréger mon angoisse en m'abandonnant au sentiment de ma faiblesse. Je comparai aussi la vertu qui t'eût préservée à cet instinct conservateur de l'être, à cette force de raisonnement qui, chez l'homme, sait lutter victorieusement contre la mollesse et la peur. Oh! vous outragez la bonté de Dieu et vous méprisez profondément ses dons, vous qui prenez pour la plus noble et la plus saine partie de votre être cette faiblesse qu'il vous a infligée comme correctif de la force dont vous eussiez été trop fiers (1).

L'amour n'est donc pas irrésistible, la volonté peut en triompher; mais, lorsqu'elle en triomphe, elle sort de la nature et devient coupable. Le désir est « la plus divine faculté de l'âme (2) »; c'est une « ardeur sainte du cœur, une aspiration infinie de l'intelligence qui font que l'homme est un homme », — « L'amour, comme la religion, révèle et illumine bien des voies cachées que la raison ne soupçonne pas (3). » Et pourquoi? Sténio va nous le dire :

Hélas! il est donc bien vrai, j'étais donc un puéril insensé, un misérable fou quand je croyais aux promesses du ciel; quand je m'imaginais que l'homme était aussi bien organisé que les herbes des champs; que son existence pouvait se doubler, se compléter, se confondre avec une autre existence et s'absorber dans les étreintes d'un transport sacré! Je le croyais! Je savais que ces mystères s'accomplissaient à la chaleur du soleil, sous l'œil de Dieu, dans le calice des fleurs, et je me disais : — L'amour de l'homme pur pour la femme pure est aussi suave, aussi légitime, aussi ardent que ceux-là. Je ne me souvenais plus des lois, des usages et des mœurs qui dénaturent l'emploi des facultés humaines et détruisent l'ordre de l'uni-

(1) *Lélia*, vi⁰ part., chap. LVIII.
(2) *Ibid.*, LI.
(3) *Ibid.*, XXXVIII.

vers. Insensible aux ambitions qui tourmentent les hommes, je me réfugiais dans l'amour, sans songer que la société avait aussi passé par là, et qu'il ne restait pas d'autre ressource aux âmes ardentes que de s'user et de s'éteindre par le mépris d'elles-mêmes au sein des joies factices et d'arides plaisirs (1).

L'amour est chose sacrée, manifestation divine. Il est la conscience de la loi supérieure qui sème dans les calices le pollen des fleurs pour les fructifications et les floraisons futures; qui attire les uns vers les autres tous les êtres animés, afin de perpétuer la vie qui, sans doute, anime les atomes imperceptibles et les fait se réunir d'après d'invisibles affinités; qui, peut-être, transporte les mondes et les fait se poursuivre dans l'infini. Au moment même où George Sand écrivait *Lélia*, Musset disait dans *Rolla* :

> J'aime !... Voilà le mot que la nature entière
> Crie au vent qui l'emporte, à l'oiseau qui le suit !
> Sombre et dernier soupir que poussera la terre
> Quand elle tombera dans l'éternelle nuit !
> Oh ! vous le murmurez dans vos sphères sacrées,
> Étoiles du matin, ce mot triste et charmant !
> La plus faible de vous, quand Dieu vous a créées,
> A voulu traverser les plaines éthérées ;
> Pour chercher le soleil, son immortel amant,
> Elle s'est élancée au sein des nuits profondes,
> Mais une autre l'aimait elle-même ; — et les mondes
> Se sont mis en voyage autour du firmament (2).

S'unir sans amour, c'est donc contredire la

____

(1) *Lélia*, VIᵉ partie, ch. xL.
(2) *Rolla*, V

loi universelle et primordiale, c'est un véritable sacrilège. Dès que l'amour se fait sentir, il porte avec lui le signe de Dieu ; toute union est permise ; ce n'est pas assez dire, l'union est obligatoire ; dès que l'amour cesse, aucun mariage n'existe plus. Nous voyons ainsi se formuler l'exacte antithèse de la théorie de Montaigne qui exclut ou autant dire du mariage l'amour, et nous sommes maintenant au point où il faut pour comprendre Jacques alors qu'il écrit :

Elle l'aime (il parle de Fernande, sa femme) et parce que je suis lié à elle par une éternelle affection, la vie de son amant me devient sacrée... Il me serait impossible de conquérir un bonheur quelconque par la violence ou la perfidie, sans être aussitôt dégoûté de ma conquête. Il me semblerait avoir volé un trésor, et je le jetterais par terre pour m'aller pendre comme Judas. Cela me paraît le résultat d'une logique si inflexible et si absolue, que je ne saurais me glorifier de n'être pas une brute semblable aux trois quarts des hommes que je vois. Borel, à ma place, aurait tranquillement battu sa femme, et il n'eût peut-être pas rougi ensuite de la recevoir dans son lit, tout avilie de ses coups et de ses baisers. Il y a des hommes qui égorgent sans façon leur femme infidèle, à la manière des Orientaux, parce qu'ils la considèrent comme une propriété légale. D'autres se battent avec leur rival, le tuent ou l'éloignent, et vont solliciter les baisers de la femme qu'ils prétendent aimer, et qui se retire d'eux avec horreur ou se résigne avec désespoir. Ce sont là, en cas d'amour conjugal, les plus communes manières d'agir, et je dis que l'amour des pourceaux est moins vil et moins grossier que celui de ces hommes-là. Que la haine succède à l'affection, que la perfidie de la femme fasse éclore le ressentiment de son mari, que certaines bassesses de celle qui le trompe lui donnent jusqu'à un certain point le droit de se venger, et je conçois la violence et la fureur; mais que doit faire celui qui aime?

Je ne peux pas me persuader (ce que beaucoup sans doute penseront de moi) que je sois un esprit faible et un caractère imbécile, pour avoir persévéré dans mon amour. Mon cœur n'est pas vil, et mon jugement n'est pas altéré. Si Fernande était indigne de cet amour, je ne l'éprouverais plus. Une heure de mépris suffirait pour m'en guérir. Je me rappelle bien ce que j'ai senti pendant trois jours que je la crus infâme. Mais aujourd'hui elle cède à une passion qu'un an de combats et de résistance a enracinée dans son cœur; je suis forcé de l'admirer, car je pourrais l'aimer encore, y eût-elle cédé au bout d'un mois. Nulle créature humaine ne peut commander à l'amour, et nul n'est coupable pour le ressentir et pour le perdre. Ce qui avilit la femme, c'est le mensonge. Ce qui constitue l'adultère, ce n'est pas l'heure qu'elle accorde à son amant, c'est la nuit qu'elle va passer ensuite dans les bras de son mari. Oh! je haïrais la mienne, et j'aurais pu devenir féroce, si elle eût offert à mes lèvres des lèvres chaudes encore des baisers d'un autre, et apporté dans mes bras un corps humide de sa sueur. Elle serait devenue hideuse pour moi ce jour-là, et je l'aurais écrasée comme une chenille que j'aurais trouvée dans mon lit. Mais telle qu'elle est, pâle, abattue, souffrant toutes les angoisses d'une conscience timorée, incapable de mentir, et toujours prête à se confesser à moi de sa faute involontaire, je ne puis que la plaindre et la regretter. N'ai-je pas vu, depuis son retour, que ma confiance apparente lui faisait un mal affreux, et que ses genoux pliaient sans cesse pour me demander pardon? Combien il m'a fallu d'adresse et de pré-

caution pour retenir sur ses lèvres l'aveu toujours
prêt à s'en échapper!

Tu m'as demandé pourquoi je n'avais pas accepté
la confession et le sacrifice que si souvent elle a désiré
me faire. C'est parce que je crois la confession inutile
et le sacrifice impossible. Tu n'aimes pas qu'on doute
de la vertu d'autrui, et tu m'as reproché de ne plus
vouloir me fier à l'héroïsme dont Fernande eût été
peut-être capable encore. Eh quoi! cette dernière
épreuve, ce fatal voyage en Touraine, n'a-t-il pas
suffi à mesurer la force de Fernande? Je la connais
bien; je sais jusqu'où va sa vertu, comme je sais où
elle finit. Sa chasteté naturelle est la meilleure sauve-
garde qui puisse la protéger, et sans doute elle l'a
protégée longtemps. Mais la résolution de perdre à
jamais Octave ne peut se soutenir dans cette âme pué-
rilement sensible, que la plus petite souffrance épou-
vante, et qui succombe sous un véritable malheur.
Est-ce sa faute? Ne serions-nous pas des insensés et
des bourreaux, si nous exigions d'elle ce qu'elle ne
peut accorder, si nous la frappions pour marcher quand
ses jambes se dérobent sous elle? N'a-t-elle pas failli
mourir parce qu'elle a perdu sa fille? Pauvre créature
souffrante! sensitive qui se crispe au souffle de l'air!
comment aurais-je le courage brutal de te tourmenter,
et l'orgueil stupide de te mépriser parce que Dieu t'a
faite si faible et si douce! Oh! je t'ai aimée, simple
fleur que le vent brisait sur sa tige, pour ta beauté
délicate et pure, et je t'ai cueillie, espérant garder
pour moi seul ton suave parfum, qui s'exhalait à
l'ombre et dans la solitude; mais la brise me l'a
emporté en passant, et ton sein n'a pu le retenir!
Est-ce une raison pour que je te haïsse et te foule
aux pieds? Non! je te reposerai doucement dans la
rosée où je t'ai prise, et je te dirai adieu, parce que
mon souffle ne peut plus le faire vivre, et qu'il en est
un autre dans ton atmosphère qui doit te relever et te

ranimer. Refleuris donc, ô mon beau lis! je ne te toucherai plus (1).

Telle fut la conception à la fois individualiste et mystique de l'amour que soutinrent les romantiques. On ne doit pas s'étonner qu'elle se montrât rebelle à toute espèce de joug social. Au moment même où Jacques songe à se marier (2), il écrit à Sylvia :

Je n'ai pas changé d'avis, je ne me suis pas réconcilié avec la société, et le mariage est toujours, selon moi, une des plus barbares institutions qu'elle ait ébauchées. Je ne doute pas qu'il ne soit aboli, si l'espèce humaine fait quelque progrès vers la justice et la raison; un lien plus humain et non moins sacré remplacera celui-là, et saura assurer l'existence des enfants qui naîtront d'un homme et d'une femme, sans enchaîner à jamais la liberté de l'un et de l'autre. Mais les hommes sont trop grossiers et les femmes trop lâches pour demander une loi plus noble que la loi de fer qui les régit : à des êtres sans conscience et sans vertu, il faut de lourdes chaînes. Les améliorations que rêvent quelques esprits généreux sont impossibles à réaliser dans ce siècle-ci; ces esprits-là oublient qu'ils sont de cent

(1) *Jacques*, LXXXI.
(2) Il est vrai qu'il le fait pour de singuliers motifs : « Je l'épouse pour deux raisons : la *première*, parce que c'est l'unique moyen de la posséder; la *seconde*, parce que c'est l'unique moyen de l'arracher des mains d'une méchante mère, de lui procurer une vie honorable, indépendante (VI). » — Est-il très étonnant, d'après cela, que le mariage de Jacques et de Fernande n'ait pas réussi, étant contracté pour deux raisons, dont la première et la principale est indigne et dont la seconde est extérieure aux fins essentielles du mariage?

ans en avant de leurs contemporains, et qu'avant
de changer la loi il faut changer l'homme (I).

Selon les romantiques, tous plus ou moins
élèves de Rousseau, la société a perverti l'homme
en l'éloignant de la nature. Les plantes et les
animaux se laissent aller naturellement à leurs
instincts ; c'est pourquoi on n'observe pas chez
eux les monstruosités si communes dans l'humanité. Mais quand les romantiques comparent
ainsi l'homme à la plante et qu'ils s'indignent
que les lois qui régissent les végétaux soient
méconnues en l'homme par la société, ils oublient de se demander d'abord si l'homme lui-
même, par des abus de sa propre liberté individuelle, n'a pas altéré sa nature, et enfin s'il est
aussi surprenant qu'ils l'imaginent que l'homme
ait des lois différentes de celles qui régissent et
la plante et l'animal. L'importance même qu'ils
accordent à l'amour, dont ils font le tout de la
vie humaine, aurait dû les avertir que l'homme
est en ce point très différent du reste des êtres,
car les plantes n'ont qu'une saison pour fleurir,
et les animaux ne consacrent à leurs amours que
de courtes périodes. L'amour donc ou n'a pas
l'importance que lui accordent les romantiques,
ou, s'il a cette importance, c'est que l'homme
ne ressemble ni aux plantes ni aux animaux,
c'est qu'il est soumis à une autre législation.

(1) *Jacques*, l. IV.

II

Cette législation, Auguste Comte le rappelle aux écrivains de sa génération, est une législation sociale. L'homme fait pour vivre en société, ne pouvant vivre qu'en société, doit, de par sa nature même, être soumis aux conditions d'existence du groupe social. Le groupe social a besoin de la famille et du mariage, et toute atteinte portée au mariage et à la famille affaiblit la société. Auguste Comte sera donc un adversaire résolu des romantiques et de tous ceux qui, en même temps qu'eux, combattent l'indissolubilité du mariage. Il ne marchandera pas en ce point comme en tant d'autres ses blâmes au protestantisme et son admiration au catholicisme.

Il suffit ici d'indiquer, par exemple, la grave altération que le protestantisme a dû sanctionner partout dans l'institution du mariage, première base fondamentale de l'ordre domestique, et par suite de l'ordre social, en permettant régulièrement l'usage universel du divorce, contre lequel les mœurs modernes ont heureusement toujours lutté spontanément, en résultat nécessaire de la loi naturelle de l'évolution humaine relativement à la famille, déjà indiquée au chapitre précédent. Quoique cette puissante influence ait essentiellement neutralisé les effets délétères d'une telle altération, ils n'en n'ont pas moins été bientôt caractérisés d'une manière très fâcheuse chez les diverses populations protestantes. On peut appliquer le même jugement, quoique à un moindre degré, à la restriction croissante que le protestantisme a fait subir aux principaux cas d'inceste si sagement proscrits par le catholicisme, et dont la rétrograde réhabilitation morale devait tant concourir à la perturbation des familles modernes; le lecteur judicieux suppléera aisément, sur un tel sujet, aux nombreux développements que je ne saurais indiquer ici. Toutefois, j'y crois devoir signaler distinctement, comme éminemment caractéristique de l'ordre de conséquences que nous examinons, cette honteuse consultation dogmatique, si déplorablement immortelle, par laquelle les principaux chefs du protestantisme, et Luther à leur tête, autorisaient solennellement, d'après une longue discussion théologique, la bigamie formelle d'un prince allemand : les condescendances presque simultanées des fondateurs de l'Église anglicane pour les cruelles faiblesses de leur étrange pape national complètent cette triste observation, mais avec un caractère moins systématique. Quoique le catholicisme, malgré son abaissement politique, ne se soit jamais aussi ouvertement dégradé, son impuissance croissante a néanmoins produit nécessairement des effets presque équivalents, puisque, depuis l'origine de la période révolutionnaire, sa discipline morale n'a pu être assez énergique pour réprimer la licence progressive des déclamations ou des satires dont le mariage devenait l'objet, jusque dans les principales réunions publiques. Il faut même reconnaître, à cet égard, afin d'apprécier complètement la nature et l'étendue du mal que l'aversion graduelle contre la constitution catholique, à cause de son principe théologique devenu profondément hostile à l'essor mental, a souvent appuyé les aberrations morales (1), par cela même qu'elles étaient proscrites

<hr>

(1) En considérant avec soin les déplorables constitutions de

par le catholicisme, contre lequel notre malingre
nature se plaisait ainsi à constituer une sorte de pué-
rile insurrection (1).

Et ailleurs :

On ne saurait trop respectueusement admirer cette
universelle disposition naturelle, première base nécessaire de toute société, par laquelle, dans l'état de
mariage, même très imparfait, l'instinct le plus énergique de notre animalité, à la fois satisfait et contenu,
se trouve momentanément dirigé de manière à devenir la source primitive de la plus douce harmonie, au
lieu de troubler le monde par ses impétueux déborde-
ments. Les audacieux sophistes qui, de nos jours,
renouvelant, en temps trop opportun, d'antiques
aberrations, ont directement tenté de porter la hache

notre siècle au sujet du divorce, il est aisé d'y reconnaître
encore que, pour un grand nombre d'esprits actuels, le grand
principe social de l'indissolubilité du mariage n'a, au fond,
d'autre tort essentiel que d'avoir été dignement consacré par le
catholicisme, dont la morale est ainsi aveuglément enveloppée
dans la juste antipathie qu'inspire depuis longtemps sa théologie. Sauf cette sorte d'instinctive répugnance, en effet, la
plupart des hommes comprendraient aisément aujourd'hui que
l'usage du divorce ne pourrait constituer véritablement qu'un
premier pas vers l'entière abolition du mariage, si le développement réel pouvait en être autorisé par nos mœurs, dont
l'invincible résistance, à cet égard, tient heureusement aux
conditions fondamentales de la civilisation moderne, que personne ne saurait changer. Ce n'est point certes la seule occasion
décisive où l'on puisse nettement constater, soit en public, soit
en particulier, le grave préjudice pratique qu'apporte maintenant aux diverses règles morales leur irrationnelle solidarité
apparente avec les croyances théologiques, qui leur furent jadis
si utiles, mais dont l'inévitable discrédit final tend désormais à
les compromettre radicalement chez toutes les natures un peu
actives (*Note d'Auguste Comte*).

(1) *Op. cit.*, LVe leçon, t. V, p. 550.

métaphysique jusque sur ces racines élémentaires de l'ordre social, ont été, sans doute, profondément blâmables s'ils n'ont fait ainsi qu'obéir sciemment eux-mêmes aux ignobles passions qu'ils s'efforçaient d'exciter chez les autres, ou déplorablement aveugles si, au contraire, comme dans la plupart des cas, ils n'ont cédé qu'à l'involontaire extension de la routine anarchique propre à notre malheureuse époque. En toute hypothèse, une triste fatalité ne permettait point d'espérer que l'institution fondamentale du mariage échapperait seule à l'ébranlement révolutionnaire que toutes les autres notions sociales avaient dû subir, après l'inévitable décadence de la philosophie théologique qui leur servait si dangereusement de base exclusive. Quand la philosophie positive pourra directement entreprendre de consolider à jamais cette indispensable subordination des sexes, principe essentiel du mariage et par suite de la famille, elle prendra son point de départ, comme en tout autre sujet capital, dans une exacte connaissance de la nature humaine, suivie d'une judicieuse appréciation de l'ensemble du développement social et de la phase générale qu'il accomplit maintenant; ce qui devra tendre immédiatement à éliminer irrévocablement toutes les déclamations sophistiques inspirées par l'ignorance ou par la dépravation, et dont le résultat pratique ne saurait être que de dégrader l'homme sous prétexte de le perfectionner. Sans doute, l'institution du mariage éprouve nécessairement, comme toutes les autres, des modifications spontanées par le cours graduel de l'évolution humaine; le mariage moderne, tel que le catholicisme l'a finalement constitué, diffère, radicalement, à divers titres, du mariage romain, de même que celui-ci différait notablement du mariage grec, et tous deux encore davantage du mariage égyptien ou oriental, même depuis l'établissement de la monogamie. Que ces modifications successives, tendant à développer sans cesse la nature essentielle de ce lien fondamental, ne soient point aujourd'hui parvenues à leur dernier terme; que la grande réorganisation sociale réservée à notre siècle doive également marquer, sous un rapport aussi capital, son vrai caractère général, cela ne saurait être aucunement contesté. Mais l'esprit absolu de notre philosophie politique porte trop à confondre, à ce sujet, de simples modifications spontanées avec le bouleversement total de l'institution. Nous sommes aujourd'hui, à cet égard, malgré notre vain étalage de la supériorité moderne, dans une situation morale fort analogue à celle des temps principaux de la philosophie grecque, où la tendance instinctive et inaperçue à la régénération chrétienne de la famille et de la société donnait déjà naissance, pendant ce long interrègne intellectuel, à des aberrations essentiellement semblables, ainsi que le témoigne surtout la célèbre satire d'Aristophane, où tout le dévergondage actuel se trouve d'avance si rudement stigmatisé. En quoi doivent principalement consister ces inévitables modifications ultérieures du mariage moderne, c'est ce dont la physique sociale doit aujourd'hui interdire rationnellement l'examen direct, comme éminemment prématuré (1).

III

La révolution de 1848 eut le même effet que la révolution de 1830; elle réveilla la question du divorce. Le 26 mai 1848, le garde de sceaux,

(1) *Op. cit.*, I.* leçon, t. IV, p. 452.

Crémieux déposa une proposition de loi pour le rétablir ; trois jours plus tard, l'Assemblée législative nomma une commission pour l'examiner ; la majorité de la Commission se trouva hostile et on ne parla plus du divorce jusqu'en 1876, où à la suite d'une autre révolution un autre israélite, M. Alfred Naquet, commença l'agitation qui devait aboutir au vote de la loi de 1885.

Dès 1869, M. Naquet avait publié sous ce titre : *Religion, propriété, famille*, un volume aujourd'hui à peu près introuvable, que, au temps du boulangisme, son auteur a déclaré déplorer amèrement (1), dont il reprend aujourd'hui avec une force qui ne manque pas d'audace toutes les articulations. La thèse qu'il défend est à la fois anarchique et socialiste : d'un côté, elle est anarchique, car elle prétend se donner pour but de procurer la plus grande liberté individuelle, la plus grande indépendance des individus vis-à-vis du corps social ; elle est socialiste, d'autre part, parce qu'elle remet à l'État tout le soin de l'éducation. La famille paraît néfaste à

(1) M. Naquet n'aime pas qu'on dise que la phrase célèbre : « J'aimerais mieux me couper un bras que d'avoir écrit ce livre », et célèbre pour deux raisons, pour la crânerie de sa rédaction d'abord, ensuite pour le désaveu qu'elle exprime, a été prononcée en 1889 ; mais, tout en rappelant qu'il l'a écrite pour la première fois le 7 juillet 1871, dans le *Journal du Midi*, d'Avignon, il ne nie pas expressément l'avoir répétée en 1889. Il écrit : « La phrase ci-dessus n'a pas été prononcée en 1889, *au moins pour la première fois.* » Voir *la Loi du divorce*, Préface, p. iv, 1 vol. in-12, Paris, Fasquelle, 1903.

M. Naquet surtout en ce qu'elle asservit l'enfant aux idées du père ; elle en fait l'anneau d'une chaîne, l'esclave d'une tradition. Il faut libérer chaque génération nouvelle vis-à-vis de la génération antérieure, afin d'accélérer le progrès ; il faut donc briser l'autorité paternelle ; par suite, briser la famille et détruire le mariage. Toutes les unions doivent être libres, l'enfant doit ne connaître que sa mère, il n'appartient qu'à sa mère, il en prend le nom ; l'État se charge au besoin de le nourrir, en tout cas de l'instruire et de l'élever.

Or, le divorce est le plus sûr moyen de détruire la famille ; il faut donc travailler à rétablir le divorce. « Si on admettait le divorce, écrivait M. Naquet, l'institution du mariage serait tout à fait transformée ; elle n'aurait plus les avantages que lui reconnaissent ses partisans ; elle manquerait à un des buts qui lui sont assignés par ces derniers, la garantie de protection donnée à la femme et aux enfants, cette protection n'étant possible, dans le système du mariage actuel, que par l'indissolubilité du lien conjugal (1). » C'est à l'État, selon M. Naquet, que doit revenir l'office de protection vis-à-vis de tous les faibles ; plus donc on enlèvera aux faibles leurs protecteurs naturels, plus ils se sentiront poussés à faire appel à la tutelle de l'État.

(1) *Religion, propriété, famille*, cité par GLASSON, *op. cit.*, 4ᵉ part., conclusion, p. 501.

Le divorce prive la faiblesse féminine de la protection maritale, la faiblesse enfantine de la protection paternelle, il convient donc de le rétablir. Le divorce prépare l'union libre; il constitue une étape indispensable vers la libération des individus et la socialisation de la production humaine. Aussi, dans la préface de son récent livre, M. Naquet montre-t-il qu'il est peu touché de ce qu'on a pu lui dire — soit pour l'en blâmer, soit pour l'en louer — à savoir, que le rétablissement de divorce avait consolidé le mariage au lieu de le rendre plus branlant (1). L'affranchissement total, « l'union libre, complètement libre » où l'on se prend et où l'on se quitte sans autre formalité qu'une déclaration devant l'officier de l'état civil, demeure « l'idéal absolu (2) ». C'est aussi ce que disait encore M. Naquet dans la préface qu'il a mise à sa traduction du livre de J.-C. Spence : *L'Aurore de la civilisation*. « La Déclaration des Droits de l'homme, dont les principes dominent aujourd'hui toutes les législations civilisées, a établi que personne ne peut se vendre ou aliéner sa liberté, que *toute convention* entraînant l'aliénation définitive ou *temporaire* de la liberté est nulle; que même un être humain ne peut, en aucun cas, être contraint d'accomplir un acte contre son gré; que « l'obligation de faire,

____

(1) *La Loi du divorce*, préface, p. x.
(2) *Ibid.*

selon l'expression juridique, ne se peut résoudre
en cas de non-exécution du contrat que par des
dommages-intérêts (1) ». Et tout de suite avant
ces lignes, M. Naquet écrit : « Je me trouve parfaitement d'accord avec M. Spence sur la question du mariage. » Or, M. Spence disait :
« Hommes et femmes sont libres de former entre
eux toutes les liaisons qui leur plaisent, et — ce
qui a une égale importance — de briser toute
union mal assortie (2)... » Les mariages, dans
la société future que Spence décrit, se feront par
libres contrats passés en la même forme que
tous les contrats privés; ils seront toujours dis-
solubles. « Lorsqu'il fut de notoriété publique
qu'un homme et une femme vivaient ouvertement ensemble d'une vie commune, la loi les
traita comme époux et légitima leurs enfants,
qu'il y eût eu ou non célébration de mariage. A
la fin, les jurisconsultes découvrirent que les
mariages à perpétuité étaient des contrats de
servitude et, par suite, les frappèrent d'invali-
dité sous la législation anglaise. Il en fut de
même des autres vœux religieux, tels que ceux
de moines et de nonnes : tout le monde eut la
liberté de les contracter ou de les rompre; mais
la loi n'intervint plus. Le mariage, ayant été
débarrassé de sa subordination à d'anciennes
superstitions et à une législation arbitraire, se

______

(1) J.-C. SPENCE, *l'Aurore de la civilisation*, préface par
M. NAQUET, *Préface*, p. x, 1 vol. in-12, Paris, Stock, 1900.
(2) *Ibid.*, x, p. 210.

trouva placé sur une base morale pure. Sous cette forme, il s'est perpétué jusqu'à nos jours avec des légères modifications, et en laissant très peu de marge à de nouveaux progrès (1). » Tel est « l'idéal absolu » de M. Naquet. Mais il ne serait pas le représentant légitime de la race dont il est issu si, à côté de cet idéal, il n'avait pas le vif sentiment des possibilités concrètes. C'est pourquoi, ainsi qu'il vient de le raconter une fois de plus (2), il se résigna, après s'être, dans sa proposition du 16 juin 1876, rapproché le plus qu'il l'avait jugé possible de la loi de 1792, à accepter et à soutenir, en 1884, un projet beaucoup plus restreint, mais tel que les timidités sociales de MM. Léon Renault et de Marcère, qui en furent successivement rapporteurs à la Chambre des députés, n'en fussent pas effrayées. « Placé dans l'alternative de ne rien obtenir du tout ou d'obtenir une loi imparfaite, qui ferait cependant pénétrer le principe du divorce dans nos codes et qui serait fatalement améliorée plus tard, j'avais opté pour cette seconde solution ; voilà tout. J'avais escompté, pour la continuation de mon œuvre, la venue future d'esprits libres qui réformeraient ma réforme (3). »

Le projet soutenu par ces hommes modérés et finalement adopté par le Parlement, non seu-

<hr>

(1) J.-C. Spence : p. 228.
(2) *La Loi du divorce.*
(3) *Revue des Revues*, 15 mars 1901, p. 493.

lement n'admettait pas le divorce par la volonté d'un seul, comme le demandait M. Naquet en 1876, comme l'avait fait la loi révolutionnaire ; mais il n'admettait même pas que le mariage fût dissous par consentement mutuel, comme l'admettait la loi de l'an XI insérée au Code civil. Le divorce ne fut admis que pour « cause déterminée », pour adultère de l'un des époux ; pour excès, sévices ou injures graves ; pour condamnation de l'un des deux époux à une peine afflictive ou infamante (1). Malgré ces restrictions, la loi avait eu à subir non seulement les résistances des catholiques et des conservateurs, mais les assauts mêmes de M. Henri Brisson (2). Elle n'en fut pas moins promulguée le 27 juillet 1884 : amendée, en ce qui concerne la procédure, par la loi du 18 avril 1886, elle n'a pas subi encore de notables changements ; mais il semble bien qu'elle soit à la veille d'être « élargie ». M. Henri Coulon, par exemple, demande le rétablissement du divorce par consentement mutuel, et MM. Paul et Victor Margueritte réclament le divorce par la volonté d'un seul.

Quoi qu'il doive advenir de ces nouvelles propositions, elles ne feront que tirer des conséquences. En admettant le divorce, on en a admis les prémisses, et il est bien difficile de se refuser à faire accorder toute la législation avec des

____

(1) *Code civil*, art. 229, 230, 231, 232.
(2) NAQUET, *la Loi du divorce*, chap. i, p. 36.

principes déjà passés en force de loi et pro-
clamés par le Code. Ce sont donc ces principes
qui doivent surtout nous intéresser. Il a fallu
les répandre et les faire accepter par l'opinion
publique avant de les traduire en textes législatifs. C'est à quoi M. Naquet s'employa en 1879
et 1880, dans une tournée retentissante de conférences ; c'est à quoi travaillaient autour de
lui, auprès de lui, parfois même contre lui, des
écrivains, des orateurs et des hommes de théâtre.

IV

M. Naquet constate lui-même que « ces con-
tradicteurs servirent involontairement la cause
à laquelle ils se proposaient de faire échec (1) ».
Parmi ces contradicteurs M. Naquet cite l'abbé
Vidieu, qui écrivit la brochure *Famille et Divorce*,
à laquelle Alexandre Dumas fils fit l'honneur
bien immérité de répondre par son livre sur la
Question du divorce (1879) ; M. Clisson, M. Albert
Millet et enfin le P. Didon qui prit à partie le
« Pierre l'Ermite du divorce (2) » dans ses cé-
lèbres conférences de Saint-Philippe du Roule.
Ce furent en grande partie ces contradicteurs

(1) *La Loi du divorce*, chap. III, p. 81.
(2) Expression de J.-J. Weiss dans les *Débats*.

qui firent le succès de M. Naquet : « L'homme qui soutient une polémique sur un sujet déterminé ne peut se répéter sans cesse. Si des objections et des attaques n'apportaient pas des éléments nouveaux à la discussion, le public finirait par se désintéresser. Ces éléments nouveaux, ce sont les contradicteurs qui les lui fournissent.

« Les livres de M. Clisson, de M. Albert Millet, de M. l'abbé Vidieu, les sermons du P. Didon, étaient le combustible que l'on jette dans le foyer de la machine et qui y entretient le feu (1). » Ces contradicteurs, d'ailleurs, étaient loin de renouveler la question ; ils répondaient à peu près aux objections apportées par les partisans du divorce contre l'indissolubilité du mariage ; mais aucun d'eux ne cherchait ni à dégager l'essentiel de tous les arguments présentés contre le mariage, ni à remonter par conséquent aux principes différents d'où découlaient par après les divergences. Ils acceptaient le terrain où les attiraient les partisans du divorce et ne songeaient même pas à se demander si ce terrain était acceptable, si la doctrine qu'ils voulaient défendre ne leur en interdisait pas l'accès. Aussi, en dehors de l'éloquence plus enflammée que convaincante du P. Didon, les défenseurs du mariage furent-ils très médiocres et se montrèrent-ils de beaucoup inférieurs à leurs adversaires, surtout au plus grand et au

____

(1) *La Loi du divorce*, chap. III, p. 81.

plus éloquent d'entre eux, Alexandre Dumas fils.

Nul, au siècle dernier, n'a eu de plus vives préoccupations morales que cet illustre écrivain. Et, pour des raisons intimes bien connues de tous, parmi les questions morales, celles qui l'attirent entre toutes sont celles qui touchent aux relations des sexes entre eux, à l'*Homme-Femme*, pour nous servir de sa curieuse expression. L'amour, la famille, le mariage, l'adultère, l'enfant naturel, la situation de l'homme en face de la femme perverse (*la Femme de Claude*), la situation de la femme en face de l'homme débauché et avili (*Diane de Lys*, *l'Étrangère*), la réparation que doit l'homme à la femme qu'il a entraînée (*les Idées de Mme Aubray*, *Denise*), tels sont les sujets qu'il se plait à traiter et qui constituent le fond même de son théâtre. Son idéal, ainsi que l'a montré en d'éloquents articles M. Gabriel Audiat (1) ; c'est l'idéal chrétien, la chasteté avant le mariage, la fidélité et l'indissolubilité après, cela n'est pas contestable. Camille Aubray a vécu chaste, « entendant bien, dit sa mère, ne donner son cœur qu'une fois et ne le reprendre plus ». Et il dit à Barantin : « Me croyez-vous capable d'être préoccupé pendant un an d'un sentiment qui ne doive pas être éternel? » — Dans *le Fils naturel*,

______

(1) *Les Idées de Dumas fils. Mariage indissoluble et divorce.* I. *Quinzaine* du 16 avril 1899, p. 492.

Aristide Fressard nous fait cette profession de foi :

Le but de la nature est que l'homme ait beaucoup d'enfants, qu'il les élève bien pour qu'ils soient utiles, et qu'il les aime bien pour qu'ils soient heureux. Se marier quand on est jeune et sain; choisir, dans n'importe quelle classe, une bonne fille, honnête et saine; l'aimer de toute son âme et de toutes ses forces; en faire une compagne sûre et une mère féconde; travailler pour élever ses enfants et leur laisser en mourant l'exemple de sa vie : voilà la vérité. Le reste n'est qu'erreur, crime ou folie.

C'est dans l'*Homme-Femme* qu'il écrit :

Non, le mariage n'est pas que l'union de deux intérêts, de deux fantaisies, de deux amours même : c'est l'alliance, c'est la communion éternelle de deux âmes, et *c'est pour cela qu'il doit être* INDISSOLUBLE. C'est donc l'acte le plus grave de la vie, puisqu'il engage l'éternité, dans le ciel par le serment, sur la terre par la descendance et l'héritage... On ne vous marie pas de force... Réfléchissez toute votre vie, si bon vous semble; mais une fois que vous aurez dit : Oui, la mort seule pourra vous dégager...

Et que deviendraient les enfants?... Le mariage enfin est un de nos derniers moyens de moralisation. Ne l'amoindrissons pas. Plus les hommes et les femmes verront que c'est un acte irrévocable, plus ils prendront l'habitude de le faire sérieusement.

Et il dit à son fils :

Je t'ai élevé dans la tradition de la Bible et de l'Évangile..., parce que la parole de Jésus nous a donné la vérité une fois pour toutes... Tu es resté chaste et te voilà croyant, robuste et vierge en face de l'amour, par conséquent en face du mariage... Ne cherche pas, en effet, l'amour autre part que dans le mariage : il n'est que là... Si tu ne te sens pas appelé à te consacrer uniquement aux choses qui ne périssent pas, marie-toi donc... Glorifie ta femme dans sa valeur d'épouse et dans sa fonction de mère; qu'elle soit mère dans le grand sens du mot et qu'elle le soit le plus souvent possible... Sois aussi irréprochable toi-même que tu demandes à ta compagne de l'être... Fais-lui comprendre la vie, qui est très simple; explique-lui la mort qui est très facile quand on a fait de la vie ce qu'il faut en faire, et qu'elle sache bien que l'une et l'autre ne sont que des moyens de l'éternité, dans laquelle vous êtes compris tous les deux, et où rien ne vous séparera plus, puisque vous n'aurez été l'Homme-Femme qu'ensemble et *dans un amour unique*...

Tu entendras dire autour de toi qu'un homme civilisé doit avoir connu des femmes avant son mariage, ne fût-ce que pour apprendre à connaître les femmes, et ne pas arriver maladroit, ridicule et désarmé devant celle qui l'épousera. *Ce que tu entendras dire là n'est pas vrai*..... Les femmes que tu connaîtrais ainsi, ou seraient de malhonnêtes femmes qui te détourneraient de ta route, ou seraient d'honnêtes femmes que tu détournerais de la leur. Elles ne t'apprendraient donc, les premières qu'à mépriser les femmes, les autres qu'à te mépriser toi-même...

M. Audiat fait encore observer que ce n'est que durant un intervalle de six ans, de 1873 à 1880, que Dumas a été partisan du divorce; qu'après 1880 comme avant 1873, dans tout son théâtre enfin, sauf dans *l'Étrangère*, il a été l'avocat éloquent des idées exposées plus

(1) *Quinzaine* du 16 avril 1899, p. 471.

haut (1). Et au moment même où Dumas donne son appui à M. Naquet, où il semble le lui donner sans restriction, sa foi morale se révolte contre le libre divorce proposé et il écrit :

Le mari pas plus que la femme ne pourra divorcer selon son caprice. Dans tous les États où le divorce existe, il est hérissé de telles difficultés que, sauf le cas de peines infamantes et de mort civile, on ne l'accorde qu'après les preuves les plus accablantes, les investigations les plus minutieuses et les épreuves les plus longues (1).

Tout cela est vrai ; mais il n'est pas moins exact que Dumas a écrit la *Lettre à M. Cuvillier-Fleury*, la *Question du divorce* et la *Lettre à M. Naquet*, sans compter plusieurs articles dans *le Figaro*. Et jamais, que nous sachions, il n'a songé à rétracter expressément ces écrits. Ce sont eux qui ont, avec les contradicteurs, contribué à passionner l'opinion publique et, comme le reconnaît M. Naquet, c'est Alexandre Dumas qui fit tomber « dans les salons bien pensants » les préventions vis-à-vis du divorce (2).

Le problème qui a passionné et à la fin irrité Alexandre Dumas, qu'il a retourné en cent manières diverses sans pouvoir lui trouver une solution satisfaisante, est le problème des relations entre deux époux dont l'un est coupable, infidèle, traître, et dont l'autre est innocent.

(1) *Quinzaine* du 16 juillet 1899, p. 244.
(2) *La Loi du divorce*, chap. III, p. 74.

Que faire? Se résigner, pardonner, s'enfuir, répudier, se venger ou tuer? Dumas a consacré un drame à chacune de ces solutions. « Accepte tout, consens à tout; mais que le monde continue à te saluer comme une honnête femme! » dit Marcelline dans *Diane de Lys*. Séverine pardonne dans la *Princesse Georges;* Barantin a renvoyé sa femme dans *les Idées de Mme Aubray*, Francillon veut essayer de se venger et Clémenceau tue. Aucune de ces solutions n'est juste. Les innocents souffrent et les coupables ne sont pas punis. Les imaginations du poète sont aussi courtes que les articulations de la loi. Dans la *Princesse Georges*, Séverine dit à sa mère et au notaire Galanson :

Alors, c'est tout ce que vous pouvez pour moi tous les deux! vous, la loi; toi, la famille? La loi peut me rendre l'argent de ma dot, si elle le retrouve; la famille peut me rendre ma chambre de pensionnaire, et puis c'est tout. La vie matérielle toujours; la table et le logement, tel est le souci de la société! Et c'est tout ce qu'elle croit me devoir. Et si je ne peux plus manger, et si je ne peux pas dormir, que fera-t-elle pour mon cœur qu'elle aura laissé briser, pour mon âme qu'elle aura laissé meurtrir! L'âme! qu'est-ce que c'est que ça? J'en ai une cependant!... Ah! c'est ainsi! Chacun pour soi? Soit, et puisque vous n'avez pas trouvé le moyen de me rendre la liberté, je le trouverai, moi. Je ne suis plus l'esclave de cet homme, je ne suis plus sa victime, *je suis son juge.*

Dumas dirait volontiers de même à son art : « Alors, c'est tout ce que vous pouvez m'offrir?

L'injustice et le malheur? Ne serait-il pas possible d'effacer le souvenir de l'imposture et de l'injustice en recommençant sa vie? » La solution du divorce devait donc nécessairement se présenter à lui, l'attirer et le séduire. La perversité de la femme lui a inspiré des paroles pleines de colère et d'éloquence; elle est la « Bête », la « guenon de Nod », il la hait de toute son âme; mais il méprise avec une égale ardeur le « vibrion » moderne, l'homme dissolu et débauché qui se fait un jeu de la vertu, de l'amour, de la fidélité. En face de la multitude des femmes qui ressemblent à Iza ou à Césarine, des hommes qui ressemblent au duc de Septmonts ou au prince Georges, pour échapper à la solution du massacre; il examine celle du divorce et il l'accepte un moment. L'homme peut tuer. Claude a quelque majesté dans son rôle de justicier; mais la femme n'aurait guère pour se venger que la loi du talion. Or, cette loi la dégrade, et Francillon elle-même ne peut se résoudre à s'en servir. Toujours pardonner c'est finalement être dupe. Le divorce semble bien la seule issue qui s'offre à la femme.

L'argumentation à la fois érudite et virulente de Dumas se ramène à un seul point : le mariage, tel qu'il est constitué par la loi civile, livre la femme à la tyrannie de l'homme; la femme doit avoir le droit de rompre une union abusive, le divorce seul le lui permet, il faut donc rétablir le divorce. Sans doute, le mariage indissoluble serait l'idéal et il le demeure ; rien n'empêche les époux assortis de réaliser cet idéal ; mais quand le mariage devient une insupportable oppression, pourquoi la loi enchaînerait-elle pour la vie à son tyran l'être faible qu'est la femme? La loi civile ne peut alléguer en faveur de l'indissolubilité qu'elle impose aucune raison valable : à ses yeux, le mariage est un contrat, et tout contrat peut se résoudre; seule la loi religieuse s'oppose invinciblement au divorce, l'Église a fait du mariage un sacrement, et elle déclare ses liens indissolubles autrement que par la mort. C'est donc l'Église qui, seule, met un obstacle au divorce. C'est donc elle qu'il faut attaquer. Elle se réclame de la Bible, mais l'Ancien Testament admet le divorce; l'Évangile l'admet aussi pour cause d'adultère. Elle inscrit l'indissolubilité dans son droit canon; mais elle autorise les seconds mariages de tous les puissants; en Orient, elle accepte le divorce sous son nom propre; en Occident, elle l'autorise sous le nom de nullité. Elle ne s'oppose aux changements que réclame dans les codes la liberté que par amour de la tyrannie et de la domination. Elle veut se réserver les « causes matrimoniales », user seule de la puissance de « lier et de délier » ; son horreur apparente pour le divorce n'est pas chez elle le fruit d'une doctrine, mais le résultat d'une politique.

De toutes ces diatribes la seule chose à retenir

c'est qu'Alexandre Dumas voit dans le divorce
un remède nécessaire à l'infortune des femmes
trompées ou tyrannisées. Il n'admet pas que les
époux en s'unissant aient abdiqué leurs espérances personnelles en faveur des enfants qui
naîtront d'eux : « Si nous leur devons beaucoup,
nous ne leur devons pas pourtant l'anéantisse-
ment de toutes nos facultés, de toute notre vie
intellectuelle et morale. Les enfants sont pour
la loi des citoyens comme les autres. S'ils ont
à réclamer, ils réciameront et justice leur sera
rendue... Un article réglera leurs droits, comme
dans les affaires sont réglés les droits des tiers-
porteurs et de tous les intéressés qui peuvent
surgir. »

V

Émile Augier, dans *Madame Caverlet*, plaide
aussi pour le divorce. Il montre les malheurs qui
peuvent résulter de l'indissolubilité. Mme Caverlet a été abandonnée par un indigne mari ;
elle a rencontré en Caverlet un homme estimable, qui a voulu, en aimant la mère, être un
vrai père pour les enfants ; mais quand vient
le moment de marier ces derniers, le père réel
reprend ses droits, la situation fausse du ménage
Caverlet éclate aux yeux et les enfants mêmes

condamnent et Caverlet et leur mère. Le divorce leur aurait permis de s'aimer honorablement; la loi d'indissolubilité les condamne à perdre l'honneur ou à résister à leur amour; dans les deux cas, à une égale infortune.

C'est toujours la même raison : sans le divorce les époux seraient malheureux; il faut donc voter le divorce, seul remède à leur malheur. Les législateurs, les poètes, les romanciers, ne font que broder sur ce thème des variations. Sans doute M. Naquet s'appuie sur la liberté : « Le divorce, dit-il, est une institution conforme aux principes de liberté individuelle qui forment la base de notre droit public; l'indissolubilité en est la négation... Pourquoi cette dérogation aux principes fondamentaux de nos civilisations modernes, et cela dans un ordre de choses où l'obligation de faire ou de ne pas faire peut devenir non seulement oppressive, mais répugnante et immorale (1)? » Mais il ne nous explique pas comment on peut conclure un contrat quelconque sans aliéner une partie de sa liberté, pourquoi il est plus immoral dans le mariage qu'ailleurs de faire ce qui déplaît ou même ce qui répugne après qu'on y est volontairement obligé.

« Moi, je voulais exister », disait Lélia. — La Nora d'Ibsen lui répond : « J'ai des devoirs

____

(1) *Journal officiel*, **22** juin 1870, p. 4400, col. 3, cité par M. LEMAIRE, *le Mariage civil*, chap. vi, p. 155.

envers moi-même. Avant tout je suis un être humain, ou du moins je dois essayer de le devenir. » Ici nous trouvons nettement exprimé ce que Lélia sentait confusément, ce qui dans M. Naquet est obscurci par l'apparente clarté de la phraséologie révolutionnaire. Nora aime son mari, ses enfants; elle n'est pas malheureuse, elle est chaste et ne veut pas mésuser de sa liberté; elle estime cependant se devoir à elle-même de la reprendre. Pourquoi? Parce que, dans les circonstances où l'a placée l'auteur de *Maison de poupée*, elle s'aperçoit que ce qu'en son âme et conscience jusqu'alors elle a jugé bon, noble, héroïque même; s'exposer pour son mari; s'engager pour lui; travailler pour lui, et cacher tout ce dévouement sous la plus aimable gaieté, tout cela aux yeux de son mari et de la société qui l'entoure est entaché de laideur et de honte parce qu'elle a contrevenu à une convention sociale; parce qu'elle a signé elle-même, du nom de son père, un reçu d'argent; parce qu'elle a fait par écrit un de ces mensonges que tout le monde se permet dans les discours. Alors, devant les reproches injustes de son mari, elle s'aperçoit que, malgré tout son dévouement, malgré tout son héroïsme, on ne l'a pas prise au sérieux. Elle ne sait comment accorder sa conscience qui l'absout avec le milieu qui la condamne. Elle sent le besoin de la solitude, de la liberté, conditions d'une renaissance intérieure. Jusque-là elle a vécu d'une vie empruntée et factice; elle veut maintenant vivre sa vraie vie à elle, une vie qu'elle comprendra, où elle se reconnaîtra. Elle voit le vide de sa vie passée. Elle n'a pas été heureuse, elle ne sait pas ce que c'est que le bonheur.

J'ai été gaie, dit-elle, voilà tout. Tu étais si gentil envers moi! Mais notre maison n'a pas été autre chose, qu'une salle de récréation. J'ai été poupée-femme chez toi, comme j'avais été poupée-enfant chez papa. Et nos enfants, à leur tour, ont été mes poupées à moi. Je trouvais drôle quand tu jouais avec moi, comme ils trouvaient drôle quand je jouais avec eux. Voilà ce qu'a été notre maison, Forvald. Il me faut être seule pour me rendre compte de moi-même et de tout ce qui m'entoure.

HELMER. — Ah! c'est révoltant! Ainsi tu trahirais les devoirs les plus sacrés!

NORA. — Que considères-tu comme mes devoirs les plus sacrés?

HELMER. — Ai-je besoin de te le dire? Ne sont-ce pas tes devoirs envers ton mari et tes enfants?

NORA. — J'en ai d'autres tout aussi sacrés.

HELMER. — Tu n'en as pas? Quels seraient ces devoirs?

NORA. — Mes devoirs envers moi-même.

HELMER. — Avant tout, tu es épouse et mère.

NORA. — Je ne crois plus à cela. Je crois qu'avant tout je suis un être humain au même titre que toi... ou au moins que je dois essayer de le devenir. Je sais que la plupart des hommes te donneront raison, Forvald, et que ces idées-là sont imprimées dans les livres, mais je n'ai plus le moyen de songer à ce que disent les hommes et à ce qu'on imprime dans les livres. Il faut que je me fasse moi-même des idées là-dessus, et que j'essaie de me rendre compte de tout.

La Dame de la mer forme comme la contre-partie de *Maison de poupée*. Ellida a, comme Nora Forvald, épousé Wangel sans se rendre un compte exact de la portée de son action; elle se croyait libre, elle ne l'était pas; il a suffi d'un regard de l'Étranger pour lui révéler son esclavage. Le mariage lui devient insupportable et l'obsession de la rupture pèse sur sa conscience. Mais Wangel lui ouvre la cage, il la laisse libre de suivre l'Étranger : maîtresse alors d'elle-même, remise en possession de sa personne, le charme est rompu, sa conscience est libérée, elle reste volontairement avec Wangel. Et le sens des deux drames est clair, c'est que la décision qui enchaîne toute une vie est chose sérieuse et qui doit être prise en toute liberté, en toute connaissance de cause. Chaque personne morale doit se développer conformément à ses propres lois, et aucun engagement, quel qu'il soit, ne peut s'imposer à la conscience, s'il est en opposition avec le développement personnel; bien plus, dans ce cas, il devient immoral de s'y conformer. Telle est la morale d'Ibsen, dérivée des théories de Kant et de Fichte, celle que pressentait l'égotisme de la Lélia de George Sand, que recélaient en germe les théories révolutionnaires rééditées par M. Naquet. Elle nous présente l'aspect individualiste et anarchique de la vieille théorie de l'inviolabilité de la personne humaine, de l'autonomie de la volonté.

Chaque être humain a le droit de vivre sa vie,

et nous condamner à vivre selon une règle de vie qui nous est imposée du dehors, c'est nous condamner à demeurer sans cesse hors la loi, c'est l'immoralité même. Aucun vœu, aucun contrat ne sauraient nous y obliger, car ce contrat ou ce vœu seraient radicalement nuls aux yeux mêmes de la conscience, puisqu'ils n'auraient d'autre cause que l'illicite et le prohibé. Nul n'à le droit de renoncer à tous ses droits, de se vendre et d'abdiquer aux mains d'autrui toute sa personne. C'est bien pour cela que M. Naquet n'admet pas que le mariage soit un contrat semblable aux contrats bilatéraux; c'est en vertu de cette conception qu'il admet, à la suite des révolutionnaires, et que MM. Paul et Victor Margueritte admettent après lui le divorce par consentement d'un seul, que tous les prophètes des « temps nouveaux » aspirent à l'union libre.

CHAPITRE V

EN MARCHE VERS L'UNION LIBRE

I

Le droit au divorce une fois admis par la loi, on s'est aperçu bientôt que pour éviter aux époux les douleurs matrimoniales cette « réforme » ne saurait suffire. Bien avant que MM. Paul et Victor Margueritte écrivissent *les Deux Vies*, plus d'une pièce de théâtre avait montré combien le divorce pouvait offrir de lacunes. Car si la raison d'être du divorce est d'éviter aux époux le malheur ou l'esclavage, il est trop clair qu'il faudra l'accorder dès que l'un des deux se sentira ou esclave ou malheureux. C'est cet esclavage et ce malheur à la fois que M. Paul Hervieu a voulu mettre à la scène dans *les Tenailles*. Dans la première moitié de la pièce, Mme Irène Fergan demande à son mari de se prêter au divorce pour aller « vivre sa vie » avec son ami d'enfance Michel Davernier; M. Fergan refuse, et Irène, prise dans l'étau, ne peut « vivre sa vie » qu'à la condition de dissimuler et d'être adultère. Dans la deuxième moitié, c'est M. Fergan qui, instruit par sa femme même que l'enfant qui porte son nom est le fils de Davernier, veut obtenir le divorce, et c'est maintenant Irène qui s'y refuse. Ainsi tour à tour les deux époux sont pris dans les *tenailles* de la loi, ils y étouffent et s'y lamentent. Le consentement mutuel ne suffit pas à résoudre le problème posé par leur cas : il faut que la volonté d'un seul puisse rompre le mariage, pour que le divorce puisse vraiment jouer son rôle de libérateur.

Il est vrai que dès 1890, cinq ans avant la représentation des *Tenailles*, M. Jules Lemaître avait mis dans la bouche de la femme de son *Député Leveau* cette protestation contre le divorce que son mari lui propose :

La vraie raison, je l'avoue : Tu es mon mari, je ne veux pas te perdre, voilà! Depuis bien du temps je m'aperçois que tu ne m'aimes plus, que tu te détaches chaque jour de moi davantage, mais je me disais : Attendons! Il me reviendra... plus tard... quand il sera vieux. Et aujourd'hui tu viens me parler du divorce! Je refuse. Je n'ai plus pour moi que ceci, c'est d'être la femme légitime, l'épouse. C'est tout ce qui me reste, je le garde.

Ce qui veut dire, si on ne se trompe, que si la liberté et le malheur de l'époux qui veut se délier sont respectables et peuvent avoir des droits, la liberté et le malheur de l'époux qui ne veut pas se délier n'ont peut-être pas moins de droits et sont sans doute également respectables. A moins que la liberté de rompre l'association ne doive nécessairement emporter un privilège sur la liberté de ne pas la rompre!

Il ne faut pas croire en effet, et l'*Enquête* publiée par *la Revue* (1) l'a bien prouvé, que tous les écrivains les plus à la mode soient partisans non seulement de l'élargissement du divorce, mais du divorce lui-même. Alphonse Daudet, dans *Rose et Ninette*, a fait voir que le divorce ne pouvait suffire à rendre étrangers l'un à l'autre les époux dont le mariage a été fécond. Le souci de l'éducation, de l'établissement des enfants, les oblige à se rencontrer et dans tous les cas à se concerter. La maladie ou la mort peuvent les replacer en présence l'un de l'autre, et M. Brieux a montré dans *le Berceau* que les plus étranges conséquences peuvent s'ensuivre (2). Les époux divorcés et remariés ne seront-ils pas exposés, en ces rencontres tragiques, en ces communions émouvantes de la douleur, à regretter les liens d'autrefois? Et si l'on dit avec l'un des jeunes auteurs consultés par *la Revue* : « Je suis pour la liberté. Tout être a le devoir de faire sa vie selon les désirs de son cœur. Il me semble absolument monstrueux qu'une créature puisse être obligée par les lois de vivre avec quelqu'un

(1) 1ᵉʳ mars 1903.

(2) M. Hervieu lui-même a montré plus récemment, dans *le Dédale*, que la femme, malgré le divorce, reste liée à son premier mari par des impressions puissantes, en sorte qu'il y a dans l'union de l'homme et de la femme d'autres *Tenailles*, tout aussi prenantes que peuvent l'être celles de la Loi.

dont ses sentiments la séparent (1) », on doit alors accorder que deux anciens époux, dès qu'ils se regrettent, doivent aussitôt laisser là chacun leur nouveau conjoint pour se réunir, quitte à recommencer, quelque temps après, un nouveau chassé-croisé. On comprend après cela que Gyp ait écrit dans la même enquête : « Je trouve que le divorce — le divorce suivi de remariage s'entend — est une infamie au point de vue des enfants, une trahison au point de vue religieux, et une malpropreté au point de yue social (2). »

« Une infamie au point de vue des enfants. » C'est la même idée qui dicta à Mme Alphonse Daudet sa réponse :

J'ai déjà dit toute mon horreur du divorce qui rompt un serment et un sacrement, qui est le déni de tout sentiment paternel et maternel; *alors que des êtres ont créé d'autres êtres, il semblerait qu'ils doivent faire abstraction de leur propre personnalité pour se vouer à l'achèvement, au perfectionnement de leur œuvre.* Or, le divorce martyrise et démoralise l'enfant, atteint l'intégrité de son pauvre jugement en formation, lui fait apprécier des faits qu'il ne peut comprendre, des torts qu'il doit ignorer, le place entre le père et la mère, isolé, presque juge.

Vous le voyez, au lieu d'élargir cette loi, je comprendrais au contraire qu'on la restreignît, car elle tue le mariage et c'est l'écroulement de la famille (3).

Mme Arvède Barine, qui est bien de toutes

<hr>

(1) 1er mars 1903, SAINT-GEORGES DE BOUHÉLIER, p. 532.
(2) *Ibid.*, p. 534.
(3) *Ibid.*, p. 533.

nos femmes de lettres incontestablement la plus
remarquable par l'étendue des connaissances et
la hauteur de l'intelligence, a pris, à son tour,
nettement parti, et avec une hardiesse délibérée
dont peu d'hommes seraient capables, elle écrit :

Si le divorce, avec ses progrès inéluctables, dans le
sens de la facilité, nous ramène tout droit aux mœurs
des cavernes, c'est qu'il est une mauvaise chose. Ce
n'est pas une loi particulière qui est fâcheuse, c'est
l'institution en soi. Supprimons-la. Je vous en prie,
ne vous exclamez pas !... Ce que j'ai dit n'est pas une
telle énormité. Le divorce a déjà existé en France, il
y a déjà eu des milliers d'entre nous qui se sont
demandé comment on avait pu vivre sans lui; et puis
on l'a supprimé, et ce furent alors des millions qui se
demandèrent comment on avait pu vivre avec lui.
Qnand on s'est trompé, on défait ce qu'on avait fait;
ces choses-là arrivent dans tous les pays. Soyez sûrs
qu'on en viendra là; le divorce ne sera pas éternel;
rien ne l'est. Pourquoi ne pas nous en débarrasser
tout de suite, et ôter ainsi au régime actuel l'un de
ses germes de mort (1)?

Aux yeux de Mme Arvède Barine, en effet,
les propositions récentes d'élargissement du divorce, soit par le consentement mutuel, comme
le désire M. Henri Coulon, soit par le consentement d'un seul, comme le réclament MM. Margueritte, sont des conséquences inévitables de
l'institution elle-même.

Il est impossible d'empêcher le divorce de devenir
de plus en plus facile. Dès l'instant qu'il existe, la

(1) *Figaro*, 27 décembre 1902.

force des choses l'emporte sur les textes de loi les plus précis. Regardez autour de vous, en France, comment cela se passe, et avec quelle régularité la porte de sortie du mariage va toujours s'ouvrant un peu plus.

La loi de 1876 n'accorde le divorce que dans certains cas déterminés. Lorsque ces cas n'existent pas, les époux désireux de se tirer leur révérence les créent ou les simulent, et le tour est joué. On est arrivé ainsi à rendre absolument illusoire le reste de prudence qui avait empêché d'inscrire dans la loi le divorce par consentement mutuel. M. Émile Faguet a pu écrire en toute vérité, il y a quelques semaines : « Les neuf dixièmes des divorces prononcés annuellement sont des divorces par consentement mutuel déguisé. » M. Faguet ajoutait : « Or, je suis pour la franchise, et l'hypocrisie de la loi ne me plaît pas beaucoup. Mettons dans la loi de 1876 *ce qui y est* sans qu'elle en convienne. Mettons dans la loi le divorce par consentement mutuel. »

Ces lignes sont bien instructives. M. Émile Faguet est l'un des esprits les plus pénétrants que je connaisse, et il glisse néanmoins, lui aussi, très certainement sans le voir, sur la pente qui nous mène grand train à la démolition du mariage et de la famille. Il caresse la chimère de fixer la porte de sortie à un cran définitif, tout en constatant que le divorce est un élément « d'anarchie morale » d'une telle puissance que « ce fut une des causes de la chute de la République française », la première République, la grande. La pourriture morale était devenue trop nauséabonde ; le pays en eut un haut-le-cœur et secoua tout.

On peut dire, dans le même sens, que le divorce travaille en ce moment à la chute de la troisième République. Il a sa part dans l'abaissement général de la moralité, et il n'a pas encore produit tous ses effets puisqu'il est destiné à devenir encore plus facile. Après le divorce par consentement mutuel, le jeu des intérêts individuels amènera fatalement le divorce par consentement d'un seul (il en est déjà question), et le mariage sera alors si proche voisin de l'union libre que ce ne sera presque plus la peine de passer par la mairie (1).

II

La progression constante du divorce dans toutes les classes sociales montre combien Mme Arvède Barine a raison. Le consentement mutuel n'est pas inscrit dans la loi, il est entré dans la pratique. M. Naquet croit encore (2) que les époux d'accord pour se séparer se livrent à la comédie toujours coûteuse et quelquefois dangereuse de l'adultère; mais M. René Lemaire, en praticien habitué des tribunaux, nous apprend que les époux qui désirent tous les deux se séparer ont à leur disposition un moyen beaucoup plus simple, c'est tout uniment de se séparer de fait. Le refus de la femme de réintégrer le domicile conjugal, ou le refus du mari de la recevoir au dit domicile constituent, au choix des parties, l'injure grave, suffisante, d'après la loi et la jurisprudence, à motiver le divorce devant tous les tribunaux de France (3).

<hr>

(1) *Id., ibid.*
(2) *La Loi du divorce*, chap. vi, p. 146, chap. x, p. 248.
(3) René Lemaire, *le Mariage civil*, chap. vi, p. 175.

Et M. Morizot-Thibault, substitut au tribunal de la Seine, dans une communication fort remarquée qu'il fit au Congrès d'économie sociale, le 3 juin 1901, nous a appris que le mari du moins avait à sa disposition des moyens faciles d'obtenir le divorce par consentement d'un seul.

On me citait un mari qui appartient à la société parisienne. Il y occupe une situation officielle enviée. Dégoûté de sa femme, il la bat pour la contraindre à demander le divorce. Celle-ci, attachée à ses traditions religieuses, refuse de le solliciter. Alors on lui a dit : « Demandez la séparation de corps pour vous soustraire aux violences. — Non, parce que, trois ans après, mon mari la ferait convertir en divorce, et je veux rester fidèle à l'indissolubilité de l'union. » Et, depuis ce temps, elle souffre en silence parce que la loi ne lui a pas ouvert une issue qui pût s'accorder avec ses croyances.

C'est dans les classes ouvrières que ces extrémités sont plus fréquentes parce qu'une instruction et une éducation insuffisantes y ont moins disposé le mari au respect de l'épouse. C'est là que la rupture du lien matrimonial se produit le plus souvent. En 1897, par exemple, le nombre des divorces s'élevait chez les ouvriers au chiffre énorme de 5,943. Il n'appartiendra jamais à la statistique de dire dans combien de cas la volonté des femmes a été violentée. C'est un secret qu'elles enferment le plus souvent dans leur cœur. Mais il revient aux praticiens de soulever quelquefois un coin du voile qui cache leurs douleurs. J'ai eu l'honneur de remplir, à Paris, pendant près de trois ans, les fonctions du ministère public près de la Chambre des divorces. J'ai vu des malheureuses qui venaient solliciter la protection de ma charge. Et, lorsque je leur demandais le motif de leur action, un certain nombre m'avouèrent qu'elles engageaient le procès poussées par la contrainte : « Je demande le divorce, monsieur, mais je n'en voulais pas. Je sais bien ce qui m'attend lorsque le salaire marital ne tombera plus dans le ménage. Mais mon mari ne veut plus de moi et, comme il ne peut réclamer le divorce, il me bat pour que je le demande. J'ai des enfants, monsieur, et je ne veux pas qu'on me tue. » Et j'ai consulté les statistiques, et j'ai vu que, depuis 1884, les demandes basées sur les excès, sévices et injures graves avaient augmenté dans une proportion effrayante. En 1876, la moyenne des séparations demandées dans ces cas était de 3,093. La moyenne des divorces et des séparations sollicitées pour ces mêmes causes fut de 10,347 en 1894, de 10,369 en 1896, de 10,680 en 1897. On ne saurait prétendre que le divorce a augmenté la brutalité instinctive du mari, car la méchanceté est un état de nature. Mais il lui a ouvert des horizons nouveaux ; il l'a incité à de certaines combinaisons malhonnêtes. L'on peut affirmer que, dans cette augmentation, une part notable est due à ce que, à côté des coups inconscients, sont venues les violences calculées. Ainsi on disait : les voies de fait du mari sur la personne de l'épouse diminueront lorsqu'elle tiendra dans sa main le sort de l'union. C'était présumable, et je le croyais. On a vu, depuis, le revers de la médaille. Le même principe les a fait croître parce que l'homme y a trouvé un moyen pour servir ses passions. La femme a rencontré l'oppression dans l'institution même des cas destinés particulièrement à le protéger (1).

On voit par là que les mœurs prennent les devants sur les lois que nous préparent les nou-

_____

(1) *La Femme et le divorce*, p. 20, br. in-12, extrait de la *Réforme sociale.*

veaux réformateurs. Et la jurisprudence à son tour tend à se modifier au profit du divorce, élargissant les cas admis par la loi et, par exemple, admettant comme motif suffisant de prononcer le divorce une simple condamnation correctionnelle (1) ou même, pour un militaire, le prononcé de sa mise en réforme (2). Les tribunaux éliminent de l'injure l'élément intentionnel et assurent ainsi le succès de ces petites comédies dont nous venons de parler. Ils prononcent plus facilement le divorce que la séparation de corps (3). S'ils ne visent pas expressément encore, comme l'a fait plusieurs fois le président Magnaud (4), le consentement mutuel,

(1) Toulouse, 5 juillet 1886; — *Gazette du Palais*, 86, 2.461; — Angers, 13 avril 1896, D. P. Supp. 1897, XIX, 2,439. — On trouve tous les détails dans l'ouvrage cité de M. René LEMAIRE, p. 173-187.

(2) Tribunal de Perpignan, 4 décembre 1893; — *le Droit* du 17 mars 1890.

(3) En 1896, 85 pour 100 demandes en divorce sont accueillies contre 75 pour 100 demandes en séparation de corps; en 1897, 91 pour 100 demandes en divorce également accueillies contre 85 pour 100 demandes en séparation de corps.

(4) « Attendu d'ailleurs que les parties sont d'accord pour demander que le lien matrimonial soit rompu; que si le divorce par consentement mutuel n'est pas encore inscrit dans la loi, le tribunal, pour bien apprécier la situation respective des époux, ne doit pas moins tenir le plus grand compte de cette volonté, deux êtres ne pouvant être, malgré eux, enchaînés à perpétuité l'un à l'autre. » (Château-Thierry, 12 décembre 1901; — *France judiciaire*, 23 février 1901.)

« Attendu que les torts des deux époux sont réciproques et qu'un égal désir de ne plus vivre ensemble les anime l'un et l'autre;

« Que si cette manifestation catégorique de leur volonté,

autant dire qu'ils l'admettent. Ils proclament volontiers la supériorité du divorce, qui permet le remariage, sur la séparation de corps qui ne l'autorise pas (1). Quelques réformateurs voudraient même que le divorce fût dans certains cas imposé par les tribunaux. Mme Anna Lampérière réclame cette sanction légale lorsque la femme soupçonne son mari de mauvaise gestion. « Certains cas de plaintes, de défiance accusée, doivent entraîner de droit la rupture du mariage légal (2). »

III

Ainsi le lien conjugal tend de plus en plus à se relâcher. On pensait jadis que le divorce

dans l'état de la législation actuelle, n'est pas suffisante pour amener leur désunion conjugale, il n'en est pas moins certain que le juge doit tenir le plus grand compte de ce *consentement mutuel,* en l'associant aux griefs établis à l'encontre de chacune des parties par les faits et documents de la cause afin de leur donner plus de poids et de force déterminante. » (Château-Thierry, 4 février 1903; — *Gazette des Tribunaux,* 28 février 1903.) Le même numéro de la *Gazette des Tribunaux* contient un autre jugement de M. Magnaud, du 6 février 1903, où l'adultère est considéré uniquement comme un manquement à un contrat purement civil, qui ne saurait donner lieu qu'à une indemnité et à la rupture du contrat.

(1) Arrêt de la Cour de Caen; — *La Loi* du 24 mai 1885.

(2) *Le Rôle social de la femme,* chap. VIII, p. 95, in-12, Paris, Alcan, 1898.

démeurerait une institution aristocratique, que le peuple divorcerait peu, on en faisait une objection à M. Naquet. M. Naquet peut triompher aujourd'hui et, en effet, il n'y manque pas (1). On peut voir dans le *Rapport de l'administration de la justice de* 1881 *à* 1900, que sur cent personnes le nombre moyen annuel des divorces se répartit comme le montre le tableau suivant :

DÉSIGNATION	1886-1890	1891-1895	1896-1900
Propriétaires, rentiers, professions libérales. . . .	12	11	11
Commerçants	20	17	15
Cultivateurs.	9	10	10
Ouvriers de tout genre. . .	52	54	56
Domestiques.	7	7	8

D'où il résulte que la population ouvrière, qui est loin, quand on en défalque les cultivateurs, de représenter la moitié de la population totale de la France, qui n'en représente même pas un tiers, fournit cependant plus de la moitié des divorcés (2).

Voici, d'autre part, la description que nous fait un magistrat de la façon dont se jugent ces affaires :

Entrez, à Paris, à l'audience de la quatrième chambre civile, qui a la spécialité de dissoudre les mariages. Elle est encombrée d'affaires. On inscrit par an à son

(1) *La Loi du divorce*, chap. vi, p. 157.
(2) *Bulletin officiel du ministère de la Justice*, mars-avril 1903, p. 56,

rôle deux mille trois cent demandes en divorce; et,
comme elle connaît des accidents, elle a encore à
juger un nombre considérable d'affaires de ce chef. Il
faut aller vite. L'enquête sur la demande en divorce
a été faite et elle est rapportée à la barre. L'avocat
du demandeur présente sa plaidoirie. Quand il s'agit
d'un procès simple et ordinaire : « Inutile, Maître,
lui dit le président, d'entrer dans de longs détails.
Lisez l'enquête; votre confrère nous donnera connaissance de la contre-enquête et le tribunal sta-
tuera. » Les lectures sont faites et les juges rendent,
à l'instant même, leur sentence. On a dit au ministère public : « Nous vous entendrions avec plaisir; mais le temps presse, et ces sortes d'affaires sont
toujours claires! » Et il a gardé le silence. C'est-à-dire
que si l'on avait plaidé un procès de mur mitoyen
ou une affaire d'accident, les avocats auraient lon-
guement déduit leurs arguments. Mais il s'agissait
simplement de rompre une union et de dissoudre
une famille.

Lorsque le procès est engagé par la voie de l'assistance judiciaire et que le défendeur fait défaut, c'est
bien pire. Il semblerait au premier abord qu'on dût
prendre des précautions plus grandes, puisque le défendeur n'est pas là pour exposer ses raisons. Au contraire, on ne fait même pas d'enquête, et le tribunal
prononce sur le vu de simples renseignements qui lui
sont transmis par le commissaire de police du quar-
tier des conjoints. Nous savons tous de quelle manière
ces renseignements sont obtenus. Comme je demandais un jour à un inspecteur de la sûreté la manière
dont on les recueillait. « Oh! Monsieur, c'est bien
simple, quand il y a une domestique dans la maison,
on attend qu'elle aille au marché et on provoque ses
confidences; sinon, on interroge la concierge, par
laquelle, du reste, on contrôle toujours les propos des
servantes. » Et c'est sur ces notes qu'on dissout les

mariages. Il est vrai qu'on arrive à un résultat remarquable, qui est de vider à peu près le rôle. On a ainsi rendu, dans une seule audience, d'abord *cent cinquante-neuf* jugements de divorce ; puis, ensuite, *deux cent quarante-deux.*

Il y avait alors parmi nous un magistrat que nous appelions le « grand divorceur ». Ce n'est pas qu'il fût plus favorable à l'institution que les autres ; mais c'était un travailleur acharné et qui mettait au service de tous une obligeance sans mesure. Je vois encore ce géant, avec son visage grave qu'animait un sourire doux, venir chez nous solliciter des enquêtes. Il avait déjà toutes celles de sa section et cela ne suffisait pas à son activité dévorante. Un jour de décembre, vers neuf heures du soir, j'aperçus sa grande ombre se glisser vers le Palais. Je l'abordai et l'accompagnai jusqu'à son cabinet. « Je suis sorti fort tard aujourd'hui, me dit-il, et je reviens, car j'ai à présider demain une longue audience. » Sa table était encombrée des innombrables placets rouges de l'assistance judiciaire. « Je crois que je tiendrai demain le record du divorce. » Et il m'indiqua le chiffre des jugements qu'il allait rendre. J'en fus effrayé. « Il le faut bien. Notre rôle monte tous les jours, et il importe de ne pas entraver le cours de la justice. » Moi, je n'étais pas de son avis. Il répliqua : « Ce ne sont, après tout, que des jugements prononcés par défaut. » — « Oui, lui dis-je, mais par l'effet de la loi ces décisions deviendront toujours définitives à l'expiration d'un délai de huit mois. C'est-à-dire que le défendeur ne connaîtra souvent la sentence qu'au moment où il saura qu'aucun recours n'est réservé contre elle. » J'étais ému. Je regardai un instant, sous la lumière de la lampe, ce bon magistrat pesant, avec une scrupuleuse conscience, et comme au poids de l'or, les renseignements policiers. Après quoi sa main se levait et marquait d'un trait au crayon bleu l'union qu'il venait de dissoudre. Le lendemain, jeudi 15 décembre 1898, il prononçait, dans une unique audience, *deux cent quatre-vingt quatorze* jugements de divorce. Deux jours après, les juges étaient houspillés d'importance par M. Cornély dans *le Figaro*. L'article était intitulé : *Le divorce chez le peuple*. « La quatrième chambre du tribunal de la Seine a tenu une audience qui a duré quatre heures, et pendant laquelle elle a prononcé un peu plus d'un divorce par minute. Tout cela se fait le plus proprement du monde, au moyen de trois messieurs en robe qui marmottent, d'un grincheux monsieur qui est censé requérir et d'un cinquième monsieur qui prend des notes. Ce vestibule de l'enfer social, peuplé d'hommes graves qui défont la société au moyen de la loi, et sous l'image du Christ, a tout à fait bon air. Seulement tout cela se payera, vous pouvez en être sûrs. Tout se paye. Par la faute du législateur, avec la complicité, avec presque l'excitation de la justice, l'union libre remplace peu à peu le mariage. Elle détruit la famille. Elle livre sans défense l'homme à l'alcoolisme, la femme à la prostitution et l'enfant aux vices précoces. Des faits semblables projettent des lueurs inquiétantes sur tout un état social (1). »

De son côté, le fisc, magnanime, renonce à taxer les divorcés. Une circulaire de l'Enregistrement, du 5 mai 1886, obligeait à percevoir un droit de 187 fr. 50 sur la première expédition du jugement de divorce ou de l'acte de mariage modifié par ce jugement. Mais un romancier bien connu et sans doute très compétent, puisqu'il est l'auteur d'*Aphrodite*, M. Pierre

______
(1) Morizot-Thibault, *loc. cit.*, p. 25.

Louys, ayant mené une campagne à ce sujet dans le *Journal* (1), l'Administration a décidé de renoncer à la perception de ce droit et il a été abrogé par la loi de finances du 25 février 1901 (2). Tant est grande la puissance d'*Aphrodite !*

IV

On voit que sous ces auspices nous voguons à pleines voiles vers les îles de la liberté. S'il faut en croire une spectatrice attentive et clairvoyante des mœurs contemporaines, plus d'un, dont on ne se doute pas, y a déjà abordé.

En dehors même du peuple, où les ménages irréguliers ne se comptent plus, bon nombre de gens, dont on ne se doute pas dans notre lanterne magique parisienne, en sont déjà arrivés à cette conclusion et suppriment les cérémonies officielles.

— A quoi bon? me disait dernièrement une gentille jeune femme que le monde croyait mariée dans les règles. Pour que les juges et les avocats viennent mettre le nez dans nos affaires quand nous ne nous aimerons plus? Non, non; nous nous séparerons sans bruit.

Je lui demandai si elle avait des enfants.

— Une fille.

<hr>

(1) 8 décembre, 16 décembre 1900. Cité par M. Lemaire, *op. cit.*, p. 181.

(2) *Journal officiel*, 20 février 1901. — Lemaire, *ibid.*

— Que deviendra-t-elle quand vous vous quitterez ?

— Nous réglerons les choses au mieux de ses intérêts. Tout se passera de bonne amitié, puisqu'il n'y aura pas lutte (1).

Mme Arvède Barine ajoute tout de suite après :

Il ne me sembla pas aussi sûr que cela que le « décollage » se passerait en douceur; il y en a presque toujours un qui veut et l'autre qui ne veut pas. C'est leur affaire; mais je pense souvent à cette petite créature frêle et délicate, sans fortune, sans autre talent que de tenir plus ou moins bien son ménage et d'élever son enfant. Que deviendra-t-elle si elle se trouve un beau matin sur le pavé avec sa fille, comme elle en admet franchement la possibilité?

Passons du particulier au général. Est-il de l'intérêt de la femme de détruire la sécurité du foyer domestique?

M. Marcel Prévost a répondu d'avance à cette question dans l'éloquent article (2) auquel je me permets d'ajouter ici un post-scriptum. Il ne lui avait pas échappé que « les tenailles », selon son expression, allaient toujours se desserrant, parce qu'il ne peut pas en être autrement. Ce n'est pas une opinion que j'exprime; c'est un fait que je constate, et que chacun peut constater de même. Regardez la France du Directoire. Regardez les États-Unis d'aujourd'hui, où l'on en est arrivé à se prendre et se quitter comme des animaux, avec des formalités pour rire, qui s'expédient en quelques heures, quand ce n'est pas en quelques minutes.

Il n'avait pas davantage échappé à M. Marcel Prévost que les femmes commençaient à avoir peur de l'avenir que leur préparent les esprits généreux, mais

(1) Arvède BARINE, art. cité.
(2) *Figaro*, 7 décembre 1902.

chimériques, qui se flattent de changer avec des textes de loi la nature humaine et la vie réelle. — « A mesure, écrivait-il, que le maniement du divorce devenait plus familier aux conjoints, aux amants et aux juges, les femmes s'épouvantèrent de la facilité croissante avec laquelle elles pouvaient être — tranchons le mot — légalement lâchées. »

Et ailleurs : « C'est... la femme qui maintenant, épouvantée à l'idée d'être si facilement laissée seule, se cramponne à la porte du cachot et crie : « N'ouvrez « pas trop... *Il* s'en irait... »

Oui, les femmes « s'épouvantent ». Elles sont *le faible*, de par la loi et de par la nature. La loi peut se changer, la nature ne se change pas. Nous serons à perpétuité *le faible,* et nous aurons à perpétuité en face de nous *le fort,* c'est-à-dire l'homme. L'égalité des sexes est une pure chimère, une expression qui ı pas de sens, puisque les deux sexes ne sont pas la même chose. L'homme est un homme, la femme est une femme, et je crois bien qu'elle est le meilleur des deux, mais l'homme est le plus fort, et tous les jurisconsultes du monde ne feront pas qu'il en soit autrement.

Rien ne prouve mieux cet effroi des femmes vis-à-vis de cette législation qui prétendait les libérer que les mouvements révélés par la statistique. Les chiffres moyens publiés récemment par le ministère de la Justice donnent :

		1886-1890		1891-1895		1896-1900	
		Divorces	Séparations de corps	Divorces	Séparations de corps	Divorces	Séparations de corps
Demandes formées	par le mari.	37	13	37	15	42	16
	par la femme.	63	87	63	85	58	84

D'où il est facile de conclure que la femme

demande plus souvent que l'homme la séparation de corps et que dans la dernière période
quinquennale le nombre des demandes en divorce formées par le mari s'est accru tandis que
diminuait le nombre des demandes formées par
la femme. Mais la décomposition des moyennes
en leurs chiffres réels fournit des indications
plus claires.

ANNÉES	DIVORCES			SÉPARATIONS DE CORPS		
	Nombre total des affaires	DEMANDES FORMÉES		Nombre total des affaires	DEMANDES FORMÉES	
		par le mari	par la femme		par le mari	par la femme
1885. .	4,640	1,837	2,803	2,910	372	2,538
1886. .	4,581	1,848	2,733	3,017	453	2,564
1887. .	5,605	1,507	4,098	2,549	309	2,240
1888. .	6,247	2,321	3,926	2,170	288	1,882
1889. .	7,075	2,547	4,528	2,194	245	1,949
1890. .	7,456	2,670	4,786	2,041	266	1,775
1891. .	7,445	2,892	4,553	2,059	324	1,735
1892. .	8,119	3,210	4,909	2,094	320	1,774
1893. .	8,159	2,965	5,194	2,171	316	1,855
1894. .	9,144	3,168	5,976	2,405	351	2,054
1895. .	8,937	3,341	5,596	2,446	391	2,055
1896. .	9,148	3,652	5,496	2,586	386	2,200
1897. .	9,283	3,861	5,422	2,657	422	2,235
1898. .	9,521	4,036	5,485	2,859	433	2,426
1899. .	9,461	4,077	5,384	2,941	516	2,425
1900. .	9,309	(1)		2,994		
1901. .	10,539	4,564	5,975	3,018	240	2,478

Ainsi, tandis que jusqu'en 1894 l'écart entre
les demandes en divorce formées par le mari et
les demandes formées par la femme demeurait
à peu près constant proportionnellement au

(1) Les chiffres des colonnes laissées en blanc nous man-
quent pour 1900. — *Journal officiel*, 5 janvier 1904.

nombre total des demandes, à partir de cette date, le nombre proportionnel des demandes formées par la femme tend à décroître, passant de 5,976 sur 9,144 en 1894, à 5,384 sur 9,461 en 1899 et s'arrête en 1901 à 5,535 sur un nombre total de 10,539 demandes. Au contraire le nombre des demandes formées par l'homme s'accroît sans cesse, en sorte que c'est l'homme qui tend de plus en plus à demander le divorce. D'autre part, la femme, qui, de 1886 (2,564 demandes) à 1892 (1,735 demandes), avait paru délaisser la séparation de corps, y recourt, depuis 1892, de plus en plus, et forme, en 1901, 2,478 demandes. D'où il suit que la femme revient à la séparation de corps et demande moins le divorce tandis que l'homme au contraire le demande davantage. C'est donc qu'en fin de compte le divorce profite à l'homme plus qu'à la femme et qu'en dépit de toutes les déclamations, de tous les attendrissements des littérateurs à propos de quelques cas spéciaux, la législation du divorce est encore la loi du plus fort.

Cela est si vrai que les femmes les plus émancipées se refusent à suivre MM. Margueritte dans leur campagne en faveur du divorce par consentement d'un seul. Une conférence-controverse sur le divorce eut lieu le 28 février 1903 à l'hôtel des Sociétés savantes, organisée par les étudiants républicains. Les contradicteurs étaient : M. l'abbé Garnier, dont le nom seul indique qu'il était le champion de l'indissolubilité ; M. Henri Coulon, avocat à la Cour d'appel, qui fait campagne pour qu'on revienne au divorce par consentement mutuel ; M. le député Chauvin enfin, partisan de la proposition Margueritte. Ce qu'il y eut de plus intéressant, ce fut le discours du président, ou plutôt de la présidente, Mme Marguerite Durand, directrice de *la Fronde.* Au nom des femmes et des féministes, elle se déclara nettement opposée au divorce par la volonté d'un seul. Qu'est-ce autre chose que la répudiation ? Or, dit Mme Durand, chacun sait que « l'homme se lasse plus vite que la femme dans les relations amoureuses ». Le mariage doit être maintenu comme une garantie, pour la femme contre le caprice de l'homme ; de même que tout traité, le mariage ne doit pouvoir être annulé que par la volonté des deux contractants.

Un des orateurs de cette séance, M. Coulon, avait déjà reconnu que le mariage est une institution tutélaire pour la femme. Il ne pense pas que l'on puisse arriver à établir l'égalité entre les deux sexes et, comme Mme Arvède Barine, comme Mme Marguerite Durand, il conclut que la liberté complète finira par se traduire pour la femme en un esclavage véritable.

Au bout d'un temps plus ou moins long, fort court, selon moi, l'égalité dans l'union ramènera le seul principe qui fait disparaître le désordre, j'ai dit la force. La femme, l'être faible physiquement, retombera sous le poids de l'esclavage, et vraisemblablement l'homme, qui y est attiré par sa constitution physique, rétablira la polygamie, régime très facile à défendre au point de vue social et qui n'a été détruit dans une partie du monde que par les principes religieux (1).

Et l'enfant, dont on se préoccupe si peu en toutes ces aspirations, l'enfant redeviendra sans doute l'instrument de la perpétuité de la race, l'esclave docile de la cité.

Aussi M. Laurent Tailhade, qu'on n'est pas habitué cependant à trouver parmi les réactionnaires, nous paraît-il dire le mot vrai, le mot définitif, je dirais le mot chrétien, si je n'avais peur de déplaire à son auteur :

Je ne suis pas absolument de l'avis des frères Margueritte, qui ne me paraissent pas tenir de l'enfant tout le compte qu'il faudrait ; l'enfant n'est pas intervenu dans le contrat primitif, et pour cause, mais il a tous les droits : les parents n'ont autre chose que les devoirs (2).

: C'est qu'en effet, ainsi que nous l'avons vu dans cette histoire rapide de l'institution matrimoniale, il y a deux façons de considérer le mariage : l'une où l'on se place au point de vue des parents, l'autre où l'on se place au point de vue de l'enfant. Le christianisme, et le christianisme seul, s'est placé à ce second point de vue. Or, si l'on considère que le mariage est contracté par les époux pour des fins qui leur sont

<hr>

(1) *Réforme du mariage. Introduction*, p. vi.
(2) *La Revue* du 1ᵉʳ mars 1903, p. 539.

propres et ne les dépassent pas, s'ils n'y cherchent que la satisfaction de leurs désirs naturels le « couronnement de leur flamme », leur intérêt, leur bonheur ou le moyen de se développer de « vivre leur vie », il n'est point douteux que la cause du lien conjugal cesse dès que les désirs sont assouvis, que la flamme d'amour est éteinte, que l'on n'a plus d'intérêt à vivre ensemble, que l'on n'y éprouve plus de joie, que la vie y paraît amoindrie et resserrée, à plus forte raison si l'on s'y trouve comprimé, déprimé, ruiné, malheureux. On doit donc redevenir libre dès que cesse le motif qui avait fait prendre l'engagement. Quand on se marie pour avoir des enfants, *liberorum quærendorum causa*, comme disaient les vieux Romains, mais que ces enfants ont seulement pour but la continuité du culte ancestral, ou la perpétuité de la lignée, ou la vie de la cité, selon les doctrines de toutes les sociétés antiques il en est tout à fait de même : le mariage devra être rompu ou modifié de façon à permettre la réalisation du but poursuivi.

Mais si le mariage a pour but l'enfant, sa personnalité morale et toute sa destinée, ainsi que l'enseignent le christianisme et, ainsi que nous le verrons, la raison avec le christianisme, on peut dire qu'alors tout change, que le divorce perd sa raison d'être et que le mariage ne se conçoit plus sans l'indissolubilité. Ce qui nous confirme dans cette vue, c'est que toutes les ra-

sons que nous avons vu alléguer depuis Luther
en faveur du divorce ne sont tirées que de la
considération de l'intérêt des parents. Jamais
on n'y parle des enfants, comme si en tout cela
les enfants n'avaient aucun intérêt. Quelles sont,
en effet, les raisons qu'on nous a données?
Luther nous a dit : Il y a des nécessités de tempérament qui exigent le divorce; et Diderot a
conclu : La constance est contre nature. Le Lebensei de Mme de Staël a développé ces idées :
Le mariage malheureux doit être rompu, car il
fait manquer le but de toute la vie. Les romantiques ont proclamé que la passion étant la seule
raison de l'union conjugale, cette union devient
oppressive et immorale quand la passion s'est
éteinte ; et Ibsen enfin nous a fait entendre que
le mariage se trouvait rompu de droit, devenait
même immoral dès que l'expansion naturelle de
la vie s'y pouvait trouver mortifiée. Or, de qui
est-il question en tout cela ? A qui s'agit-il par
le divorce de rendre possible la soumission à la
nécessité, à l'inconstance naturelle ? A qui le divorce doit-il éviter le malheur? De qui doit-il
réaliser la passion et développer la vie ? Evidem-
ment des époux et des époux seuls. Ce sont eux
qui ne peuvent échapper à la nécessité, ni se
soustraire aux lois naturelles, ni éviter l'inconstance, eux qui ont besoin d'être heureux, qui
désirent suivre leur passion, qui doivent vivre
leur vie. Ce sont tous ces arguments : nécessité,
loi de la nature, droit au bonheur, droit de la

passion, autonomie personnelle, qui se retrouvent toujours et qui se retrouvent seuls indéfiniment diversifiés dans tous les plaidoyers contemporains en faveur du divorce. Après Fichte et Ibsen tout est dit, et MM. Paul et Victor Margueritte n'ajoutent pas une idée à ces arguments. L'agitation qu'ils peuvent créer est nouvelle, mais non pas les raisons qu'ils donnent. « Tout est dit, et l'on vient trop tard. »

CHAPITRE VI

LES CONSÉQUENCES DU DIVORCE

QUELQUES STATISTIQUES

I

Une seule chose peut être dite qui ne l'ait pas été encore, c'est la suite des conséquences que le divorce entraîne après lui. Car ces conséquences n'ont pu se montrer tout de suite après l'établissement du divorce. Il leur a fallu le temps de se faire voir, et chaque année qui s'écoule les montre ou nouvelles ou plus claires. Dès sa première campagne en 1877 M. Naquet affirmait que « si le divorce existait, et s'il était très facile à obtenir, l'adultère deviendrait plus rare encore entre gens non mariés » ; que « le nombre des liaisons clandestines irait en diminuant et, avec elles, le nombre des enfants que cette clandestinité prive de toute garantie » ; qu'à ses yeux « la nouvelle loi ne devrait avoir pour effet de désunir aucun ménage », et que si « elle exerçait une influence, ce serait plutôt dans le sens de la diminution des désunions (1) ».

Cette prophétie eut pour effet d'exciter le Dr Jacques Bertillon, aujourd'hui chef de la statistique municipale de la ville de Paris, à rechercher quels pouvaient être les rapports d'une loi sur le divorce avec les différents phénomènes sociaux. Les divers travaux qu'il publia sur ce sujet et en particulier son *Étude démographique du divorce et de la séparation de corps* (2) sont des écrits très soignés, dont les chiffres, puisés aux meilleures sources, sont d'une exactitude incontestable, dont les articulations sont fort claires et dont la méthode enfin est aussi sûre que scientifique. Or, les conclusions de M. Jacques Bertillon, sans confirmer toutes les espérances de M. Naquet, lui étaient plutôt favorables. Car elles paraissaient mettre en relief avec grande netteté : 1° que le nombre des ménages désunis concorde toujours avec le nombre des suicides; 2° que la désunion des ménages, aussi bien que le suicide, provient d'un certain état de détraquement, de demi-folie; 3° que cet état plus ou moins morbide dépend surtout de trois causes : d'abord des traditions religieuses, des origines ethniques ensuite, et enfin des agglomérations urbaines. Les catholiques divorcent moins que les protestants, les Latins moins que les Flamands, les Flamands moins que les Allemands

---

(1) *La Loi du divorce*, chap. vi, p. 133.
(2) Gr. in-8°, Masson, 1880.

ou les Suisses, les ruraux beaucoup moins que les citadins. Il en est tout à fait de même pour les suicides. Et de là il paraissait résulter qu'une loi sur le divorce n'aurait sans doute sur l'union ou la désunion des ménages aucune espèce d'effet. M. Bertillon pensait donc pouvoir écrire :

Le nombre des séparations d'époux dépend : 1° de la race des habitants et surtout de leur caractère; 2° de leur religion; 3° de leur agglomération dans les villes et de leurs occupations professionnelles; enfin de quelques autres circonstances accessoires.

Une loi peut-elle changer la race d'un peuple? Non. Peut-elle diminuer la grandeur des villes? Peut-elle diminuer le nombre des gens qui s'adonnent à l'industrie et au commerce? Non.

Peut-elle changer enfin l'âme de la nation, augmenter la misanthropie de ses habitants et l'aigreur de leur caractère? Pas davantage.

Elle ne peut donc rien sur la fréquence des séparations.

Et ce qui le prouve mieux encore, c'est qu'en effet les changements de législation n'ont eu que des effets très peu sensibles sur le nombre des séparations judiciaires — les seules qui soient enregistrées par la statistique, les séparations amiables ne lui étant pas connues.

Et pourtant, c'est sur les séparations judiciaires que la législation aurait dû influer.

Si les facilités plus grandes accordées par la loi n'ont rien ou presque rien pu ajouter à leur fréquence, à plus forte raison peut-on affirmer qu'elles n'ont en rien changé le nombre total des séparations de famille (1).

Pour faire la contre-épreuve, il examinait les

____

(1) *Étude démographique*, 1re part., chap. xii, p. 105.

effets qu'avait produits sur l'Alsace-Lorraine
annexée la loi allemande sur le divorce, et voici
ce que les chiffres lui apportaient. De 1837 à
1869 on observe dans les trois départements
du Haut-Rhin, du Bas-Rhin et de la Moselle :

ANNÉES	Séparations de corps	MOYENNE pour 1000 mariages contractés
1837-40	16	1.48
1841-45	20	1.77
1846-50	18.8	1.84
1851-55	22.2	2.25
1856-60	28	2.48
1861-65	32	2.89
1866-69	42	3.83

On voit que le nombre des séparations croît
de façon presque régulière. Si la loi du divorce
avait produit un effet quelconque, on devrait
voir cet effet se manifester dans les statistiques
postérieures à l'annexion. Les renseignements
font défaut de 1870 à 1874; à partir de 1874,
les statistiques nous donnent :

ANNÉES	Mariages	Divorces
1874	12,543	56
1875	11,992	55
1876	11,137	60
1877	10,311	67
1878	10,068	87
1879	9,879	58
1880	9,553	75

soit comme moyenne par périodes :

ANNÉES	Mariages	Divorces	MOYENNE de divorces pour 1000 mariages
1874-75	12,222.5	55.5	4.52
1876-80	10,189.0	69.4	6.80

Et M. Bertillon conclut qu'en tenant compte de l'augmentation croissante des séparations de corps l'augmentation constatée en 1874-75 est absolument régulière. « Que l'on constitue sur un papier quadrillé un diagramme à l'aide de ces chiffres, on verra que la courbe ascendante déterminée par ces chiffres : 2.25 — 2.48 — 2.83, s'en va presque directement gagner le point déterminé, le point 4.52. Le chiffre 6.80 dévie, à vrai dire, un peu cette courbe. Mais cela rentre dans la règle générale. Il n'est guère de pays en Europe où l'augmentation des divorces n'ait fait des progrès exceptionnels pendant ces dix dernières années. » M. Bertillon se croyait donc en droit de donner ces :

Pronostics sur les effets d'une loi rétablissant le divorce en France. — Si nous nous fions à l'expérience que les Allemands ont faite sur nos concitoyens d'Alsace-Lorraine, nous serons conduits à croire qu'une loi rétablissant le divorce en France n'aurait sur le nombre des procès de famille absolument aucune influence. Ce nombre grandira progressivement après la loi, de même qu'il grandissait avant elle, mais il n'y aura, d'une période à l'autre, aucune augmentation subite.

Je ne crois pas probable qu'il doive être ainsi.

La France, en effet, a toujours présenté plus de

séparations que ses deux départements alsaciens, et il est probable que chez nous les séparations prétendues « amiables » sont plus nombreuses que de l'autre côté des Vosges.

Il y aura donc un stock de vieilles querelles à liquider, ou, pour choisir des expressions plus dignes, il y aura un certain nombre de situations fausses à régulariser.

Probablement donc, il se passera après la loi Naquet ce qui s'est passé après la loi sur l'assistance judiciaire en France, après la loi de 1876 en Suisse.

Dans l'année qui suivra la promulgation de la loi, on verra un nombre de divorces élevé; puis ce nombre diminuera d'année en année, jusqu'à ce qu'il arrive à son niveau normal, qui sera un peu plus élevé que le niveau actuel.

Mais la tendance à l'accroissement des querelles conjugales continuera certainement après la loi, car elle existe déjà depuis près d'un demi-siècle dans notre pays, et il est très peu vraisemblable qu'elle s'arrête.

C'est pourquoi les divorces, après avoir été nombreux la première année, après avoir diminué rapidement pendant les années suivantes, cesseront, à un moment donné, de devenir plus rares, et reprendront la marche ascensionnelle que les séparations de corps suivent depuis 1837 (1).

II

Comment ce pronostic s'est réalisé, c'est ce que dix-huit années d'expérience permettent

(1) *Étude démographique*, 1re part., chap. xl, p. 101.

maintenant de voir. Un de ceux qui combattirent contre M. Naquet dès 1881, M. Louis Legrand, ancien ministre de France à la Haye, a interrogé les statistiques et a communiqué les résultats de son étude à l'Académie des sciences morales (1).

Il n'avait pas de peine à montrer que le pronostic de M. Bertillon ne s'était nullement réalisé. Loin de décroître après une première augmentation, le nombre des divorces n'a cessé de croître, et leur progression a été hors de toute proportion avec la progression que l'on remarquait antérieurement dans les séparations de corps.

C'est ce que montre à l'évidence le tableau suivant (2) :

ANNÉES		Séparations de corps Affaires jugées	Divorces enregistrés à l'état-civil	Totaux des divorces et séparations de corps
1850-55.	MOYENNES QUINQUENNALES	1,529		
1856-60.		1,913		
1861-65.		2,395		
1866-70.		2,833		
1871-75.		2,647		
1876-80.		3,264		

(1) Cette communication a été publiée *in extenso* dans les numéros de l'*Économiste français* des 4 et 11 octobre 1902.

(2) Les chiffres de la première colonne sont empruntés à la statistique publiée par le ministère de la Justice; ceux de la seconde, à la statistique publiée par le ministère du Commerce. Ces deux statistiques ne concordent pas; d'ailleurs, les chiffres du ministère de la Justice donnent ou les nombres d'affaires ou les nombres des divorces prononcés par les tribunaux, tandis que ceux du Commerce ne donnent que les nombres des divorces transcrits sur les registres de l'état civil.

ANNÉES	Séparations de corps Affaires jugées	Divorces enregistrés à l'état-civil	Totaux des divorces et séparations de corps
1884		1,657	
1885	2,910	4,227	7,137
1886	3,017	2,950	5,967
1887	2,549	3,636	6,185
1888	2,170	4,708	6,878
1889	2,194	4,786	6,980
1890	2,041	5,457	7,498
1891	2,059	5,752	7,811
1892	2,094	5,772	7.806
1893	2,171	6,184	8,355
1894	2,403	6,419	8,824
1895	2,446	6,751	8,197
1896	2,586	7,051	9,637
1897	2,657	7,460	10,117
1898	2,859	7,238	10,097
1899	2,941	7,179	10,120
1900	2,094	7,157	10,151
1901	3,018	7,741	10,759
1902		8,431	

On voit aisément par là que tandis que les séparations de corps avaient mis trente ans à doubler (1,529 en 1850-1855 contre 3,264 en 1875-1880), dix ans après, en 1890, le nombre des ménages désunis a passé à 7,498 ; il a donc plus que doublé. Et que s'est-il passé dans l'intervalle? Les circonstances sociales n'ont pas varié ; on a seulement promulgué la loi du divorce. Il est difficile après cela, quelque spécieux que soient les raisonnements de M. Jacques Bertillon, de ne pas reconnaître l'influence de la loi sur les mœurs. La législation est sans doute le produit d'un état moral, mais elle est aussi un facteur.

III

Ces résultats sont les seuls qui montrent bien l'influence de la loi du divorce sur l'union conjugale. Partout ailleurs, tout ce qu'on peut constater, c'est l'augmentation toujours à peu près régulièrement croissante du nombre des divorces. En Angleterre, où le divorce est à la fois un luxe à l'usage à peu près exclusif des classes riches et un scandale dans la haute société, les divorces, même depuis la loi de 1857, sont très peu fréquents. On en constata 253 en 1858 ; 200, 189, 176 en 1859, 1860, 1861 ; ils remontèrent à 204 en 1862 et ont atteint en 1886 et 1887 les chiffres de 581 et 580. Il y en eut, en 1894, 547. Grâce à la fois au frein légal et au frein social, ils n'ont donc fait à peu près que doubler, en trente-sept ans.

En Allemagne, la progression est incomparablement plus rapide. On compte pour tout l'empire : .

ANNÉES	Divorces	ANNÉES	Divorces	ANNÉES	Divorces
1881 . . .	3,942	1888 . . .	6,513	1895 . . .	8,326
1882 . . .	5,263	1889 . . .	6,338	1896 . . .	8.460
1883 . . .	5,686	1890 . . .	6,088	1897 . . .	8,878
1884 . . .	5,952	1891 . . .	6,582	1898 . . .	9,008
1885 . . .	6,161	1892 . . .	6,513	1899 . . .	9,333
1886 . . .	5,969	1893 . . .	6,694		
1887 . . .	6,240	1894 . . .	7,502		

ce qui nous fait voir que chez nos voisins de l'est, le nombre des ménages officiellement désunis a presque triplé en trente ans.

En Alsace-Lorraine la progression indiquée par M. Bertillon s'est aussi accélérée : de 75 divorces en 1880, d'après M. Bertillon, ou de 82, d'après la statistique que j'ai sous les yeux, les chiffres s'élèvent à :

104	pour	1881
106	»	1882
130	»	1883
128	»	1884
138	»	1885
148	moyenne pour	1886-90
161	»	1892-92

Les statistiques du Danemark confondent les divorces et les séparations de corps; il est donc impossible de se rendre compte de la marche des divorces. En Suède, selon le statisticien italien Morselli, de 1851 à 1880, le nombre des divorces a augmenté de 61 pour 100.

En Hollande, nous observons les chiffres suivants :

ANNÉES	Divorces	ANNÉES	Divorces	ANNÉES	Divorces
1867 . . .	113	1877 . . .	155	1887 . . .	333
1868 . . .	111	1878 . . .	163	1888 . . .	409
1869 . .	97	1879 . . .	155	1889 . . .	460
1870 . . .	120	1880 . . .	151	1890 . . .	483
1871 . . .	121	1881 . . .	187	1891 . . .	414
1872 . . .	97	1882 . . .	168	1892 . . .	354
1873 . . .	131	1883 . . .	189	1893 . . .	405
1874 . . .	154	1884 . . .	196	1894 . . .	390
1875 . . .	151	1885 . . .	261	1895 . . .	473
1876 . . .	153	1886 . . .	315		

Le nombre des divorces a donc quadruplé en moins de trente ans.

La Suisse est le pays classique du divorce. C'est en 1876 que commencent pour ce pays les données statistiques et on compte :

ANNÉES	Divorces	ANNÉES	Divorces	ANNÉES	Divorces
1876 . . .	1,102	1884 . . .	907	1892 . . .	881
1877 . . .	1,036	1885 . . .	920	1893 . . .	903
1878 . . .	1,036	1886 . . .	899	1894 . . .	932
1879 . . .	938	1887 . . .	925	1895 . . .	897
1880 . . .	856	1888 . . .	841	1896 . . .	405
1881 . . .	945	1889 . . .	865	1897 . . .	1,011
1882 . . .	964	1890 . . .	880	1898 . . .	1,018
1883 . . .	898	1891 . . .	877	1899 . . .	1,091

Il semblerait qu'ici il n'y ait pas augmentation.

Aux États-Unis le rapport de M. Wright au Sénat, du 20 février 1889, nous apprend que dans les vingt années précédentes les tribunaux ont reçu 328,716 demandes en divorce et en ont accueilli environ 68 pour 100. Voici les chiffres exacts :

ANNÉES	Divorces	ANNÉES	Divorces
1808-71 (moyenne) .	10,722	1881.	20,762
1872-76 (moyenne) .	13,709	1882.	22,112
1877.	15,687	1883.	23,198
1878.	16,089	1884.	22,994
1879.	17,083	1885.	23,472
1880.	19,663	1886.	25,535

C'est une progression de plus du double en moins de vingt ans.

Dans certains états la progression est tout à

fait extraordinaire : en Californie les divorces passent en vingt ans (1867-1886) de 200 à 1,010 ; ils quintuplent alors que la population ne fait que doubler ; dans le Colorado, en treize ans (1867-1880), les divorces passent de 4 à 250, quand la population quintuple ; dans le Kansas, en dix ans (1867-1876), ils passent de 76 à 817, ils décuplent donc, la population a triplé ; de même, dans le Texas, durant les vingt années qui s'écoulent de 1867 à 1886, la population double, le nombre des divorces devient treize fois plus grand, il passe de 100 à 1,326.

On s'explique en lisant ces chiffres qu'il se produise en ce moment même aux États-Unis un mouvement très vif contre le divorce. La famille se sent menacée. Cette progression constante et rapide montre bien que la moralité publique est atteinte, car les partisans du divorce reconnaissent eux-mêmes que le mariage stable est supérieur en soi au mariage en voie de dissolution. La rapidité croissante de la progression est-elle produite par la législation du divorce ? En dehors de la France où l'on peut observer, à partir de 1884, les effets de la loi, les statistiques ne peuvent sur ce point nous donner aucun renseignement ; mais nous avons vu qu'en France l'accroissement de la progression ne peut guère être contesté. La progression de l'instabilité matrimoniale a des causes générales puisqu'elle se fait voir partout dans le monde civilisé, mais son accélération est notable en France après la loi du divorce. Dans les pays, comme l'Italie, où on n'admet que la séparation de corps, la progression est aussi constante et n'offre pas de différences notables, comme on peut le voir par ces chiffres :

ANNÉES	Séparations de corps	ANNÉES	Séparations de corps
1880.	1,393	1889.	1,225
1881.	1,688	1890.	1,423
1882.	1,786	1891.	1,426
1883	1,502	1892.	1,472
1884.	1,235	1893.	1,550
1885.	1,258	1894.	1,678
1886.	1,245	1895.	1,711
1887.	1,221	1896.	1,704
1888.	1,453		

On voit donc qu'en dehors du cas particulier de la France qui aussi bien est le seul qui soit instructif et qui puisse l'être, aucun de ces chiffres n'est concluant.

M. René Lemaire fait cependant une remarque importante et qui mérite d'être retenue. Comparant le nombre de demandes en divorce introduites à dix ans d'intervalle en 1887 et 1897, il arrive à dresser le tableau suivant (1) :

Nombre des demandes introduites	En 1887	En 1897	Proportion de l'augmentation en 1897
Après moins d'un an de mariage.	159	451	2.83
— 1 an et moins de 5 ans . .	1,197	2,001	2.42
— 5 ans et moins de 10 ans .	2,340	3,122	1.32
— 10 ans et moins de 20 ans.	1,850	1,500	0.86

(1) *Le Mariage civil*, VI, 63, p. 169.

La conclusion saute aux yeux, c'est que la progression des divorces d'année en année est d'autant plus rapide que le mariage est plus récent, ce qui me semble bien prouver que bon nombre d'époux cèdent à la tentation de se désunir avant d'avoir fait de grands efforts pour se supporter, et il paraît douteux que les facilités que leur offre la loi du divorce pour suivre les premières impulsions de leurs penchants les excitent à faire de tels efforts. Il faut cependant reconnaître loyalement que la preuve n'est pas faite, et nous ne pouvons ici souscrire à toutes les conclusions posées sur ce point par M. Lemaire (1) et par M. Billia (2).

Tout ce que nous sommes en droit de dire, c'est qu'à tout le moins le divorce qui paraît malfaisant en France n'est nulle part bienfaisant et que nulle part on ne voit qu'il favorise la stabilité du mariage.

IV

Il devait aussi, si l'on en avait cru M. Naquet, diminuer le nombre des adultères. Car à quoi

(1) *Op. cit.*
(2) *Defendiamo la famiglia*, par Lorenzo-Michalangelo BILLIA, gr. in-8°, Turin, 1902. C'est de cet excellent et solide ouvrage que nous avons tiré un certain nombre de renseignements statistiques, surtout en ce qui regarde l'étranger.

bon se livrer au mensonge et à la ruse dès que la
loi fournirait le moyen de satisfaire les désirs?

Voici comment répond la statistique française :

Adultères poursuivis devant les tribunaux.

ANNÉES	Nombre des affaires	Nombre des prévenus
1846-50.	191	321
1851-55.	272	460
1856-60.	338	626
1861-65.	408	760
1866-70.	336	632
1871-75.	378	705
1876-80.	431	824
1881-85.	546	1,038
1886-90.	938	1,758
1891-95.	963	1,838
1896-1900.	1,143	2,214

Il y a donc après 1884 une augmentation
considérable des adultères jugés par les tribunaux, puisque de 546 en 1881-1885; il passe
brusquement à 938 en 1886-1890 et par conséquent arrive presque à doubler. Les partisans du
divorce soutiennent que cette augmentation ne
prouve pas qu'il y ait en réalité plus d'adultères, et il se peut qu'ils aient raison ; mais dans
tous les cas ils ne peuvent soutenir autrement
que par des considérations vagues que la législation du divorce ait amélioré la moralité conjugale.

Le divorce a-t-il une influence sur la natalité
illégitime, sur les crimes contre l'enfant, sur la
nuptialité? Il ne le semble pas. Après comme
avant la loi du divorce, les moyennes demeurent

les mêmes ou, si elles changent, c'est d'une façon si régulière que le divorce ne saurait être pour rien dans ce changement. Les crimes et délits contre l'enfant au cours du dernier siècle en France sont restés sensiblement stationnaires depuis 1850 avec une légère tendance à diminuer dans les dernières années. Les affaires d'infanticide ont passé de 152 en 1846-1850 à 214 en 1856-1860, 206 en 1871-1875, pour tomber à 107 en 1896-1900 (90, chiffre réel pour 1901). Il est vrai que, durant ce temps, la loi de 1863 a canalisé sous la rubrique « suppression d'enfant » une moyenne approximative annuelle de 120 affaires sur les tribunaux correctionnels, ce qui donnerait plutôt une augmentation totale de la criminalité, mais on ne remarque pas que cette criminalité soit plus grande dans les années qui suivent 1884. Les avortements — poursuivis — qui étaient de 88 en 1850-1855 sont de 102 en 1891-1895, mais retombent à 65 en 1896-1900 (chiffres réels : en 1900, 29, en 1901, 24). Ces chiffres d'ailleurs ne représentent que de très loin l'état réel des choses, car les parquets, les juges et les tribunaux sont loin de montrer une égalité parfaite dans la constance de leur zèle répressif. Tantôt on poursuit, tantôt on ne poursuit pas, cela dépend du tempérament des procureurs, de l'opinion publique, du scandale et souvent aussi des personnes que l'on risquerait de mettre en cause.

Dans l'ouvrage consacré à la défense de la

famille et à la question du divorce que nous avons cité plus haut, M. Billia tire des statistiques belges une indication qui montre que la proportion des naissances illégitimes croît en conséquence des divorces et il dresse le tableau suivant :

ANNÉES	Naissances illégitimes	Proportion p. 100 naissances
1840	8,751	6.33
1841-50.	9,675	7.43
1851-60.	10,845	7.91
1861-70.	11,094	7.13
1871-80.	12,371	7.20
1887-90.	14,874	8.47

L'augmentation de 7.20 pour 100 à 8.47 en dix ans est extrêmement remarquable, mais rien ne prouve que cette augmentation, pour être à peu près parallèle à l'accroissement du divorce, a pour cause cet accroissement. C'est en France seulement que l'établissement du divorce en 1884 peut permettre de constater si la progression après cette date est notablement accélérée, auquel cas il ne serait pas douteux que c'est au divorce que cette accélération devrait être attribuée. Or, le phénomène ne se produit pas. La proportion des naissances illégitimes sur le nombre total des naissances augmente sans doute et passe de 7.48 en 1869 à 9.15 en 1895 ; mais elle croît de façon presque régulière, sans à-coups marqués après 1884. J'emprunte à M. Billia le tableau suivant, avec les lacunes qu'il présente jusqu'en 1887 et je le complète grâce à la statistique publiée par le ministère du Commerce dans le *Journal officiel* du 23 octobre 1903 :

ANNÉES	Naissances illégitimes	Proportion p. 100 naissances
1867	70,952	7.48
1870	70,418	7.46
1871	59,097	7.15
1872	69,653	7.21
1873	70,600	7.46
1874	69,294	7.26
1875	66,886	7.03
1876	67,306	6.96
1877	66,854	7.08
1878	67,781	7.25
1879	66,968	7.07
1880	68,227	7.41
1881	70,079	7.48
1882	71,305	
1883	74,213	7.09
1884	75,754	
1885	74,117	
1886	74,552	8.17
1887	73,854	
1888	74,919	8.05
1889	73,561	8.05
1890	71,086	8.05
1891	73,936	8.05
1892	73,785	8.06
1893	76,562	8.08
1894	76,451	8.09
1895	73,278	9.15
1896	76,278	8.81
1897	75,089	8.84
1898	74,586	8.83
1899	74,970	8.84
1900	73,121	8.83
1901	74,693	8.71
1902	74,071	8.70

La régularité est tout à fait remarquable. De 7.09 en 1883, la proportion pour 100 passe à 8.17 en 1886; puis redescend, en 1888, à 8.05, chiffre autour duquel elle se maintient depuis avec une légère tendance à l'augmentation. La comparaison du nombre des naissances illégitimes au nombre de la population totale fournit des conclusions identiques.

Le pour cent des naissances naturelles par rapport à la population totale était de 0.20 en 1850, de 0.19 en 1852; nous le retrouvons à 0.19 en 1900. Il faut seulement remarquer que cependant les naissances légitimes fléchissent, puisque de 2.48 pour 100 habitants en 1850, elles descendent en 1902 à 1.95. La proportion des naissances illégitimes par rapport aux naissances légitimes est donc devenue plus grande, mais par une diminution de la natalité légitime plutôt que par une augmentation de la natalité illégitime. C'est à l'intérieur du mariage que se trouve le vice caché (1). Or, la courbe descendante de la natalité légitime est régulière et d'une origne bien antérieure à la loi de 1884. Quant à la nuptialité, elle suit une marche légèrement ascendante et à peu près régulière. De 0.78 mariages pour 100 habitants en 1869, elle monte à 0.98 en 1872, après la guerre; redescend à 0.88 en 1873, à 0.75 en 1877, est de

(1) Voir notre étude : *Un Péril national, la Dépopulation,* *Quinzaine* du 10 mai 1901.

0.765 en 1884, de 0.74 en 1886, de 0.72 en 1888 de 0.7725 en 1900 ; de 0.78 en 1901 et enfin de 0,755 en 1902. L'amour en 1902 a à peu près le même empire qu'en 1869 ; il produit à peu près autant d'époux et autant d'amants, seulement les époux légitimes ont moins d'enfants. Le divorce n'y est pour rien.

V

Il reste une forme des actions humaines qui, bien que ne pouvant être punie par la loi, n'en est pas moins évidemment un signe de dissolution morale, je veux parler des suicides.

Or, M. Jacques Bertillon l'avait déjà remarqué, il y a entre les suicides et les divorces une frappante corrélation. Là où on ne divorce guère on ne se suicide guère ; là où les divorces sont nombreux, les suicides le sont aussi, et quand le nombre des divorces croît, celui des suicides augmente. Ce ne peut pas être évidemment le suicide qui influe sur le divorce. Il reste donc que les deux phénomènes soient tous les deux effets d'une seule et même cause, ou que, véritablement, le divorce ait une influence sur le suicide.

M. Jacques Bertillon a soutenu la première de ces hypothèses. C'est le même détraquement moral qui, se manifestant dans les ménages par

le caractère insupportable de l'un des époux,
forcerait l'autre au divorce et se traduirait dans
la société en général par le dégoût et le rejet de
la vie. Il ne serait donc pas étonnant que toutes
les causes, telles que la religion, la race, le lieu
d'habitation qui empêchent ou favorisent le détraquement moral, agissent également sur les
divorces et sur les suicides. Ainsi, on divorce et
on se suicide moins dans les pays catholiques
que dans les pays protestants, chez les Latins
que chez les Allemands, à la campagne que
dans les villes, moins aussi dans les petites villes
que dans les grandes.

Contre ces conclusions de M. Bertillon, un
sociologue de grand mérite, M. Durkheim, a
soulevé une remarquable discussion. Il part de
ce fait, un peu imprévu, mais qu'établissent les
statistiques, que le nombre des suicides chez les
femmes mariées est d'autant moins grand que
le nombre des divorces est plus grand et que, à
l'inverse, la proportion des suicides chez les
femmes mariées s'accroît quand décroît le
nombre des divorces, ce que M. Durkheim exprime en ces termes : *Le mariage favorise d'autant plus la femme au point de vue du suicide que
le divorce est plus pratiqué et inversement.*

On sait, en effet, depuis les travaux de M. Bertillon père, que les gens mariés se suicident
moins que les célibataires; le mariage paraît
donc conférer, vis-à-vis du suicide, une certaine
immunité. C'est en étudiant dans les deux sexes

çette immunité que M. Durkheim a été amené
à voir que l'immunité n'était pas la même pour
l'homme que pour la femme et qu'elle variait
comme le nombre même des ruptures de mariage
par le divorce (1). De cette constatation, M. Durkheim tire deux conséquences, toutes deux très
importantes.

La première, c'est que les époux contribuent seuls
à cette élévation du taux des suicides que l'on observe
dans les sociétés où les divorces sont fréquents, les
épouses au contraire s'y tuant moins qu'ailleurs. Si
donc le divorce ne peut se développer sans que la
situation morale de la femme s'améliore, il est inadmissible qu'il soit lié à un mauvais état de la société
domestique de nature à aggraver le penchant au suicide; car cette aggravation devrait se produire chez la
femme comme chez le mari. Un affaiblissement de
l'esprit de famille ne peut avoir des effets aussi
opposés sur les deux sexes : il ne peut pas favoriser la
mère et atteindre aussi gravement le père. Par conséquent, c'est dans l'état du mariage et non dans la
constitution de la famille que se trouve la cause du
phénomène que nous étudions. Et en effet, il est très
possible que le mariage agisse en sens inverse sur le
mari et sur la femme. Car si, en tant que parents ils
ont le même objectif, en tant que conjoints leurs
intérêts sont différents et souvent antagonistes. Il
peut donc bien se faire que dans certaines sociétés
telle particularité de l'institution matrimoniale profite à l'un et nuise à l'autre. Tout ce qui précède tend
à prouver que c'est précisément le cas du divorce.

(1) On trouvera les chiffres, les calculs et les tableaux qui
établissent la proposition de M. Durkheim dans son livre sur
le *Suicide*, p. 289-300, in-8°, Paris, Alcan, 1897.

En second lieu, la même raison nous oblige à rejeter l'hypothèse d'après laquelle ce mauvais état du mariage, dont divorces et suicides sont solidaires, consisterait simplement en une plus grande fréquence des discussions domestiques; car pas plus que le relâchement du lien familial, une telle cause ne saurait avoir pour résultat d'accroître l'immunité de la femme. Si le chiffre des suicides, là où le divorce est usité, tenait réellement au nombre des querelles conjugales, l'épouse devrait en souffrir tout comme l'époux. Il n'y a rien là qui soit de nature à la préserver exceptionnellement. Une telle hypothèse est d'autant moins soutenable que, la plupart du temps, le divorce est demandé par la femme contre le mari (en France 60 fois pour 100 pour les divorces et 83 pour 100 pour les séparations de corps) (1). C'est donc que les troubles du ménage sont, dans la majeure partie des cas, imputables à l'homme. Mais alors il serait inintelligible que dans les pays où l'on divorce beaucoup l'homme se tuât plus parce qu'il fait plus souffrir sa femme, et que la femme, au contraire, s'y tuât moins parce que son mari la fait souffrir davantage. D'ailleurs, il n'est pas prouvé que le nombre des dissentiments conjugaux croisse comme celui des divorces (2).

Cette hypothèse écartée, il n'en reste plus qu'une de possible. Il faut que l'institution même du divorce, par l'action qu'elle exerce sur le mariage, détermine au suicide.

Et en effet, qu'est-ce que le mariage? Une régle-

____

(1) LEVASSEUR, *Population française*, t. II, p. 92. — Cf. BERTILLON, *Annales de Démographie internationale*, 1880, p. 460. — En Saxe, les demandes intentées par les hommes sont presque aussi nombreuses que celles qui émanent des femmes.

(2) BERTILLON, *Annales de Démographie internationale*, 1882, p. 275 et suiv.

mentation des rapports des sexes, qui s'étend non seulement aux instincts physiques que ce commerce met en jeu, mais encore aux sentiments de toute sorte que la civilisation a par après greffés sur la base des appétits matériels. Car l'amour est chez nous un fait beaucoup plus mental qu'organique. Ce que l'homme cherche chez la femme, ce n'est pas simplement la satisfaction du désir génésique. Si ce penchant naturel a été le germe de toute l'évolution sexuelle, il s'est progressivement compliqué de sentiments esthétiques et moraux, nombreux et variés, et il n'est plus aujourd'hui que le moindre élément du *processus* total et touffu auquel il a donné naissance. Au contact de ces éléments intellectuels, il s'est lui-même partiellement affranchi du corps et comme intellectualisé. Ce sont des raisons morales qui le suscitent autant que des sollicitations physiques. Aussi n'a-t-il plus la périodicité régulière et automatique qu'il présente chez l'animal. Une excitation psychique peut en tous temps l'éveiller : il est de toutes les saisons. Mais précisément parce que ces diverses inclinations, ainsi transformées, ne sont pas directement placées sous la dépendance de nécessités organiques, une réglementation sociale leur est indispensable. Puisqu'il n'y a rien dans l'organisme qui les contienne, il faut qu'elles soient contenues par la société. Telle est la fonction du mariage. Il règle toute cette vie passionnelle, et le mariage monogamique plus étroitement que tout autre. Car en obligeant l'homme à ne s'attacher qu'à une seule femme, toujours la même, il assigne au besoin d'aimer un objet rigoureusement défini et ferme l'horizon.

C'est cette détermination qui fait l'état d'équilibre moral dont bénéficie l'époux. Parce qu'il ne peut, sans manquer à ses devoirs, chercher d'autres satisfactions que celles qui lui sont ainsi permises, il y borne ses désirs. La salutaire discipline à laquelle il est soumis lui fait un devoir de trouver son bonheur dans sa condition et, par cela même, lui en fournit les moyens. D'ailleurs, si sa passion est tenue de ne pas varier, l'objet auquel elle est fixée est tenu de ne pas lui manquer : car l'obligation est réciproque. Si ses jouissances sont définies, elles sont assurées, et cette certitude consolide son assiette mentale. Tout autre est la situation du célibataire. Comme il peut légitimement s'attacher à ce qui lui plaît, il aspire à tout et rien ne le contente. Ce mal de l'infini, que l'anomie apporte partout avec elle, peut tout aussi bien atteindre cette partie de notre conscience que toute autre; il prend très souvent une forme sexuelle que Musset à décrite (1). Du moment qu'on n'est arrêté par rien, on ne saurait s'arrêter soi-même. Au delà des plaisirs dont on a fait l'expérience, on en imagine et on en veut d'autres; s'il arrive qu'on ait à peu près parcouru tout le cercle du possible, on rêve à l'impossible; on a soif de ce qui n'est pas (2). Comment la sensibilité ne s'exaspérerait-elle pas dans cette poursuite qui ne peut pas aboutir? Pour qu'elle en vienne à ce point, il n'est même pas nécessaire qu'on ait multiplié à l'infini les expériences amoureuses et vécu en Don Juan. L'existence médiocre du célibataire vulgaire suffit pour cela. Ce sont sans cesse des espérances nouvelles qui s'éveillent et qui sont déçues, laissant derrière elles une impression de fatigue et de désenchantement. Comment, d'ailleurs, le désir pourrait-il se fixer, puisqu'il n'est pas sûr de pouvoir garder ce qui l'attire? Car l'anomie est double : de même que le sujet ne se donne pas définitivement, il ne possède rien à titre définitif. L'incertitude de l'avenir, jointe à sa propre indétermination, le condamne donc à une perpétuelle mobilité. De tout cela

(1) Voir *Rolla* et dans *Namouna* le portrait de Don Juan.
(2) Voir le monologue de *Faust* dans la pièce de Gœthe.

résulte un état de trouble, d'agitation et de mécontentement qui accroît nécessairement les chances de suicide.

Or, le divorce implique un affaiblissement de la réglementation matrimoniale. Là où il est établi, là surtout où le droit et les mœurs en facilitent avec excès la pratique, le mariage n'est plus qu'une forme affaiblie de lui-même; c'est un moindre mariage. Il ne saurait donc, au même degré, produire ses effets utiles. La borne qu'il mettait au désir n'a plus la même fixité; pouvant être plus aisément ébranlée et déplacée, elle contient moins énergiquement la passion, et celle-ci, par suite, tend davantage à se répandre au delà. Elle se résigne moins aisément à la condition qui lui est faite. Le calme, la tranquillité morale qui faisait la force de l'époux est donc moindre; elle fait place, en quelque mesure, à un état d'inquiétude qui empêche l'homme de se tenir à ce qu'il a. Il est, d'ailleurs, d'autant moins porté à s'attacher au présent que la jouissance ne lui est pas complètement assurée : l'avenir est moins garanti. On ne peut pas être fortement retenu par un lien qui peut être à chaque instant brisé, soit d'un côté soit de l'autre. On ne peut pas ne pas porter ses regards au delà du point où l'on est, quand on ne sent pas le sol ferme sous ses pas. Pour ces raisons, dans les pays où le mariage est fortement tempéré par le divorce, il est inévitable que l'immunité de l'homme marié soit plus faible. Comme, sous un tel régime, il se rapproche du célibataire, il ne peut pas ne pas perdre quelques-uns de ses avantages. Par conséquent, le nombre total des suicides s'élève (1).

(1) Mais, dira-t-on, est-ce que, là où le divorce ne tempère pas le mariage, l'obligation étroitement monogamique ne risque pas d'entraîner le dégoût? Oui, sans doute, ce résultat se produira nécessairement, si le caractère moral de l'obligation n'est

Mais cette conséquence du divorce est spéciale à l'homme; elle n'atteint pas l'épouse. En effet, les besoins sexuels de la femme ont un caractère moins mental, parce que, d'une manière générale, sa vie mentale est moins développée. Ils sont plus immédiatement en rapport avec les exigences de l'organisme, les suivent plus qu'ils ne les devancent et y trouvent par conséquent un frein efficace. Parce que la femme est un être plus instinctif que l'homme, pour trouver le calme et la paix elle n'a qu'à suivre ses instincts. Une réglementation sociale aussi étroite que celle du mariage, et surtout du mariage monogamique, ne lui est donc pas nécessaire. Or, une telle discipline, là même où elle est utile, ne va pas sans inconvénients. En fixant pour jamais la condition conjugale, elle empêche d'en sortir, quoi qu'il puisse arriver. En bornant l'horizon, elle ferme les issues et interdit toutes les espérances même légitimes. L'homme lui-même n'est pas sans souffrir de cette immutabilité; mais le mal est pour lui largement compensé par les bienfaits qu'il en retire d'autre part. D'ailleurs, les mœurs lui accordent certains privilèges qui lui permettent d'atténuer, dans une certaine mesure, la rigueur du régime. Pour la femme, au contraire, il n'y a ni compensation ni atténuation. Pour elle, la monogamie est d'obligation stricte, sans tempéraments d'aucune sorte, et, d'un autre côté, le mariage ne lui est pas utile, au moins au même degré, pour borner ses désirs, qui sont naturellement bornés, et lui apprendre à se contenter de son sort ; mais il l'empêche d'en changer s'il devient intolérable. La règle

plus senti. Ce qui importe, en effet, ce n'est pas seulement que la réglementation existe, mais qu'elle soit acceptée par les consciences. Autrement, si elle n'a plus d'autorité morale et ne se maintient plus que par la force d'inertie, elle ne peut plus jouer de rôle utile. Elle gêne sans beaucoup servir.

est donc pour elle une gêne sans grands avantages.
Par suite, tout ce qui l'assouplit et l'allège ne peut
qu'améliorer la situation de l'épouse. Voilà pourquoi
le divorce la protège, pourquoi aussi elle y recourt
volontiers.

C'est donc l'état d'anomie conjugale produit par
l'institution du divorce qui explique le développement parallèle des divorces et des suicides. Par conséquent, ces suicides d'époux qui, dans les pays où il y
a beaucoup de divorces, élèvent le nombre des morts
volontaires, constituent une variété du suicide ano-
mique. Ils ne viennent pas de ce que, dans ces sociétés,
il y a plus de mauvais époux ou de mauvaises femmes;
partant, plus de ménages malheureux. Ils résultent
d'une constitution morale *sui generis* qui a elle-même
pour cause un affaiblissement de la réglementation
matrimoniale; c'est cette constitution, acquise pendant le mariage, qui, en lui survivant, produit l'ex-
ceptionnelle tendance au suicide que manifestent les
divorcés. Du reste, nous n'entendons pas dire que cet
énervement de la règle soit créé de toutes pièces par
l'établissement légal du divorce. Le divorce n'est
jamais proclamé que pour consacrer un état des mœurs
qui lui était antérieur. Si la conscience publique
n'était arrivée peu à peu à juger que l'indissolubilité
du lien conjugal est sans raison, le législateur n'aurait
même pas songé à en accroître la fragilité. L'anomie
matrimoniale peut donc exister dans l'opinion sans
être encore inscrite dans la loi. Mais, d'un autre côté,
c'est seulement quand elle a pris une forme légale
qu'elle peut produire toutes ses conséquences. Tant
que le droit matrimonial n'est pas modifié, il sert tout
au moins à contenir matériellement les passions; surtout, il s'oppose à ce que le goût de l'anomie gagne du
terrain, par cela seul qu'il la réprouve. C'est pourquoi
elle n'a d'effets caractérisés et facilement observables
que là où elle est devenue une institution juridique.

En même temps que cette explication rend compte
et du parallélisme observé entre les divorces et les
suicides (1) et des variations inverses que présente
l'immunité des époux et celle des épouses, elle est
confirmée par plusieurs autres faits :

1° C'est seulement sous le régime du divorce qu'il
peut y avoir une véritable instabilité matrimoniale;
car seul, il rompt complètement le mariage tandis
que la séparation de corps ne fait qu'en suspendre partiellement certains effets, sans rendre aux époux leur
liberté. Si donc cette anomie spéciale aggrave réellement le penchant au suicide, les divorcés doivent
avoir une aptitude bien supérieure à celle des séparés.
C'est, en effet, ce qui ressort du seul document que
nous connaissions sur ce point. D'après un calcul de
Legoye, en Saxe, pendant la période 1847-1856, un
million de divorcés aurait donné en moyenne, par an,
quatorze cents suicides, et un million de séparés, cent
soixante-seize seulement. Ce dernier taux est même
inférieur à celui des époux (318).

2° Si la tendance si forte des célibataires au suicide
tient en partie à l'anomie sexuelle dans laquelle ils vivent d'une manière chronique, c'est surtout au moment
où le sentiment sexuel est le plus en effervescence que
l'aggravation dont ils souffrent doit être le plus sensible. En effet, de vingt à quarante-cinq ans, le taux
des suicides de célibataires croît beaucoup plus vite
qu'ensuite; dans le cours de cette période, il qua-
druple, tandis que de quarante-cinq ans à l'âge du

(1) Puisque, là où l'immunité de l'époux est moindre, celle
de la femme est plus élevée, on se demandera peut-être comment il ne s'établit pas de compensation. Mais c'est que la part
de la femme étant très faible dans le nombre total des suicides, la diminution des suicides féminins n'est pas sensible
dans l'ensemble et ne compense pas l'augmentation des suicides masculins. Voilà pourquoi le divorce est accompagné
finalement d'une élévation du chiffre général des suicides.

maximum (après quatre-vingts ans), il ne fait que doubler. Mais, du côté des femmes, la même accélération ne se retrouve pas; de vingt à quarante-cinq ans, le taux des suicides ne devient même pas double, il passe seulement de cent six à cent soixante et onze. La période sexuelle n'affecte donc pas la marche des suicides féminins. C'est bien ce qui doit se passer si, comme nous l'avons admis, la femme n'est pas très sensible à cette forme d'anomie (1).

Ainsi que M. Durkheim le remarque ailleurs (2), ce qui s'oppose au suicide c'est tout ce qui crée à l'homme un milieu cohérent, solide, où il puisse vivre d'une vie sûre et tranquille, ce qui le favorise, c'est cet état d'instabilité qui dénote l'absence de règle intérieure, l'inexistence ou la mort de toute loi, ce que M. Durkheim appelle l'*anomie*. Les fortes traditions ethniques telles que les ont les juifs, les solides convictions dogmatiques telles que les possèdent les catholiques, constituent une atmosphère favorable au maintien de la vie humaine; la famille à son tour, la famille complète où les enfants entourent le foyer à côté de leurs parents, constitue une autre atmosphère favorable à notre vie. Tout ce qui dissout ou détruit ces atmosphères tranquilles et salubres, parce qu'elles sont tranquilles, est défavorable à la vie et pousse au suicide. Le divorce destructeur de la famille doit donc avoir une influence sur le suicide et, si l'on regarde le

(1) *Le Suicide*, liv. II, chap. v, § 4, p. 302.
(2) *Ibid.*, chap. iii, § 2, p. 186 et suiv.

suicide comme un mal, ce qu'il est bien difficile de contester, on ne peut s'empêcher dès lors de déclarer que le divorce est néfaste, et ainsi il n'est plus permis de dire avec M. Bertillon que la législation du divorce n'a aucun effet sur les mœurs; elle est sans doute elle-même l'effet d'un détraquement, mais à son tour elle produit de nouveaux détraquements; elle commence par être un produit; elle finit par être un facteur, un facteur de désunion, de discorde, de haine et de mort.

Et comment pourrait-il en être autrement si le divorce ne trouve, ainsi qu'on l'a vu, ses raisons ou ses prétextes que dans le souci exclusif qu'ont les époux de leur bonheur propre, ce bonheur ne pût-il être obtenu qu'au détriment de leur progéniture? Et rien ne le prouve mieux que de voir le nombre des divorcés sans enfants. Durant la période 1886-1890, sur 100 divorces, il y en a 54 où les époux ont des enfants contre 46 seulement où ils n'en n'ont pas; en 1891-1895, 57 divorces avec enfants contre 43 sans enfants; et 1896-1900, 56 contre 44. Le souci de leurs enfants n'est pas ce qui peut retenir les époux qui aspirent au divorce. C'est dans l'égoïsme que le divorce alimente ses racines. Et c'est précisément l'égoïsme qui est la source de toutes les maladies sociales. Il s'accroît par sa satisfaction même et il a partout des répercussions néfastes. En même temps que par le divorce les époux sont encouragés à se regarder eux-mêmes

comme les fins de leur union, ils arrivent à né-
gliger l'enfant, à redouter sa naissance ou même
à désirer sa suppression. C'est ce que manifestent les vices sociaux flétris par Zola dans *Fécon-
dité*, la stérilisation volontaire (1), la pratique de
l'avortement; c'est ce que font voir ces assurances sur les enterrements ou sur les décès
d'enfants, répandues en Angleterre et exploitées
surtout par des compagnies belges dans les départements du Nord de la France. Grâce à ces
assurances dont M. Pierre Budin entretenait
l'Académie de médecine l'hiver dernier, on peut
voir des pères plus heureux en recevant le
bulletin de décès de leur enfant qu'ils ne l'étaient
quand on leur a délivré à la mairie le bulletin
de naissance. Rien, d'ailleurs, n'est plus logique
si l'on admet les principes d'égoïsme conjugal
sur lesquels reposent tous les arguments des
partisans du divorce. Mais rien non plus ne fait
voir avec plus d'évidence la nocuité de ces principes et par conséquent la fragilité malfaisante
de la base sur laquelle M. Naquet, ses prédéces-
seurs et ses continuateurs veulent élever leur
édifice anarchique et antisocial.

(1) Dans une thèse présentée à la Faculté de médecine de
Paris en 1896, le docteur CAXU assure que « l'ovariotomie a
fait plus de mal à la France en dix ans que les balles prus-
siennes en 1870. Dans une interview publiée par l'*Éclair* au mois
de juillet de la même année, il a affirmé qu'on a « ovariotomisé »
à Paris, depuis quinze ans, trente à quarante mille femmes et
qu'il existe en France cinq cent mille femmes sans ovaires ».

DEUXIÈME PARTIE

LA CONSTITUTION CONJUGALE

CHAPITRE PREMIER

CONTRAT CIVIL OU CONTRAT MORAL?

L'histoire des institutions nous a montré que partout où l'on donne au mariage pour but, soit la persistance de la cité, soit la continuité de la lignée, soit le culte ancestral, soit l'intérêt ou le bonheur des deux époux, le mariage ne saurait être indissoluble ; et, par contre, que du moment où l'on considère que le but essentiel du mariage est la naissance et l'éducation des enfants l'institution conjugale prend le caractère de l'indissolubilité. Nous avons ainsi trouvé d'un côté toutes les législations païennes, protestantes, schismatiques, à peu près toutes les théories des philosophes, des dramaturges et des romanciers, et de l'autre la législation canonique du catholicisme dont demeurent inspirées bon nombre de législations civiles. Et l'on peut à peu près ainsi formuler l'opposition : le mariage sera ou ne sera pas indissoluble selon qu'on lui donnera pour but le souci des générations passées ou du moins en train de passer ou l'appel à l'être et la préparation au bien-être des générations futures.

Pour dirimer ce débat il est clair qu'il faut remonter jusqu'aux principes mêmes et jusqu'aux lois qui régissent l'institution de l'union conjugale, par conséquent jusqu'à sa constitution. Bien que les institutions soient historiquement solidaires des formes et des croyances religieuses et que l'indissolubilité en particulier soit liée au catholicisme romain, il ne s'ensuit pas nécessairement que la théorie du mariage ne puisse pas se déduire par la raison indépendamment du dogme. Si le mariage est un fait dont la religion ne peut se désintéresser puisqu'il reconstitue la pépinière des croyants, il n'en est pas moins un fait social, civil, naturel dont les lois, à ce titre, sont et doivent être distinctes des lois religieuses. Ce que nous voulons rechercher ici, ce n'est pas si le catholicisme déduit de ses dogmes propres l'indissolubilité matrimoniale, mais uniquement si la raison seule, si les lois naturelles du mariage humain exigent ou condamnent cette indissolubilité.

Peut-être verra-t-on alors qu'il n'y a que deux façons possibles de concevoir les lois de l'union de l'homme et de la femme et que si l'une de ces conceptions ne peut aboutir qu'à l'union libre, l'autre, par contre, exige l'indissolubilité du lien conjugal. Que si nous arrivons à montrer que les principes de la première conception sont réductibles aux instincts qui régissent l'accouplement animal, tandis que ceux dont dérive la seconde méritent seuls d'être appelés humains parce que seuls ils sont rationnels, nous aurons, croyons-nous, déjà établi que cette seconde conception est la seule où puisse véritablement se fonder la famille humaine. Et si, par après, nous faisons voir que les critiques que l'on a adressées — souvent avec justesse et justice — aux législations qui déclarent indissoluble le contrat matrimonial ne sont justifiées que par certaines altérations ou aggravations que le droit civil a imposées à l'institution matrimoniale pour favoriser certaines fins étrangères à l'institution même, tandis que la législation simplement chrétienne fait, ou à peu près, évanouir ces critiques, nous aurons ici encore montré que la législation chrétienne est identique à la véritable législation sociale. Et de ce fait nous tirerons simplement cette conclusion, c'est que les lois faites par les hommes blessent l'homme; la seule loi qui puisse convenir à l'homme, c'est la loi de Dieu.

I

Les griefs formulés contre le mariage se ramènent tous à une plainte des époux contre leur propre malheur.

Comment, disent les femmes, pourrais-je être
liée pour la vie à un être qui parjure ses serments ; qui abuse de ma faiblesse et de l'autorité
que lui confère la loi pour me voler, pour me
dépouiller, pour me laisser mourir de faim, ou
m'imposer des privations que ma fortune devrait
m'épargner ; pour maltraiter de même ses enfants et leur donner les pires exemples ; qui ne
sait ménager ni les faiblesses de mon organisme,
ni la délicatesse de mes sentiments ; qui outrage
jusqu'à mes pudeurs les plus intimes ; qui ne
respecte pas en moi le droit qu'a tout être
humain de vivre de sa vie propre, de n'être pas
asservi à des fins qui lui soient étrangères, de se
développer librement, d'être plus que le complément d'une autre personnalité, d'être une
lumière et non un simple reflet ; d'être enfin une
personne et non une chose, un misérable instrument qui assure avec certitude, économie et sécurité à la fois l'administration du ménage, la
continuité de la race et les plaisirs de l'alcôve ?

Et les hommes reprennent : Comment pourrais-je être lié pour la vie à une femme infidèle
à ses serments, qui me trahit et me trompe, qui
me fait donner mon nom à des enfants dont je
ne suis pas le père ; qui m'oblige à les nourrir, à
les élever, à les doter comme s'ils étaient les
miens ; à une femme qui ne sait que babiller et
se parer, qui n'a aucun soin ni de sa maison
ni de ses enfants, qui n'a aucun de mes goûts ;
dépensière quand je suis économe, avare quand

j'ai la main large, mondaine quand je suis casa-
-nier, casanière quand je suis mondain; un caractère infernal qui sans cesse boude ou gronde,
ou demeure silencieux ou s'exhale en flots d'injures; à une femme enfin qui fait un enfer de
ma maison?

Depuis que les deux sexes existent, ce sont
toujours les mêmes reproches et, après une expérience si durable et si étendue, on serait mal
venu de prétendre que tous ces griefs sont imaginaires, que le mariage n'est et ne peut être
qu'une source inaltérable de pures félicités. Il
peut y avoir, il y a un grand nombre de mariages
malheureux; il peut y avoir, il y a un grand
nombre de ménages désunis où la cohabitation
est devenue impossible, soit que l'inconduite de
l'un fasse à l'autre de la vie commune un outrage
et un supplice, parfois un danger; soit que le
heurt continu des humeurs et des caractères
arrive à produire l'exaspération.

Personne donc ne conteste ni ne cherche à
contester les douleurs matrimoniales, bien que
par leurs exagérations les auteurs dramatiques
et les romanciers, à partir de la période romantique, aient pu exciter quelques impatiences.
Trop souvent les écrivains de la première moitié
du dix-neuvième siècle ont voulu nous attendrir
sur des infortunes imaginaires ou sur des douleurs dont leurs héros ou leurs héroïnes étaient
en réalité les seuls auteurs responsables. L'im-
mense tribu des incomprises chères aux roman-

tiques, les filles innombrables de Corinne ou de Lélia n'ont pas mérité les pleurs que l'on a versés sur elles. C'étaient pour la plupart des rêveuses mal élevées, bayant à la lune et plus accoutumées à suivre le vol des chimères qu'à écouter la raison, prêtes à céder à toutes les impulsions de leurs passions plutôt qu'à essayer de se vaincre, d'insupportables pécores.

Quant aux hommes, ce sont pour la plupart des névropathes, des visionnaires, à moins que ce ne soient de vulgaires séducteurs. Hommes et femmes nous rebattent d'ailleurs les oreilles des droits imprescriptibles de la passion. L'amour excuse et absout toutes les chutes, toutes les fautes et les crimes même. Des Grieux volant pour satisfaire les caprices de Manon est, en son genre, une sorte de héros. L'amour transfigure Quasimodo et purifie Marion Delorme. L'amour est le grand sacrement, le seul sacrement : du moment que l'on aime, tout est permis, tout est excusé, que dis-je? tout est embelli, exalté, glorifié. La passion est un soleil qui couronne d'une auréole les pires actions, et nimbe les scélérats d'une gloire qui les rend sacrés. Appliquant aux passions humaines le mot de saint Augustin à propos de l'amour divin, les romantiques disent : *Ama et fac quod vis.* Quand on aime tout est permis.

Une fois passé l'entraînement romantique, il ne fallut pas de bien longues réflexions pour s'apercevoir que l'amour est une passion au même titre que toutes les autres et que si Phèdre est excusable de suborner Hippolyte, Athalie ne l'est pas moins d'immoler son petit-fils à son ambition; si l'on ne peut ni ne doit résister à l'amour à cause de sa violence même, pourquoi devrait-on résister davantage à l'ambition, à la vengeance, à la cupidité ou même à la cruauté? Il faut en venir à absoudre toutes les passions, car toutes, comme l'amour, sont violentes, dominatrices de l'âme et, quand on les a laissé librement se développer, tout à fait irrésistibles. On n'osa donc plus, quand les écrivains réalistes et naturalistes eurent dépouillé l'amour des parures romantiques, accorder à la passion tous les droits. On en constata dans Flaubert et dans Zola les origines grossières, on en vit étaler les tares dans Paul Bourget, on en découvrit un peu partout les bassesses et les fins brutales. L'amour tomba de son trône et les grandes amoureuses non plus que les amoureux forcenés ne tirèrent plus le droit de tout faire de la seule violence de leur passion. Il ne suffit plus d'aimer un autre homme pour avoir le droit de planter là son mari, il ne suffit plus d'aimer une autre femme que la sienne pour avoir le droit de quitter celle-ci pour celle-là.

Mais si la justification par l'amour de toutes les vilenies n'obtient plus la même faveur, le diable, comme on dit, n'y a rien perdu, et en tout cas la solidité du mariage n'y a rien gagné. On a simplement changé la formule. Le droit à la passion, le droit à l'amour est devenu le droit à la vie. Il est difficile de soutenir de sang-froid que chaque être humain a le droit de satisfaire toutes ses passions ; mais il ne paraît pas, au premier abord du moins, aussi contraire à toute doctrine morale de soutenir que chaque être humain a le droit de « vivre sa vie ». On peut même, pour peu que l'on soit néo-kantien, soutenir que c'est en cela que consiste toute la morale. Car la loi morale ne saurait être une loi de mort, elle ne peut être qu'une loi de vie. La vertu (*virtus*) n'est sans doute que la force la plus énergique. Réaliser le plus possible toutes ses puissances, c'est donc être vraiment vertueux et c'est aussi atteindre à toute la perfection dont on est capable, si la perfection consiste, comme il semble bien que ce ne puisse être contesté, à vivre de la vie la plus haute, la plus noble, pour tout dire la plus vivante. Mais chaque être humain individuel, par cela seul qu'il est individuel, a une vie propre, donc une formule, une loi singulière à réaliser ; sa vertu, sa perfection, ne sauraient être enfermées en des formules banales susceptibles de convenir à tous ; elles ne peuvent être que singulières, individuelles comme lui-même. L'uniformité n'est pas la vertu, elle lui est même véritablement contraire. Les vices banales, uniformément semblables les unes aux autres, sont des vices médiocres, sans vertu, sans perfection ; elles ressemblent à ces vêtements de confection taillés sur des mesures

prises d'après des moyennes; ils peuvent habiller
tout le monde, mais ne vont bien à personne. La
vertu pour être vraie doit être faite sur mesure;
chacun doit la tailler à ses propres proportions,
selon les exigences individuelles de sa formule
de vie. Et par conséquent être vertueux, c'est
vivre sa vie. Pour chaque homme vivre sa vie,
telle est la formule de la vertu; en quoi se
résume toute la morale.

C'est, appuyée sur cette série inexprimée de
déductions, que Nora, dans *Maison de poupée*,
abandonne son foyer en disant à son mari :
« Avant tout je suis un être humain au même
titre que toi... ou au moins je dois essayer de
le devenir... J'ai des devoirs tout aussi sacrés
que ceux d'épouse et de mère, mes devoirs envers moi-même. » Elle n'était pas une femme, un
être humain réel; elle ne se sentait qu'une sorte
de poupée destinée aux jeux de son mari et de
ses enfants; c'est pourquoi elle va sortir de cette
atmosphère de jeu, de vie factice et illusoire,
pour aller à la recherche de la vérité et du
sérieux de la vie. Venez donc accuser après cela
cette gaillarde de sacrifier son devoir à son
caprice ! Venez l'accuser d'immoralité; vous
pressentez de quel air vous serez reçu. Mais
c'est de se résigner à vivre auprès de son mari
et de ses enfants qui serait vraiment immoral.
Elle est au chaud près du foyer conjugal, à
l'abri des hasards et des tempêtes; elle ne part
pas pour avoir la vie plus facile ni même peut-

être plus indépendante. Elle part simplement parce que cette vie facile l'écœure, parce qu'elle étouffe dans cet air tranquille, parce qu'elle veut être une femme et non pas une poupée mécanique. En quoi, loin de suivre son caprice, elle obéit, dira-t-elle, véritablement à sa conscience, à la loi impérieuse du devoir qui commande à chaque homme d'atteindre ou du moins de tendre à la perfection, c'est-à-dire avant tout d'être soi-même.

Aussi bien, c'est là maintenant la raison que donnent beaucoup de ceux et surtout de celles qui veulent rompre le lien conjugal. Avec le compagnon de route que d'abord on s'est donné — ou bien que l'on a reçu — on ne pourrait vivre véritablement sa vie : intellectuel ou artiste, on a une femme terre-à-terre et pot-au-feu; âme tendre, délicate et fine, on a pour mari un rustre grossier; avec une autre femme, avec un autre homme, à quels sommets de science, ou d'art, ou de sentimentalité éthérée et noble ne s'élèverait-on pas? Le devoir est donc, pour « vivre sa vie », de renoncer à une expérience qui d'abord peut-être ne fut pas sans charmes, mais qui, prolongée, ne saurait être que désastreuse, abaissante et humiliante. Les deux conjoints cherchaient de très bonne foi l'un chez l'autre leur complémentaire, l'âme sœur et le corps vibrant qui seuls pouvaient leur donner l'ascension de l'être et les conduire aux extases; ils n'ont pas trouvé le complément

qu'ils cherchaient, il y a donc maldonne et c'est
à recommencer. Loin d'être immoral, le divorce
est la condition même de la moralité chez tous
ceux qui se reconnaissent mal mariés.

II

Mais toutes ces belles théories n'étaient encore qu'en germe quand M. Alfred Naquet commença vers 1876 la campagne pour le divorce. Alexandre Dumas fils l'appuya par des considérations plus simples et plus terre-à-terre. M. Naquet commença d'abord par demander non plus seulement le divorce tel que l'avait conçu le Code civil dans la loi du 11 germinal an XI, mais de revenir aux dispositions de la loi de 1792 ; il ne se contentait même pas du divorce par consentement mutuel, son texte portait :

Le divorce a lieu par consentement mutuel ou par la volonté d'un seul.

Le divorce par la volonté d'un seul a lieu : 1° pour cause déterminée (adultère, abandon, absence, impuissance, infirmité, ivrognerie, condamnation, dissentiments religieux, etc.) ; 2° sur la demande expresse et persistante de l'un des époux, affirmant sa volonté de dissoudre son mariage, sans invoquer néanmoins de cause déterminée.

M. Naquet disait : « Depuis 1780, le mariage est devenu chez nous un contrat civil ; si donc lé mariage est un contrat civil, il doit être susceptible de résolution comme tous les autres contrats (1). »

Mais le législateur de 1884 refusa d'aller si loin. Il se renferma dans les conséquences immédiates de la conception purement civile du mariage. Cette conception consiste en effet à ne voir dans le mariage qu'un contrat, comme disait tout à l'heure M. Naquet, mais un contrat bilatéral ; or, un contrat ne peut tenir, et la loi n'a le droit de le maintenir, qu'autant que les deux contractants en respectent les stipulations ; si donc l'un des conjoints vient à manquer au contrat, le brise à coups de massue ou le déchire à coups de canif, l'autre se trouve par là même délié, et la loi, au lieu de l'astreindre à porter encore des chaînes que l'autre a rompues, doit au contraire l'en délivrer. Alexandre Dumas fils avait dit jadis, en montrant la femme adultère au mari trompé : « Tue-la ! » Il trouva plus humain à la fois et plus simple de lui dire : « Libère-toi vis-à-vis d'elle et ne reconnais plus le lien conjugal qu'elle n'a pas respecté. Épargne-la et reprends ta liberté. »

Mais, d'autre part, n'est-ce pas aussi bien rompre le contrat matrimonial que de se livrer à des excès, à des sévices ou à de graves injures ? Si, selon les termes du Code, « les époux se doivent mutuellement fidélité, secours et assis-

____

(1) *Journal officiel*, 28 mai 1879, p. 4385, col. 3.

tance », si « la femme doit obéissance à son mari », et si, en revanche, « le mari doit protection à sa femme », n'y a-t-il pas une véritable violation du contrat quand la femme résiste aux ordres, même les plus légitimes et les mieux fondés, que son mari peut donner; quand elle néglige sa maison et ses enfants; quand elle outrage son mari par ses gestes, ses actes ou ses paroles? Et de même si le mari, au lieu de protéger sa femme, la bat, l'injurie, la laisse manquer des choses les plus nécessaires, qui pourrait dire que le contrat matrimonial est respecté? Or, s'il n'est pas respecté par l'un, l'autre ne saurait plus être tenu de ses propres obligations; la loi donc doit sanctionner la rupture du contrat.

La loi civile, en réglant les formes matrimoniales, n'a pu se contredire elle-même en ses plus essentiels principes. De même que la loi n'oblige personne à contracter mariage, de même elle ne peut imposer à personne, dans le mariage, des obligations plus étendues que celles qui résultent de l'essence même de tout contrat. Puis donc qu'un contrat ne peut se former que par la volonté des contractants, lorsque l'un des contractants ne remplit pas les obligations stipulées par le contrat, l'autre doit avoir le droit de s'en prévaloir pour exiger l'annulation du contrat.

Mais il est bien évident que cette conception du mariage assimilé à un contrat ordinaire entraîne nécessairement d'autres conséquences. Tous les contrats étant issus de la libre volonté des contractants, tous doivent pouvoir être rompus par la même libre volonté. Nous nous étions mis d'accord pour l'échange de certaines obligations, nous avons évidemment le droit de nous mettre également d'accord pour faire cesser ces obligations. Nous nous étions librement liés, nous devons pouvoir librement nous délier. Le consentement mutuel, qui suffit pour donner naissance au contrat, doit suffire pour y mettre fin. Et, par conséquent, le contrat matrimonial doit pouvoir être rompu, le divorce être obtenu par consentement mutuel. Ainsi les incompatibilités d'humeur qui changent si souvent le mariage en torture, mais malgré lesquelles aucun des époux ne viole expressément le contrat, devraient donner lieu entre les époux d'un commun accord à leur libération réciproque.

La loi de 1884, malgré les efforts de M. Naquet, n'admit cependant pas cette dernière conséquence et demeure par là en deçà de la loi du 11 germinal an XI, insérée au Code civil. Le législateur craignit de trop affaiblir la solidité du lien conjugal, il ne voulut pas admettre « l'incompatibilité d'humeur » parmi les motifs légaux du divorce; il refusa de sanctionner le divorce par consentement mutuel. Pour obtenir le divorce il fut nécessaire que l'adultère de la femme ou l'entretien par le mari d'une concubine au domicile conjugal fussent établis, ou

que fussent prouvés des excès, sévices ou injures graves. Le législateur de 1884 voulut,
comme l'avait expliqué M. Léon Renault, bien
moins se placer sur le terrain des principes que
donner par le divorce un remède à des situations exceptionnelles et difficiles. Aussi se garda-
t-il bien de le permettre pour des motifs d'ordre
purement intimes qui échappent par leur nature
à la recherche et à l'appréciation des juges. La
loi n'admit comme motifs de divorce que des
faits concrets, évidents, palpables ou susceptibles
de preuve. Et, conséquente avec elle-même,
elle exigea que le divorce ne fût prononcé qu'à
la requête de l'époux offensé. Si le mari veut
pardonner à sa femme ou la femme à son mari,
ils demeurent libres ; le conjoint qui a manqué
à ses engagements ne peut pas être délié par
ce manquement si l'autre ne le veut pas, ce qui
est tout à fait conséquent avec l'idée du contrat.
Nous avons stipulé, vous et moi, que vous pour-
riez venir chasser dans mon parc, qui est beaucoup plus grand que le vôtre, moyennant une
certaine redevance en argent, et en outre
la faculté pour moi d'aller chasser sur vos
terres ; vous cessez de payer la redevance, est-
ce une raison pour que je vous tienne quitte de
tout engagement, pour que je n'aille plus chasser chez vous, si justement je m'y plais mieux
que chez moi? Vous manquez à une partie de
vos engagements, il ne dépend et ne peut dépendre que de moi de rompre tout le contrat.

Vous n'y pouvez avoir aucun droit. Ou, si vous aviez ce droit, il suffirait donc, pour se libérer de tout contrat qu'on jugerait onéreux, de manquer à sa parole et à ses engagements. Ce serait une prime accordée au dol, à la fraude, au manquement à la parole donnée, la fin de toute espèce de contrat. Un contrat qui peut se rompre par la volonté d'un seul n'engage personne et, par conséquent, n'est plus un contrat.

Aussi plus d'une fois est-il arrivé que des époux, maris ou femmes, ont refusé de faire prononcer le divorce à leur profit ; ils ont refusé d'affranchir l'époux coupable ou simplement désireux de la liberté et lui ont ainsi interdit la fondation légale d'un nouveau foyer, d'une nouvelle famille. Les femmes qui ont agi ainsi l'ont fait, la plupart du temps, par des motifs d'ordre religieux, parfois par dépit, par rancune et par jalousie. Mais les hommes ont plus d'un moyen de venir à bout de la résistance des femmes. Pour n'en citer qu'un, il leur suffit presque toujours d'exiger la cohabitation avec toutes ses conséquences pour trouver dans les refus de la femme l'« injure grave » nécessaire à la revendication du divorce à leur profit.

Quant aux maris, en dehors des raisons religieuses ou d'un amour persistant, ils ont souvent pour motif le profit qu'ils ont à administrer comme ils l'entendent la fortune de leur femme quand le contrat de mariage stipule, comme il arrive neuf fois sur dix, le régime de la communauté. D'autres fois aussi, tout comme les femmes, ils agissent poussés par la haine ou par le dépit. Et ils sont bien mieux armés que les femmes. Car le mari peut causer à la femme infidèle des inquiétudes perpétuelles. Il peut lui laisser un an, deux ans de sécurité et tout à coup faire ouvrir sa porte (chez sa femme le mari est toujours chez lui), faire constater le flagrant délit et l'envoyer avec son complice en police correctionnelle. Telles sont *les Tenailles*, que M. Hervieu mit à la scène et par lesquelles l'homme et la femme sont emprisonnés dans des liens qui leur font horreur. Telle est la *Loi de l'homme* par laquelle l'homme tient captive la femme qui désirerait s'évader.

MM. Paul et Victor Margueritte, le congrès de la condition et des droits des femmes tenu en 1900 réclament maintenant « le divorce par consentement d'un seul ». Et, nous l'avons vu, une proposition de loi a été déposée à cet effet. Mais le congrès de la condition et des droits des femmes, MM. Paul et Victor Margueritte déplacent le terrain de la discussion et supposent une conception du mariage toute différente de celle sur laquelle le législateur s'était appuyé pour autoriser le divorce. Cette conception consistait à assimiler le mariage à un contrat. Cette assimilation met obstacle à l'admission du divorce par la volonté d'un seul. Car il est bien évident que les contrats bilatéraux ne peuvent être rompus par la volonté d'une seule des parties.

Il est vrai qu'en n'acceptant pas le divorce par consentement mutuel le législateur de 1884 a montré que, tout en voulant conserver au mariage son caractère contractuel, il ne consentait pas à y voir un contrat tout à fait semblable aux autres.

C'est bien de cette hésitation ou de cette inconséquence que triomphent MM. Paul et Victor Margueritte. Si le mariage n'est pas un contrat semblable aux autres, il ne doit pas être étonnant que les règles ordinaires de la résolution du contrat ne puissent s'y appliquer. Le mariage est une association, un contrat même, si l'on veut, mais un contrat que l'on ne forme pas sans cause. On a des raisons pour se marier. Les obligations que l'on contracte et auxquelles on se contraint ont des causes. Si ces causes viennent à disparaître, l'obligation ne doit-elle pas aussi disparaître et avec elle tout le contrat? Si je me suis engagé à vous aider à entretenir une route qui dessert une de mes propriétés, ou un bief dont l'eau irrigue mes prairies, et si, par une force majeure, éboulement, tremblement de terre, élévation fortuite du niveau des prés, ni la route, ni le bief ne peuvent plus me servir, mon contrat est par là même rompu, car la cause pour laquelle j'avais contracté, assumé l'obligation, n'existe plus. Or, pourquoi se marie-t-on? Pourquoi s'impose-t-on les obligations matrimoniales? C'est sans doute que l'on espère du mariage des avantages que l'on n'aurait pas en dehors de lui, des joie intimes, des satisfactions morales, un développement supérieur de toute la vie. Si donc, à l'user, soit par une faute expresse de l'autre conjoint, soit par des causes toutes fortuites, inévitables, qui ne peuvent être imputables à aucun des deux, l'un d'eux juge, après mûre réflexion, que le mariage ne lui apporte pas les avantages en vue desquels il s'y était engagé, bonheur ou moralité, il doit avoir le droit de se libérer. Nul autre que lui-même ne peut être juge si la cause pour laquelle il s'est marié existe ou est irréalisable, car cette cause est d'ordre tout intérieur : aucun juge ne peut pénétrer jusqu'à ces replis secrets de l'âme où s'élaborent les développements profonds de la vie, où fermentent les activités supérieures, où s'épanouissent les joies; où se développent les douleurs solitaires, les incurables tristesses; où se relâchent, s'altèrent tous les ressorts de la vie morale. Lui seul peut établir sûrement le bilan de son mariage; en constater, le cas échéant, la faillite. Il réclame le divorce; on doit le lui accorder.

Je résume évidemment à ma manière l'argumentation des partisans du divorce par la volonté d'un seul. Je ne pense pas l'avoir affaiblie. Je crois plutôt l'avoir dégagée des circonstances accidentelles auxquelles l'ont rattachée MM. Paul et Victor Margueritte par la forme même du roman donnée à leur plaidoyer. Leur Francine a évidemment raison contre son mari. Elle est

une nature sympathique et lui est un pauvre
sire. Il semble donc que son cas soit particulièrement probant. Mais on peut lui en opposer
cent autres où celui des deux conjoints qui désire
le divorce est un drôle, un chenapan ou un
misérable. Il n'y a pas que les femmes injustement malheureuses qui aspirent à rompre le
lien conjugal, il y a aussi beaucoup de libertins
et de libertines. Le journal *la Liberté* a fait tout
récemment une enquête auprès de Parisiennes
très en vue et qu'aucun ne songera à accuser
d'étroitesse d'esprit; Mme Alphonse Daudet,
Mme de Martel (Gyp), Mme Camille Pert, ont
toutes été d'avis que le divorce par consentement d'un seul serait profitable à l'homme bien
plus souvent qu'à la femme (1). Les hommes de
théâtre comme M. Paul Hervieu, les romanciers
comme MM. Paul et Victor Margueritte se laissent volontiers influencer par des cas isolés,
spéciaux, dont l'intérêt leur cache l'anomalie.
Leur imagination se monte, leur sensibilité
s'émeut; ils croient avoir trouvé le remède d'un
malheur injuste et ils s'empressent de légiférer.
Ils ne s'aperçoivent pas que la loi dictée par la
considération d'un fait particulier risque de produire, appliquée à tous les cas, des effets désas-
treux. Pour remédier à un mal, ils risquent d'en
causer d'aussi graves et de plus nombreux. C'est
pour cela que les pièces de théâtre ou les romans

---

(1) Voir plus haut, 1re part., chap. v, p. 22 et seq.

n'ont qu'une valeur d'argument oratoire. Ils passionnent le débat sans l'éclairer. Ils ébranlent l'opinion, ils créent des courants favorables à l'adoption d'une mesure législative, ils ne sauraient justifier cette mesure devant la raison et devant la science sociale. Ce n'est pas par des exemples tirés de cas isolés que l'ont peut justifier une décision légale ; c'est uniquement par des considérations générales tirées d'une doctrine sociale. Ce sont précisément des considérations générales de cette sorte que j'essayais tout à l'heure de dégager des pièces de théâtre de M. Hervieu ou du roman de MM. Paul et Victor Margueritte. Je ne crois donc pas avoir ainsi affaibli leur thèse, mais l'avoir au contraire renforcée.

III

Cette thèse, il reste maintenant à la juger et avec elle toutes celles qui s'efforcent de justifier le divorce.

Il semble bien que toutes les raisons que l'on a données pour établir que le mariage ne devait pas être indissoluble se ramènent à deux :

Ou l'on assimile le contrat matrimonial à tous les autres contrats bilatéraux et on soutient alors qu'il est et doit être toujours résiliable par

le manquement de l'une des parties à ces engagements ou par la volonté commune des deux
parties ;

Ou l'on fait du mariage un contrat d'une espèce particulière, qui se trouvera résiliable par
le seul fait qu'une des parties n'y trouve pas les
avantages qu'elle en attendait, alors même que
l'autre partie n'aurait commis aucune faute ap-
préciable et qu'elle se refuserait à rompre béné-
volement le contrat.

Dans le premier cas, l'adultère, les condam-
nations infamantes, les excès, sévices, injures
graves motivent la rupture du lien conjugal. Par
une suite nécessaire de cette conception on doit
admettre le divorce par consentement mutuel.
C'est ici que notre législation actuelle doit paraître inconséquente. Car il n'est pas douteux
que la doctrine qui a permis aux législateurs de
1884 de rétablir le divorce est la doctrine pré-
parée jadis par les théories gallicanes qui regardaient le mariage comme un contrat civil (1), éla-
borée par les philosophes du dix-huitième siècle,
proclamée enfin dans les assemblées révolutionnaires, et reprise par M. Naquet, et cette doctrine, que nous avons vue (2) rappelée dans la
pétition de MM. Paul et Victor Margueritte, Mu-
raire, le rapporteur du Comité de législation,

(1) On trouvera un très lucide exposé de l'histoire de la
question dans la forte « Étude historique et critique » de
M. René LEMAIRE sur le *Mariage civil*, gr. in-8°, Larose, 1901.

(2) V. Introduction, p. 8.

l'exprimait en ces termes devant l'Assemblée législative le 14 février 1792 : « Le mariage n'est qu'un contrat civil (1). » D'où, le 7 septembre suivant, le rapporteur Léonard Robin tirait cette conséquence : « La Déclaration des droits de l'homme et l'article de la Constitution qui veut que le mariage ne soit regardé par la loi que comme un contrat civil vous ont paru avoir consacré le principe (du divorce), et votre décret n'en est que la déclaration (2). » — « Vous avez adopté le divorce, dit Sédilly, c'est moins une loi nouvelle que vous allez faire qu'un retour à la loi naturelle. — Voici d'après quels principes je pense qu'on pourrait faire une loi très simple et très courte sur le divorce. Le mariage est un contrat civil. Il est de la nature des contrats de se résoudre de la même manière dont ils ont été formés (3). »

Et rien ne saurait être plus logique : dès lors que l'on assimile le mariage aux autres contrats, toutes les justes règles des autres contrats lui deviennent non moins justement applicables ; il doit donc pouvoir se dissoudre par le consentement mutuel et être déclaré dissous lorsque l'une des parties manque à ses engagements.

Mais, en revanche, si le mariage est un contrat bilatéral comme tous les autres, il n'est pas

(1) *Moniteur universel* du 16 février 1792, cité par LE-MAIRE, p. 98.
(2) *Ibid.* du 8 septembre 1792, cité par LEMAIRE, p. 104.
(3) *Ibid.* du 15 septembre 1792, cité par LEMAIRE, p. 104.

possible d'admettre le divorce par consentement d'un seul. Car si les contrats pouvaient se dissoudre par la volonté, même persistante, d'une seule des parties, il n'y aurait plus de contrats.

Si donc MM. Paul et Victor Margueritte veulent soutenir par une doctrine la pétition qu'ils adressent au Parlement, il faut qu'ils renoncent à regarder le mariage comme un contrat bilatéral ordinaire, et même comme un contrat civil, dont le magistrat peut prononcer à bon escient la rupture. Car ils ont beau dire que ceux qui se refusent à la rupture du lien conjugal ont tous les vices tandis que ceux qui réclament cette rupture ont toutes les vertus, il se pourrait fort bien que ce fût tout le contraire et que ce fussent les justes qui se refuseraient à la rupture tandis que les infâmes la réclameraient. De réclamer le divorce ne saurait suffire à établir la haute valeur morale du demandeur, comme de s'y refuser ne saurait suffire à prouver l'indignité du réfractaire. Ne raisonnons pas sur des cas passionnés et affolants qui nous intéressent, où nous sommes intéressés; considérons l'universalité des cas. Tout homme, toute femme engagés dans le mariage peuvent vouloir divorcer, et chacun d'eux peut s'y refuser. Celui qui réclame le divorce peut être sympathique ou antipathique, estimable ou méprisable, de même que celui qui s'y refuse, peu importe au législateur, il légifère pour tous; car, s'il ne légiférait ici qu'au profit des justes contre les injustes, des bons époux contre les mauvais, il exigerait des preuves de l'injustice ou de la méchanceté ; il instituerait une procédure préalable par laquelle le demandeur en divorce aurait à établir l'indignité du conjoint défendeur, et alors nous retomberions dans les cas prévus déjà par la loi, dans ces insuffisances de la justice que MM. Paul et Victor Margueritte veulent éviter en réclamant le divorce par consentement d'un seul. Donc celui qui réclame le divorce comme celui qui s'y refuse doivent être aux yeux du législateur regardés comme tout à fait égaux et les intérêts de l'un et de l'autre doivent être également sauvegardés.

Mais qui ne voit qu'en admettant la résiliation du contrat conjugal à la demande d'une seule des parties sans qu'elle ait à faire la preuve du bien fondé de ses récriminations, l'autre à bon droit peut se prétendre lésée ? Vous dites, vous, homme, que cette femme vous répugne et que vous ne pouvez plus la souffrir ; que tout votre être proteste quand vous songez qu'elle porte votre nom ; mais ne peut-elle pas répondre qu'il lui répugne tout autant de quitter son état d'épouse, qu'elle ne peut souffrir ; de se voir ainsi dégradée sans raison ni sans motif que des juges puissent apprécier et que tout son être proteste à la pensée de ne plus porter un nom qu'elle a, soutient-elle, et vous ne lui prouvez pas le contraire, dignement porté ? — Vous dites, vous, femme, que cet homme vous fait horreur, que vous ne pouvez plus cohabiter avec lui ni même porter son nom sans un malaise moral, sans vous sentir diminuée à vos propres yeux ; mais lui, ne peut-il pas dire qu'il se sent incomplet sans vous et qu'il ne consentira jamais de gaieté de cœur à perdre celle sans laquelle il lui semble ne pouvoir vivre ? — Comment voulez-vous que la loi décide entre les parties ? Tout à l'heure nous citions des cas où les contrats peuvent être rompus à la requête d'une seule des parties sans qu'il y ait faute de l'autre ; mais du moins le juge pouvait constater, apprécier, connaître enfin la cause qui, en disparaissant, fait cesser l'obligation. Ici, tout demeure intime. Le juge doit résoudre un contrat sans savoir pourquoi. En accordant le divorce à celui qui le réclame, la loi porte tort à celui qui s'y refuse. Pourquoi cette partialité ?

MM. Paul et Victor Margueritte la trouvent toute naturelle parce que, obsédés par la vision de cas particuliers et intéressants, il leur semble que ce sont ceux qui réclament le divorce qui méritent que la loi leur vienne en aide, tandis que ceux qui s'y refusent sont des indignes ; mais, encore une fois, cela n'est pas toujours vrai. Car enfin il y a bien des cas où celui qui veut le divorce est un simple coureur d'aventures quand ce n'est pas un collectionneur de dots, et où celle qui le réclame est une personne aux humeurs changeantes et qui trouve piquant de faire légitimer ses adultères. Il faut que la

maxime qui justifie le divorce par la volonté d'un
seul le justifie non pas seulement dans tous les
cas intéressants, mais dans tous les autres. Sans
cela il ne peut y avoir de maxime juridique et
conséquemment le législateur peut bien prendre
une décision à forme législative, mais ce n'est
pas une loi véritable qu'il a édictée.

IV

Quelle est donc la maxime que l'on peut essayer de découvrir qui soit vraiment juridique
et s'applique à tous les cas? Il semble qu'il ne
faille pas aller la chercher bien loin et c'est de
la nature même du contrat matrimonial que l'on
paraît vouloir la tirer. Car le contrat matrimonial est bien un contrat sans doute et en cela il
ressemble à tous les autres, mais son objet est
tout différent : il ne suppose pas seulement l'accord des volontés contractantes au moment de
sa formation, il le suppose encore tout le temps
de sa durée ; il a précisément pour objet de
créer des obligations telles que si l'accord des
volontés vient à ne pas persister elles ne peuvent qu'être caduques. Si donc une seule des
volontés, pour n'importe quelle cause, vient à
n'être plus d'accord avec l'autre de façon durable et persistante, le contrat se trouve rompu de

plein droit puisque son objet n'existe plus.
Quand je loue une terre ou un bâtiment, quand
je vends ou que j'achète, l'objet du contrat est
une réalité matérielle, indépendante de ma personne ; la volonté initiale qui crée le contrat ne
pourrait se dédire sans porter tort à autrui ; la
loi veille à ce qu'elle ne puisse pas se dédire ;
quand je loue encore mes services à un employeur, ce n'est pas ma personne tout entière
que je lui engage, ce sont mes forces physiques
ou psychiques, pour un but et un temps déterminés ; je ne puis donc me dédire, car toutes les
conditions qui ont présidé à la formation du contrat persistent et je n'aurais aucune raison pour
m'excuser de manquer à ma parole. Mais le mariage porte plus loin que des actes ou des services
déterminés, il paraît engager toute la personne.
Pour s'assurer le bonheur, un mode supérieur de
vie, les deux époux consentent des obligations ;
que l'un d'eux ne puisse plus être heureux, ne
trouve plus dans le mariage le mode supérieur
de vie qu'il en espérait, et aussitôt les obligations
ne doivent-elles pas cesser d'exister? Les droits
que chacun des deux époux acquiert, par le mariage, sur le corps et même sur la pensée de
l'autre époux, ne sauraient être assimilés aux
droits que l'acheteur acquiert par le contrat de
vente ou l'employeur par le contrat de louage des
services. Le contrat matrimonial doit en réalité
être considéré comme un de ces contrats sous
condition dont nous parlions plus haut, mais où

la condition dépend des dispositions intérieures de chacune des parties. Ce n'est pas un contrat où deux personnes promettent de remplir des obligations réciproques déterminées, c'est un contrat où deux personnes se font l'une à l'autre le don et l'abandon réciproques de leurs personnes. Mais pour qu'un tel contrat soit valable il faut qu'il soit précis, déterminé, limité au moins dans le temps, et sa détermination se trouve en ce que chacune des deux personnes ne peut pour toujours renoncer à disposer de soi ; dès que l'une des deux se mentirait à elle-même en se donnant encore à l'autre, le contrat n'existe plus. C'est bien ce que voulait dire M. Naquet lorsqu'il s'exprimait en ces termes à la tribune : « Le divorce est une institution conforme aux principes de liberté individuelle qui forment la base de notre droit public ; l'indissolubilité en est la négation... Pourquoi cette dérogation aux principes fondamentaux de nos civilisations modernes, et cela dans un ordre de choses où l'obligation de faire ou de ne pas faire peut devenir non seulement oppressive, mais encore répugnante et immorale (1) ? »

Au fond de tous ces raisonnements se trouve cette idée fort nette : du moment qu'il engage la personne tout entière, le mariage n'est pas un contrat semblable aux autres ; c'est encore,

_____

(1) *Journal officiel*, 22 juin 1876, p. 4400, col. 3, cité par LEMAIRE, p. 155.

si l'on veut, un contrat, mais un contrat où se trouvent engagés les plus considérables intérêts moraux ; c'est un contrat moral, c'est-à-dire un contrat dans lequel les obligations qu'il a pour but de créer n'existent plus dès qu'elles imposent à la personne morale une contrainte telle qu'elle se sent opprimée et violentée, forcée de faire des gestes, d'accomplir des actes contre lesquels tout son être intérieur et se révolte et proteste, forcée, par conséquent, à des actes que sa volonté réprouve, à des gestes que sa pensée dément, liée à la dissimulation, à l'hypocrisie, au mensonge, contrainte à vivre, pour satisfaire une prétendue moralité, dans l'immoralité la plus radicale. Car l'immoralité la plus profonde ne consiste-t-elle pas à se mentir à soi-même ?

<h1 style="text-align:center">V</h1>

Il semble que la question n'ait pas fait un pas. Nous avons cependant considérablement avancé.

Nous voyons en effet que l'idée des philosophes reprise par le Comité de législation de l'Assemblée de 1792, à savoir que le mariage n'est qu'un contrat civil, est une idée tout à fait insuffisante. Les règles du contrat civil ne peuvent s'y appliquer. Son objet est en effet tout différent. Des personnes s'y engagent mutuellement et engagent non plus des choses ou des actions déterminées, mais leurs personnes tout entières. Les règles ordinaires du contrat civil ne suffisent plus.

Aussi voyons-nous des jurisconsultes comme Portalis qui, après avoir soutenu que le mariage nous offre l'idée fondamentale d'un contrat proprement dit (1), reconnaît ensuite que le mariage n'est cependant pas un contrat comme les autres, car « on n'y stipule pas seulement pour soi, mais pour l'État ou société générale du genre humain (2). » Ce qui a donné à un savant et perspicace professeur de la faculté de droit de Paris l'occasion de se demander : *Le mariage civil n'est-il qu'un contrat?* (3) Et ce professeur répond que le mariage n'est pas seulement un contrat qu'il est surtout un acte de l'état civil ayant sans doute pour origine un libre consentement des époux, mais dont les conditions sont et doivent être réglées par   loi.

Emile Accollas, so s une autre forme, avait exprimé la même idée :

Le contrat, dit-il, a besoin, il est vrai, pour exister, du concours de plusieurs volontés; mais il a besoin

(1) *Discours préliminaire* sur le projet de Code civil, n⁰ˢ 35 à 45.

(2) *Ibid.*, n° 53.

(3) Conférence faite à la Sorbonne par Charles Lefèvre, in-8°, Larose, 1902.

d'autre chose; il faut qu'il ait un objet possible; il faut qu'il ait une sanction possible, une sanction *manu militari*. Dans le mariage où serait l'objet et à quoi se prendrait la sanction? L'objet, serait-ce la possession de la personne de chacun des époux par celle de l'autre, et quant à la sanction, la société emploiera-t-elle ses agents pour forcer les deux époux à se communiquer l'un à l'autre?

Kant a essayé de réduire le mariage à un simple contrat par des considérations tout au moins bizarres. Il soutient d'abord que par cet acte l'homme fait de lui-même une chose, ce qui est contraire au droit de l'humanité qui réside dans sa propre personne. Cependant, malgré l'apparence, en se mariant il ne viole pas ce droit, parce qu'au moment où il abdique sa personnalité il reçoit en échange celle de son conjoint et de cette façon chacun des deux rentre en possession de soi-même et rétablit sa personnalité. Il paraît difficile de souscrire à une théorie pareille car, s'il est justement quelque chose d'incommunicable, il semble bien que ce soit la personnalité. Tout au plus pourrait-on dire que chacun des deux époux sacrifie une part de lui-même afin de se conférer une vie plus complète et plus haute par l'association conjugale et ainsi ce serait pour agrandir et pour enrichir sa personnalité qu'il sacrifie sa personne. Mais, quoi qu'il en soit, un contrat de ce genre, stipulant non seulement des actes matériels et extérieurs, mais exigeant même de réciproques dispositions intérieures ne saurait être assimilé aux contrats dont connaît la loi civile, qu'elle règle et qu'elle sanctionne.

La loi civile, qui ne connaît et ne peut connaître que le for extérieur, doit avouer son impuissance en face des conditions tout intérieures qui assurent la moralité persistante des obligations matrimoniales. Elle doit donc renoncer à déterminer les cas objectifs et pour ainsi dire matérialisés qui résilient le contrat devenu caduc; il faut qu'elle s'en remette non pas même à la volonté commune des contractants, mais uniquement à la volonté d'un seul pour décider quand le contrat se trouve rompu de plein droit. La pétition de MM. Paul et Victor Margueritte serait donc tout à fait d'accord avec la nature exacte des choses. Et elle ne va à rien moins, à force de pousser loin l'analyse du contrat matrimonial, qu'à proclamer que ce contrat par sa nature échappe aux prises de la loi civile : tandis que celle-ci, en effet, ne peut régir que les actes sociaux tangibles, qui ressortissent au for externe, dont les tribunaux et les gendarmes peuvent assurer l'exécution, le contrat matrimonial oblige à des actes moraux qui dépendent du for interne et où les gendarmes seraient fort empêchés d'intervenir. Car le code admet bien que l'épouse fugitive soit ramenée au domicile conjugal entre deux gendarmes ; mais il s'est sagement évité le ridicule de mettre ses Pandores en sentinelle auprès du lit conjugal. Et en reconnaissant ces vérités MM. Paul et Victor Margueritte, à la suite d'ailleurs de tous ceux qui ont creusé ces questions, proclament la faillite de la loi. Ils sont de ces « libres esprits » dont M. Naquet nous avouait naguère qu'en 1884 « il escomptait la venue future » pour « réformer sa réforme (1) ». Ils proclament par là même la faillite du mariage légal et ici encore ils donnent raison à M. Naquet, qui reproche au mariage d'être « attentatoire à la liberté » et qui voit en lui une « cause de dégénérescence de l'espèce », une « institution génératrice de vice, de misère et de mort (2) ».

Car que veulent dire, au fond, tous ces plaidoyers en faveur de l'union libre; que voulait dire M. Naquet quand il considérait la loi de 1884, « sa » loi, comme une simple étape sur le chemin qui conduit à l'union libre, sinon affirmer que la loi est incompétente pour réglementer l'union de l'homme et de la femme?

Qu'est-ce en effet que l'union libre, sinon la suppression de toute loi sociale qui régisse le mariage? L'union libre n'est que le point d'aboutissement du mouvement que croyaient arrêter les législateurs révolutionnaires ou ceux de 1884. Les uns et les autres croyaient de très bonne foi, pour la plupart, qu'en assimilant le mariage à un contrat civil ils le consolidaient, loin de le détruire. On voit clairement maintenant que c'est

(1) La *Revue*, 15 mars 1901, p. 493.
(2) *Religion, propriété, famille*, p. 244 et suiv. Paris, 1869.

justement par là qu'ils l'ont conduit à la veille
de sa ruine. Car si le mariage n'est qu'un contrat, c'est un contrat tel que la loi civile n'a le
droit de rien édicter ni pour le recommander,
ni pour le sanctionner, ni même pour le maintenir, en sorte que si le mariage n'est qu'un
contrat civil, il en résulte cette conséquence où
éclate la contradiction : il ne ressortit à la loi
civile que pour réclamer vis-à-vis de cette loi
même une indépendance absolue; il ne lui ressortit donc qu'à la condition de lui échapper.
C'est tout le sens caché de la pétition de MM. Paul
et Victor Margueritte, c'est le sens de toutes les
revendications en faveur de l'union libre. Et
c'est bien ce que pense au fond leur Francine
quand elle se rend si bien compte du peu de
valeur de la cérémonie légale; quand elle trouve
ridicule, à la suite de tant d'autres, cette pré-
tention qu'un homme représentant d'un pouvoir
humain puisse par sa parole l'enchaîner et lui
imposer des obligations (1).

Mais de ce que l'union libre est la conséquence nécessaire de la conception que l'on

______

(1) « Un divorce, mais est-ce que cela devrait se dénouer
autrement qu'entre mari et femme, sur un simple enregistrement du tribunal ou de la mairie? Déjà, lors de son mariage,
elle avait souffert de l'obligation de prendre à témoin la
société entière : ce vieux monsieur en écharpe qui lui lisait le
Code, les cierges et les orgues, la foule qui s'étouffait dans la
sacristie et cette robe de vierge qui la désignait, la parait
comme une victime pour l'immolation d'un sacrifice... » *Les
Deux Vies.*

s'est faite du mariage en le regardant uniquement comme un contrat civil, s'ensuit-il que l'union libre, le divorce par consentement d'un seul, le divorce par consentement mutuel, ou tout simplement le divorce soient légitimés par là? Il s'ensuit plutôt justement tout le contraire : l'union libre, en effet, est quelque chose de si contraire à l'évolution tout entière de l'institution matrimoniale que, dès qu'elle apparait comme conséquence nécessaire d'une théorie ou d'un état pratique des mœurs, on est tout de suite porté à reviser cette théorie, à examiner cet état des mœurs pour s'assurer qu'ils ne reposent pas sur des préjugés ou sur des erreurs. Aussi, loin que la cause du divorce se trouve gagnée, on peut dire que c'est, au contraire, la légitimité du divorce qui se trouve, par là, remise en question. La question qui se pose maintenant est, en effet, celle-ci : Le mariage est un lien entre personnes morales ; le mariage est chose morale, uniquement morale, vis-à-vis de laquelle la loi civile ne peut que se reconnaître incompétente ; s'ensuit-il que devant la loi morale ce sont les partisans du divorce par consentement mutuel, ou par consentement d'un seul, ou, par conséquent, les partisans de l'union libre qui ont raison ? Ou, au contraire, la conception même du mariage en tant que contrat moral n'entraine-t-elle pas nécessairement l'indissolubilité du lien conjugal ? MM. Paul et Victor Margueritte ont raison en face des partisans inconséquents du divorce de vouloir les pousser plus loin dans la voie des conséquences, mais ont-ils raison au fond? C'est une tout autre question. Ce n'est pas trop d'un chapitre tout entier pour la résoudre.

CHAPITRE II

L'ESSENCE DU LIEN CONJUGAL

I

Le mariage est autre chose qu'un simple
contrat. La loi civile, si elle ne veut considérer
que la volonté des deux époux, ou leurs intérêts,
ou leurs personnes, ne peut que se déclarer
impuissante à régler cette association qui, par
sa nature propre, échappe à toute législation
limitée au for extérieur, car elle ne peut être
régie que par les lois intérieures de la conscience morale. D'où la conclusion à laquelle,
à la suite de M. Naquet, tous nos aspirants législ-
lateurs aboutissent fatalement : « La véritable
formule du mariage, c'est l'union libre », ce qui
revient à dire en termes à peu près exprès : La
seule législation civile qui puisse régler le mariage est celle qui proclame que le mariage
n'existe pas.

Que l'union libre, le « mariage libre »,
comme s'expriment MM. Margueritte (1), soit la

____

(1) *L'Élargissement du divorce*, p. 7.

négation même du mariage, c'est ce qu'il peut sembler superflu de faire voir; qu'il n'est cependant pas inutile, tant sont grandes les inadvertances de la pensée contemporaine, de montrer en peu de mots.

Sous le régime du « mariage libre », tel que l'entendent MM. Margueritte, le divorce peut être prononcé, et doit même l'être, soit par consentement mutuel sans que les époux soient obligés de fournir aucune raison, soit par la volonté d'un seul pour cause déterminée, et parmi ces causes se trouvent (1) :

1° L'aliénation mentale de l'un des époux, persistant depuis deux ans... ;

2° Les infirmités dégoûtantes et incurables de l'un des époux survenues postérieurement au mariage... ;

Soit par la volonté persistante d'un seul, sans cause déterminée.

MM. Margueritte imposent aux époux certains délais pour leur donner le temps de réfléchir, et c'est par là qu'ils espèrent distinguer le « mariage libre » de l'union libre. Est-il besoin cependant de beaucoup de discussions pour établir qu'en fin de compte leur projet reconnaît aux époux le droit de se prendre et de se quitter librement? Or, l'union libre, qu'est-elle autre chose? Vous imposez maintenant certains délais, bientôt on trouvera dans ces délais

____

(1) *L'Élargissement du divorce*, p. **29**.

un vestige, une superstition du passé, encore
une entrave à cette liberté qui seule vous paraît
sacrée; on les abrégera, on les supprimera, et
nous aurons bien alors l'union libre telle qu'elle
se pratique dans certains États de l'Union amé-
ricaine, telle qu'elle soulève en ce moment
même dans ces États toute une campagne de
réprobation, telle qu'on la vit fonctionner en
France sous le Directoire.

Sous le régime de l'union libre l'homme et la
femme s'unissent et se quittent librement; ils
ne contractent même pas un bail d'une durée
fixe; leur réunion et leur séparation dépendent
uniquement de leur volonté. Pour régler les
filiations, il se peut que la loi impose à la femme
certains délais avant de lui permettre d'entrer
dans une nouvelle combinaison matrimoniale;
mais, en dehors de cette réglementation, aucune
autre ne devrait venir diminuer la liberté des
parties. Il suffirait à l'homme et à la femme de
se présenter devant l'officier de l'état civil pour
faire enregistrer leur mise en ménage; il suffirait à l'un d'eux de se présenter de nouveau à
la mairie pour que devant la loi l'association fût
rompue (1). Encore ces formalités n'auraient-
elles de raisons d'être que pour authentiquer
les filiations, pour répartir de façon certaine
les charges de l'entretien et de l'éducation des

____

(1) C'est bien ainsi, on l'a vu, que M. Spence concevait
le mariage dans la société future. V. plus haut, p. 146.

enfants, pour établir les droits successoraux. Si donc la propriété individuelle venait à disparaître, comme le demande le collectivisme; qu'il n'y eût plus ni épargne, ni héritage; que l'État eût seul la charge de l'entretien et de l'éducation de tous les enfants, les diverses déclarations devant l'officier de l'état civil deviendraient absolument inutiles, à moins que quelqu'un n'eût encore la faiblesse de tenir à pouvoir établir de façon authentique sa paternité.

Alors même qu'on n'en arriverait pas à ces extrémités, dès que l'union libre serait établie, le titre du mariage pourrait disparaître du Code civil. Car les droits et devoirs particuliers des époux entre eux à titre d'époux cesseraient par le fait même d'exister du moment que leur mariage serait à chaque instant susceptible de se dissoudre par la libre volonté de chacun d'eux; il ne resterait plus que les droits et devoirs généraux des citoyens les uns vis-à-vis des autres. Le père pourrait être tenu, même après la séparation, de fournir des subsides à la mère en gésine; de subvenir aux frais d'entretien et d'éducation de l'enfant ou des enfants, en vertu des dispositions générales du Code qui obligent chacun à prendre sa part des frais occasionnés par un acte commun, ou à réparer le dommage fait à autrui. Le fils pourrait être admis à faire valoir ses droits à la succession du père en faisant simplement la preuve testimoniale de sa filiation. Il faudrait évidemment rétablir la libre recherche de la paternité ; mais, cela fait, le titre entier du mariage pourrait sans inconvénient être supprimé.

Il n'y aurait plus alors de lien conjugal ; il n'y aurait plus que de libres compagnons et que de libres compagnes. Pour que la liberté fût entière, il faudrait encore que la mère pût se débarrasser, sans risquer aucun châtiment légal, du fruit non désiré du compagnonnage, que l'État se chargeât de tous les enfants. La liberté de l'avortement (1) (pourquoi pas de l'infanticide ?) a été ouvertement réclamée, et l'on voit assez qus l'on tend à remettre à l'État toutes les charges de l'éducation.

Un romancier contemporain, M. Paul Adam, nous a fait le tableau de la Salente qu'il rêve (2) : c'est l'état de nature tout cru et tout simple où la femme se donne librement à l'homme qui lui plaît par cela seul qu'il lui plaît, tout de suite, sans autrement le connaître, à cause de sa moustache, de sa prestance, de son sourire ou de son regard, et l'État, complaisant pour ces couples d'une heure ou de moins encore, a ménagé des réduits propices partout et jusque dans les trains de chemins de fer.

----

(1) « Nous revendiquons, avec simplicité, le droit officiel à l'avortement », dit M. Joseph RENAUD, *la Faillite du mariage et l'union future*, p. 204, Paris, 1890. — Cité par LEMAIRE, *op. cit.*, p. 183, note 2.

(2) Dans un roman dont il est inutile de donner le titre, mais qui fut publié il y a quelques années par la *Revue blanche*.

Qu'on me pardonne ici le mot propre, le seul qui convienne, et brutal par conséquent : c'est de la chiennerie pure.

II

Il ne faudrait pas que l'on s'étonnât de ces conséquences ; elles sont toutes, jusqu'à la dernière, engagées dans les prémisses. Du moment que l'on a voulu faire reposer le mariage uniquement sur les volontés concordantes des parties et que l'on a eu le souci de ne pas enchaîner irrévocablement ces volontés, on devait nécessairement en arriver aux extrémités. Car les mêmes raisons en vertu desquelles on refuse d'admettre aucun engagement irrévocable peuvent servir à ruiner l'idée même d'engagement. MM. Paul et Victor Margueritte ont beau protester de leur respect pour le mariage, il n'est pas en leur pouvoir d'empêcher les prémisses qu'ils posent d'engendrer leurs conséquences logiques :

Loin de nous, disent-ils, l'idée de vouloir, par l'élargissement du divorce, battre en brèche cette admirable institution qu'est le mariage ; union des gens qui s'aiment, source pure d'une famille nouvelle. Nul n'est plus pénétré que nous de la grandeur et de la noblesse d'une association où deux êtres qui se sont librement choisis partagent; toute leur vie, les joies et les peines, la bonne comme la mauvaise fortune; élèvent avec dignité leurs enfants, en leur donnant pour exemple la paix et la sécurité du foyer.

Mais cette grandeur et cette noblesse ne résident pour nous que dans le mutuel exercice d'une volonté consciente et d'une égale responsabilité. Ce ne sont pas ses privilèges qui rendent à nos yeux le mariage sacré, c'est le libre et double consentement sans lequel il ne mérite pas ces privilèges, et ne peut vivre. Quand il y a l'irréparable, un fossé de haine et de boue, à quoi sert de s'y rouler sans fin? Quel bénéfice en peuvent bien recueillir l'individu amoindri, la société ravalée? Le mariage forcé, la chaîne au bout de laquelle deux ennemis se débattent et agonisent, est une conception sans fierté, *à laquelle les enfants sont les premiers sacrifiés*, un idéal inférieur à celui de l'union libre. « Il n'y a pas de mariage, dit la loi, article 146, lorsqu'il n'y a point de consentement. » Consentement jailli du cœur, renaissant de lui-même tous les jours de la vie; manifestation renouvelée, permanente, de la volonté d'être unis.

C'est parce que ce principe du droit moderne, proclamé par la Révolution : *La personne humaine est inaliénable* (1); c'est parce que ce principe essentiel, expression d'une morale nouvelle, est méconnu dans le mariage et le divorce actuels, que nous voulons l'y introduire. L'esclavage est aboli, les vœux éternels sont interdits; que le mariage malheureux ne soit pas

____

(1) « Tout homme peut engager ses services, son temps; mais ne peut se vendre, ni être vendu; sa personne n'est pas une propriété aliénable. » (*Déclaration des droits* du 24 juin 1793, art. 18.)

« La loi ne reconnaît ni vœux religieux, ni aucun engagement contraire aux droits naturels de l'homme. » (*Constitution de l'an III*, art. 352.)

une condamnation à perpétuité, cesse de pouvoir être un bagne!

Union libre? Non, puisque tant de gens n'y voient encore que la satisfaction changeante de l'instinct, un assouvissement d'égoïsme, et que la protection des enfants n'y est pas légalisée; mais mariage libre, tenant, de son esprit de liberté même, avec la beauté de sa durée, sa valeur sociale (1).

C'est donc « sur ce principe du droit moderne proclamé par la Révolution : *La personne est inaliénable* », que l'on veut faire reposer les revendications contre l'indissolubilité matrimoniale. Mais entendu comme on l'entend, c'est-à-dire comme supposant « le libre consentement, jailli du cœur et renaissant tous les jours de la vie », ce principe n'irait à rien moins qu'à regarder comme illégitime toute espèce d'engagement.

Il n'y a pas d'engagement, en effet, sans une annulation de la liberté future par la liberté présente, et si l'on conteste ou si on limite le droit de la liberté présente de disposer à l'avance de la liberté future, il ne peut plus y avoir aucune espèce d'engagement. Car en vertu de quel principe peut-on soutenir qu'un homme n'a pas le droit d'engager tout son avenir? Uniquement en vertu de celui-ci, que le présent n'a pas le droit d'engager le futur. Distinguer et dire : on a le droit de s'engager *à temps*, mais non pas *à vie*, c'est véritablement ne rien dire. Vous admettez que je puis m'engager à temps,

(1) *L'Élargissement du divorce*, p. 6.

contracter des obligations, faire des vœux temporaires, un bail matrimonial limité, louer mes
services pour un temps déterminé, mais par
contre vous soutenez que je ne puis m'engager
à vie, que mes vœux ne peuvent pas être perpétuels, ni mon mariage indissoluble, ni mes services loués pour toute ma vie; c'est donc que je
puis me lier pour six mois, pour un an, pour cinq
ans, pour dix ans, pour vingt ans ou même pour
plus, pourvu que le nombre des années soit déterminé, que la limite temporaire de l'engagement soit fixée ; qu'est-ce donc qui m'empêchera,
à vingt ans, de me lier pour cinquante, ce qui
portera à soixante-dix ans l'âge où je verrai terminer mon obligation? Il y a de fortes chances
pour que je sois mort auparavant. Si je meurs,
j'ai donc pu m'engager valablement et m'engager
pour la vie. Ce n'est qu'au cas très improbable
où je ne serai pas mort d'ici cinquante ans, que
mon engagegement sera vraiment temporaire.

On voit assez par là que l'idée des philosophes
du dix-huitième siècle, faisant entrer en ligne
de compte la durée des engagements pour juger
de leur légitimité est une idée anti-juridique. Il
fallait les motifs — puissants pour eux — tirés
de leurs luttes contre les vœux religieux perpétuels ou contre l'esclavage pour leur faire adopter
une telle conception.

La licéité des obligations doit se tirer de la
nature des obligations elles-mêmes et non pas
de leur durée. Tout acte qui n'est pas nuisible à

la société, qui par conséquent n'est pas prohibé, peut fournir la matière d'une obligation : la durée en importe peu, pourvu qu'elle n'excède pas les disponibilités de celui qui contracte l'obligation. Chacun ne peut s'engager que pour ce qui lui appartient, mais a le droit de le faire pour tout ce qui lui appartient. Qu'on y réfléchisse tant que l'on voudra : si je n'ai pas le droit de disposer de tout mon avenir, je n'ai le droit de disposer d'aucune partie de mon avenir, et si je n'ai le droit de disposer d'aucune partie, aucun contrat n'est plus recevable. Car tout contrat est un engagement qui empiète sur l'avenir. Ou j'ai droit ou je n'ai pas droit à disposer de mon avenir. Si j'y ai droit, comment pourrait-on fixer une limite à ce droit ; le borner à demain, à six mois, à un an, à vingt ou à trente années? Que l'on prenne des précautions avant de me permettre d'user de ce droit qui peut être redoutable, qu'on retarde l'âge de la majorité jusqu'au moment où je serai vraiment capable de juger de toute la portée de mes engagements, j'y souscris très volontiers ; mais dès que l'on m'accorde que je puis m'engager avec discernement, que je puis me rendre compte de mes véritables intérêts, on n'a plus aucune raison de m'empêcher d'user de mes droits. Ou si la loi veut les limiter, elle usurpe, elle me prend en tutelle, elle s'oppose à ce que je calcule moi-même à mes risques et périls ce qui m'est plus avantageux et, somme toute, me refuse le droit d'user de mon droit.

III

Mais le législateur révolutionnaire, auquel font écho en ce moment même un grand nombre de publicistes et même de moralistes, paraît hanté par cette pensée, que le fait pour une personne humaine d'aliéner à jamais sa liberté constitue une immoralité au premier chef, et comme il ne saurait y avoir contrat là où il y a promesse d'un acte immoral, il s'ensuit non seulement que la loi ne peut ni reconnaître ni sanctionner aucun engagement à vie, mais qu'elle doit, tout au contraire, l'interdire et le condamner. C'est bien sur de tels principes que l'on s'est appuyé pour frapper les religieux d'une sorte d'incapacité civile.

Ce prétendu principe est-il aussi évident qu'un veut bien le dire?

— Qu'est-ce qui constitue l'immoralité? — Est-ce le fait de s'engager? Non, car alors tout engagement, tout contrat serait immoral. — Est-ce la matière ou la durée de l'engagement qui peut en faire l'immoralité? Ce ne peut pas être la durée, car un engagement licite ne l'est ni plus ni moins parce qu'il est pris pour deux ans, pour un ou pour trois. En quoi la moralité d'un bail, par exemple, est-elle changée parce que ce bail est consenti pour vingt ans au lieu de l'être pour dix? C'est la matière de l'engagement, l'objet auquel il s'applique qui seul peut constituer sa moralité. Et par conséquent si l'objet de l'engagement est licite en soi, l'engagement ne saurait l'être moins, quelle que soit sa durée.

On dit que ce qui rend immoral et illicite l'engagement à vie, c'est qu'il manque de détermination; celui qui le prend ne sait pas pour combien de temps il s'engage; surtout il renonce pour jamais au droit de disposer de soi; il mutile sa personne et sort ainsi, par l'abus, du droit qu'il peut avoir sur lui-même. — Pour savoir si dans ce raisonnement il y a quelque chose de fondé il faut d'abord remarquer que nul ne conteste le droit que l'homme peut avoir à disposer pour toujours de ses biens et propriétés, sans quoi il n'aurait plus le droit de vendre ni d'aliéner ses biens; le seul droit qui lui soit ici refusé, c'est de renoncer à sa personnalité, c'est le droit d'abdiquer ses droits, et c'est en ce sens que la *Déclaration des droits* de 1793 dit que « la personne n'est pas une propriété aliénable (1) ».

Réduit à ces termes, l'argument ne manque pas de valeur. Nul homme n'a le droit d'abdiquer son humanité, de renoncer à sa personnalité au profit d'un autre homme; nul homme n'a le droit de s'engager à faire sans aucune restric-

(1) Article 18.

tion tout ce qu'un autre voudra bien lui commander. Aucun homme n'a le droit de renoncer à sa conscience, de se transformer en une machine ou un instrument. Si les fortes comparaisons : *perinde ac cadaver, tanquam baculum in manu viatoris*, dont saint Ignace de Loyola s'est servi après saint François d'Assise pour exprimer ce que doit être l'obéissance du religieux vis-à-vis de ses supérieurs, n'étaient pas précisées et limitées par une restriction expresse dans les *Constitutions* de saint Ignace (1), sous-entendue dans la bouche de saint François, elles seraient sûrement et fautives et condamnables. Dans tout ce qui est bon, indifférent ou permis, l'obéissance doit être absolue et même, si l'on veut, passive ; mais nul n'a le droit de s'engager à obéir à tout ordre, quel qu'il soit, car ainsi il pourrait s'engager à obéir à un ordre qui aurait le mal pour but ; le religieux, pour saint Ignace comme pour saint François, a toujours le droit, parce qu'il garde toujours le devoir, d'obéir à sa conscience et de résister au supérieur qui lui ordonnerait de commettre un acte coupable.

(1) Au moment même où saint Ignace promulgue la loi de l'obéissance en toutes les choses où se trouve en même temps la charité, il explique son texte par cette *Declaratio :* « Hujusmodi sunt illæ omnes in quibus nullum manifestatum est peccatum. » *Institutiones Societatis Jesu.* Roma, typis Civilitatis catholicæ, 3 vol. in-4°, 1869, t. I, p. 82, col. 2. — Et dans les *Règles* rédigées après la mort de saint Ignace on trouve encore cette expresse restriction à l'étendue de l'obéissance : « Ubi peccatum non cerneretur. » T. II, p. 0, col. I, lin. ult.

Donc nul n'a le droit d'abdiquer sa personnalité tellement que son contrat pourrait l'obliger à faire le mal. Mais pour tout ce qui est ou bon, ou indifférent, ou permis, pourquoi ne pourrait-on pas renoncer librement à certains droits? Pourquoi ne pourrait-on pas y renoncer indéfiniment, pour toute sa vie, si l'on y trouve quelque avantage? Les droits de l'homme sont des pouvoirs dont il est libre de disposer : il peut renoncer à certains afin d'en acquérir d'autres. Lui seul est juge s'il doit user de ses droits, ou y renoncer, ou bien les échanger, ou autrement ses droits ne seraient plus siens; il ne pourrait plus en user et par suite il les perdrait. Il n'y a donc aucune immoralité, aucune illégitimité à contracter des engagements à long terme, ou même des engagements à vie. Ce n'est pas de leur durée, mais de leur objet que ces engagements tirent leur caractère de licéité. En quoi d'ailleurs la possibilité de se reprendre rend-elle plus moral l'objet de l'engagement? Si l'objet est par lui-même licite, il n'y a nulle raison pour qu'à un moment quelconque on puisse être obligé d'y renoncer.

Mais le cas sera-t-il le même si l'acte auquel on s'engage est d'une nature telle que lorsque la volonté ou le libre consentement y fait défaut l'acte devient immoral? Ne faut-il pas alors que la volonté demeure toujours libre et ne soit pas engagée, surtout ne soit pas engagée pour la vie entière; pour que la moralité soit sauvegardée, et n'est-ce pas précisément le cas pour le mariage? continuent les partisans du libre divorce. C'est le libre consentement « renaissant de lui-même tous les jours de la vie », disent MM. Margueritte, qui « rend le mariage sacré ». Autant le don libre de soi fait à l'homme par la femme ou à la femme par l'homme est un acte noble, autant cet acte devient bas et ignominieux quand il s'impose à l'un ou à l'autre comme une servitude. L'homme tombe alors au-dessous même de la bête qui, dans aucune espèce, ne subit que ce à quoi elle veut bien se prêter. « Je suis pour la solution la plus large relativement au divorce, nous répète M. Naquet, parce que j'ai au plus haut degré le respect de la liberté individuelle, et que je ne pouvais admettre, en aucun cas, que *la loi puisse contraindre corporellement dans un ordre de choses où, en dehors de la libre volonté, il n'y a plus que dégradation, immoralité révoltante* (1) », prostitution, ou viol légal, comme dit Émile Accolas. Et peu à peu nous arrivons enfin à toucher le tuf des arguments que l'on oppose à l'engagement matrimonial. Nous le voyons maintenant à découvert. On appelle noble ce qui est librement consenti ; on appelle bas, ignominieux, immoral tout ce qui est imposé. Toute action qui ne relève que de notre liberté au moment même où nous l'accom-

______

(1) *Le Divorce*, 2ᵉ éd., 1881, p. 250. — Cité dans *la Loi du divorce*, chap. xɪ, p. 230

plissons est belle, noble, morale; toute action qui nous est imposée par une contrainte, alors même que cette contrainte viendrait de nous-mêmes en suite d'un engagement antérieur, est basse, lâche, immorale et vile, vile parce que servile; ce qui revient proprement à dire que tout acte est bon pourvu qu'il soit libre et que tout acte, du moment qu'il n'est pas libre, ne peut être que mauvais. C'est le romantisme appliqué à la morale et, dès que les principes se trouvent ainsi mis à découvert, il devient comme superflu de les discuter. Ils portent leur réfutation dans leur simple énoncé. Car évidemment il ne suffit pas d'être libre pour bien faire : les capricieux, les insoumis, tous ceux qui se refusent à accepter la solidarité sociale; ceux qui refusent de tenir leur parole ou leurs engagements, par cela seul qu'ils prétendent agir librement, ne sont pas des gens moraux, et de ce que j'ai pris l'engagement de ne pas user d'alcool il ne s'ensuit pas que je ne puisse être moral qu'à la condition de m'enivrer.

IV

La liberté ne fait pas la moralité; l'engagement ne fait pas l'immoralité. Il faut chercher autre chose pour condamner les engagements.

Cette autre chose, on la trouvera à la suite des philosophes de l'avant-dernier siècle, dans les rapports de la nature avec la moralité. Est moral, dira-t-on à la suite de Diderot, d'Hélvétius, de d'Holbach ou de La Mettrie, tout ce qui est conforme à la nature; est immoral tout ce qui est contraire à la nature. Et, par suite, tout engagement qui a pour but de contrarier la nature ne peut être qu'immoral, car ou la nature sera la plus forte, ce qui est probable (1), et alors on aura la honte de trahir ses serments, on sera porté à l'hypocrisie, on recourra à de honteux subterfuges; ou bien la nature sera vaincue et alors on aura vraiment fait le mal si le bien consiste, ainsi qu'il semble évident, à obéir aux lois naturelles (2).

Les philosophes du dix-huitième siècle, en raisonnant de la sorte, croyaient avoir levé toutes les difficultés. Ils combattaient l'antiphysie, la lutte contre la nature; ils étaient convaincus que le *sequere naturam* des anciens contenait toute la morale et que rien n'était plus facile

(1) « Aucune loi ne peut empêcher un être de vivre selon les lois impérieuses et sacrées de la nature. » *L'Élargissement du Divorce*, p. 5.

(2) « Forces sociales perdues », disent encore MM. Margueritte, *ibid.*, et ils ajoutent : « Comme si une naissance, l'éclosion d'un être à la lumière pouvaient jamais être un crime ! » Pressez les conséquences de cette dernière phrase, si elle est une pensée de penseurs et non une simple déclamation de littérateurs, et vous y trouverez l'absolution de l'inceste, du viol, et de tout acte quelconque pourvu qu'une naissance s'ensuive.

que de s'y conformer. Mais on a bien des fois
objecté aux naturalistes que leur maxime ne
signifie rien qu'à la condition qu'on l'explique.
Car rien n'est ni ne peut être en dehors de la
nature et, par conséquent, aucun acte ne peut
exister qui soit véritablement contraire à la
nature. Le contre-nature, c'est proprement l'impossible. D'où il suit que si tout ce qui est conforme à la nature est bon, tout est bon, et
qu'aucune manière d'agir ne mérite d'être
appelée mauvaise. On est donc obligé de distinguer parmi les choses de la nature celles qui
sont bonnes et celles qui sont mauvaises (1), et
par suite on est amené à reconnaître qu'il y a
du bien et du mal dans la nature; que s'il y a
une nature qui mérite d'être appelée bonne, il
y en a une autre qui doit s'appeler mauvaise.
Et, dès lors, le bien n'est plus ce qui est naturel,
et le mal ce qui est contraire à la nature; ce
n'est pas d'après la nature que nous jugeons du
bien et du mal, c'est d'après le bien et le mal
que nous apprécions la valeur de la nature. Ce
n'est pas la nature qui nous dicte la morale,
mais c'est la morale qui justifie la nature. M. Brunetière a plus d'une fois développé cette vérité
avec éloquence, mais nulle part avec plus de
force et de netteté que dans la page suivante :

En tout et partout, dans la morale, comme dans la
science et comme dans l'art, on a prétendu ramener

(1) Cf. *Nature et Moralité*, par Chabot, in-12, Alcan.

l'homme à la nature, l'y mêler, ou l'y confondre, sans faire attention qu'en art, comme en science, et comme en morale, il n'est homme qu'autant qu'il se distingue, qu'il se sépare et qu'il s'excepte de la nature. En voulez-vous la preuve? Il est *naturel* que la loi du plus fort et du plus habile règne souverainement dans le monde animal; — mais précisément cela n'est pas *humain*. Il est *naturel* que le chacal ou la hyène, que l'aigle ou le vautour, pressés par la faim, obéissent à l'impulsion de leur ventre ou de leur férocité — mais précisément cela n'est pas *humain*. Il est *naturel* que le « roi du désert », ou le « sultan de la jungle » promènent leurs fantatsies amoureuses de femelle en femelle et disputent leurs plaisirs aux enfants de leur race; — mais précisément cela n'est pas *humain*... Personne peut-être ne l'a mieux vu que ce Voltaire dont je ne craindrais pas de répéter, après tant d'autres, qu'il avait le regard si lucide quand la passion ne le travaillait pas, et le bon sens parfois si profond. C'est dans un de ses pamphlets de Ferney qu'il introduit un Anglais auquel il fait tenir ce langage : « Une abeille qui ne ferait ni miel ni cire, une hirondelle qui ne ferait pas son nid, une poule qui ne pondrait jamais, corrompraient leur loi naturelle, qui est leur instinct. Les hommes insociables corrompent l'instinct de la nature humaine. »...

Il serait temps, ajoute M. Brunetière, de comprendre que retourner à la nature, ce serait retourner à l'animalité. En voyez-vous la nécessité? c'est-à-dire, ne trouvez-vous pas qu'il y ait encore assez dans nos veines du sang de ce gorille dont on veut que nous soyons descendus? Mais heureusement que tout en nous s'y oppose et nous l'interdit. Vivre dans le présent comme s'il n'existait pas, c'est-à-dire comme s'il n'était que la continuation du passé et la préparation de l'avenir, voilà ce qui est *humain;* et il n'y a rien de moins *naturel.* Par la justice et la pitié, compenser ce que la nature, imparfaitement vaincue, laisse encore subsister d'inégalité parmi les hommes, voilà ce qui est *humain;* et il n'y a rien de moins *naturel.* Bien loin de les relâcher, resserrer au contraire les liens du mariage et de la famille, sans lesquels il n'est pas plus possible à la société de vivre qu'à la vie même de s'organiser sans la cellule, voilà ce qui est *humain,* et il n'y a rien de moins *naturel.* Sans essayer de détruire les passions, leur apprendre à se modérer et au besoin les y obliger, voilà ce qui est *humain;* et il n'y a rien de moins *naturel.* Et sur les ruines enfin du culte superstitieux et lâche de la force, établir, si nous le pouvons, la souveraineté de la justice, voilà ce qui est *humain;* — et plus que jamais, voilà ce qui n'est pas *naturel* (1). ¦

L'idée des naturalistes du dix-huitième siècle était très simple, trop simple : la nature est bonne; tout ce qui est naturel est bon; tout ce qui est naturel est facile, agréable; tout ce qui est antinaturel est difficile, désagréable; ce qui ramenait tous les préceptes de la morale à celui-ci : Fais ce qui te plaît et laisse de côté tout ce qui peut te déplaire.

On comprend bien qu'avec ces principes le « mariage-plaisir» doive être substitué au « mariage-devoir», selon les expressions de M. J.-Joseph Renaud (2), que le mariage indissoluble doive être regardé comme contraire à la nature et le divorce comme conforme à la nature, car quelle est la femme, quel est l'homme qui n'ont

____

(1) *A propos du* Disciple; *Revue des Deux Mondes,* 1ᵉʳ juillet 1889, p. 220.

(2) *La Faillite du mariage et l'union future,* p. 44.

pas eu une fois ou l'autre un désir ou un caprice ? Si la femme est capricieuse ou volage, l'homme est très aisément polygame. Ce qui est surprenant, c'est qu'en même temps que le droit au divorce on n'ait pas revendiqué le droit à la polygamie masculine. Elle découlait tout naturellement des principes.

Mais si la morale dans le mariage consiste à ne faire que ce qui plaît et à faire tout ce qui plaît, elle se réduit sans doute au même précepte dans toutes les autres conditions et dans tous les autres actes de la vie, et on voit tout de suite les conséquences : c'est que la paresse, l'ivrognerie, le vol, la violence, le meurtre et jusqu'à l'assassinat, deviennent choses permises et morales même, car ceux qui s'y livrent y trouvent sans nul doute leur plaisir et par de visibles penchants s'y montrent naturellement enclins et sollicités. Ce qui revient assez clairement à dire que cette manière d'entendre la morale supprime toute morale.

Il faut donc renoncer à cette conception ; il faut reconnaître que si nos tendances naturelles sont bonnes en elles-mêmes, leur réalisation peut être bonne ou mauvaise, selon les cas et les circonstances. Tout l'art de la vie consiste à juger quand il est bon de les suivre et quand il est obligatoire de leur résister. En soi la tendance qui nous pousse à éviter l'effort et à ménager nos forces n'a rien de mauvais et, quand on est fatigué ou épuisé, il est très juste de se reposer; il est juste encore de choisir le mode d'action qui nécessite le moins d'efforts; mais il est mal, au contraire, de se ménager quand la mise en œuvre de toutes nos forces est nécessaire pour arriver au but; mal, à plus forte raison, quand l'action s'impose, de se dispenser d'agir. — Et de même la tendance qui nous pousse à nous nourrir est bonne en soi; elle n'en donne pas moins lieu à des actes blâmables de gourmandise ou de goinfrerie. Il faut donc tantôt suivre la nature et tantôt lui résister.

Et quand faudra-t-il la suivre? Quand la raison en aura jugé ainsi. Et quand faudra-t-il lui résister? Quand la raison l'aura jugé nécessaire. C'est donc avant tout la raison qu'il faut suivre et non pas les tendances ou les penchants. Et c'est précisément en obéissant à la raison que l'homme obéira à sa vraie nature, car sa nature propre est d'être intelligent et raisonnable, et la nature que doit suivre l'homme est sans doute la nature humaine, et non pas la nature du chien ou du coq. Hommes, nous devons vivre conformément à l'humanité, c'est-à-dire à la raison.

Or, si nous cherchons les motifs d'après lesquels la raison déclare qu'il faut en tel cas suivre nos tendances et dans tel autre leur résister, que trouverons-nous? Un motif, un seul, toujours le même, bien que différencié dans l'application en mille manières, la conservation, l'augmentation, l'épanouissement ou l'exaltation de la vie. Vivre, c'est la grande affaire, c'est le but final de la nature et la règle suprême de la raison. Conserver la vie, augmenter la vie, répandre la vie, hausser le ton de la vie, toutes les tendance de la nature ne sont faites que pour cela et la raison n'a d'autre objet que d'en découvrir les meilleurs moyens. Toute la morale découle de là, car la manière de vivre n'a une valeur que par la supériorité de vie qu'elle détermine. Est donc bon tout ce qui crée, conserve, favorise, développe ou exhausse la vie; est mauvais, tout ce qui rabaisse, atrophie, diminue ou anéantit la vie. Est bon encore tout ce qui perd pour gagner; est mauvais tout ce qui gagne pour perdre. Sacrifier de la vie pour gagner après plus de vie est bon; refuser de sacrifier un peu de vie et en perdre après beaucoup plus est mal. Il y a là des jugements à porter, un avenir à prévoir, des calculs à faire; c'est à cela que sert la raison. Ses jugements nous dictent notre conduite, et notre conscience morale n'est ainsi pas autre chose que la voix de notre raison.

Mais l'homme ne sent pas seulement sa vie : il sait par son intelligence qu'il y a d'autres vies; il les conçoit sur le même plan que la sienne propre et il comprend que la loi ou les lois en vertu desquelles la vie, et en particulier la vie humaine, la vie raisonnable, se perpétue dans le monde, ont une importance et une valeur supérieure à la valeur de la vie individuelle, de même que dans sa vie propre l'ensemble de l'organisme vaut plus qu'un organe, de même que

le corps vaut plus qu'un des membres; la loi de
vie vaut plus qu'une vie. L'homme, en effet,
n'est pas seulement un représentant de la vie,
un être vivant; il est encore un moyen au service de la vie universelle; il peut la maintenir,
la développer, en hausser le ton et même la
transmettre et la propager. Travailleur de l'outil
ou de la pensée, il aide à la conserver; magistrat, savant, moraliste, prêtre, il la protège, la
développe ou l'exhausse; père, il la propage et
la transmet. A ces divers titres, selon ses apti-
tudes et ses énergies, il a différents devoirs.
Mais tous ces devoirs lui imposeront des efforts
pénibles et des sacrifices. Il devra résister à
beaucoup de ses tendances pour permettre aux
plus nobles qu'il possède d'arriver à leur pleine
satisfaction. Il devra d'une main sûre émonder
sa propre vie pour travailler efficacement à
l'œuvre de vie (1). Mais, ce faisant, au moment

(1) C'est sur des considérations de ce genre que repose la
démonstration de l'ascétisme religieux et moral. — Il ne sera
pas, je crois, indifférent de citer ici ce que pensait le fonda-
teur du positivisme de ces pratiques : *Cours de philosophie
positive*, LIVe leçon, t. V, p. 349, 5e éd.

« Aussi ne doit-on pas même croire dépourvues d'efficacité
sociale, surtout au moyen âge, ces pratiques artificielles où
l'homme était poussé à s'imposer volontairement des privations
systématiques qui, malgré leur inutilité apparente, ont pu
constituer d'heureux auxiliaires permanents de l'éducation
morale (1). Du reste, les vertus simplement personnelles ont

(1) Les pratiques hygiéniques imposées par le catholicisme, outre
leur utilité indirecte pour entretenir de salutaires habitudes de soumission morale et de contrainte volontaire, se rapportaient directement à l'action générale du régime sur l'ensemble de notre nature,

même où il semblera se perdre, il se sauvera,
car par le sacrifice et le renoncement même il
conquerra une vie nouvelle, exhaussée et trans-
posée, où le rythme de son cœur, cessant de
battre dans les limites étroites de sa poitrine,
battra en harmonie avec le rythme de la vie
universelle. Et peut-être, au milieu de malaises
d'ordre inférieur il goûtera la joie souveraine.

commencé alors à être conçues directement dans leur destination sociale, tandis que les anciens les recommandaient surtout
à titre de prudence purement relative à l'individu, isolément
considéré : la philosophie positive poursuivra de plus en plus
cette importante transformation, qui tend à ôter à l'arbi-
trage de la sagesse privée des habitudes où l'individu est
loin certes d'être seul intéressé. L'humanité, tant reprochée à
cette partie élémentaire de la morale catholique, constitue, au
contraire, une prescription capitale, dont la valeur réelle n'est
pas seulement bornée à ces temps d'orgueilleuse oppression qui
en ont manifesté la nécessité, mais se rapporte, en général,
aux vrais besoins moraux de la nature humaine, où il n'est pas
à craindre, sans doute, que l'orgueil et la vanité soient effec-
tivement jamais trop abaissées : la nouvelle philosophie sociale
confirmera et même perfectionnera nécessairement, à un haut
degré, cet important précepte en l'étendant spontanément
jusqu'aux supériorités intellectuelles, quoiqu'elle leur ouvre le
plus vaste champ. *

dont la haute importance n'est plus douteuse aux yeux des bons
esprits, et que la saine philosophie devra soumettre un jour à une
sage discipline rationnelle, destinée à réaliser, sous l'assentiment
éclairé de la raison publique, l'entière efficacité, physique et morale,
de ce puissant moyen de perfectionnement humain. — *Note d'Auguste Comte.*

Nous sommes maintenant au point où il est nécessaire de se placer si l'on veut résoudre sainement, c'est-à-dire humainement, les questions qui se posent à propos du mariage.

Considérer le mariage comme un contrat compétant à la loi civile, c'est, nous l'avons vu, s'enfermer en d'inextricables difficultés. Ce contrat est de telle sorte qu'il exige des sentiments, qu'il crée des obligations intérieures, de véritables obligations de conscience vis-à-vis desquelles toute loi civile est incompétente. De là, ainsi que nous l'avons vu, le peu de prestige qu'a toujours eu le mariage civil, le peu de respect que lui témoignent ses partisans mêmes, les critiques qui l'ont assailli, que la thèse récente de M. René Lemaire a pour ainsi dire codifiées, et qui ont peu à peu amené les laïcisateurs conséquents avec eux-mêmes à proclamer la légitimité exclusive de l'union libre.

Le contrat matrimonial étant d'ordre moral et non pas d'ordre civil, la loi ne peut qu'enregistrer les déclarations des époux ; elle les reconnaît comme mariés s'ils le déclarent eux-mêmes. Ne doit-elle pas de même les reconnaître comme séparés ou divorcés s'ils viennent, ou si l'un des deux vient demander à l'officier de l'état civil de constater la rupture?

Tout dépend de l'idée que le législateur s'est faite du mariage.

S'il ne considère que les époux, ou s'il les considère principalement; s'il voit dans leur intérêt ou dans leur bonheur ou dans leur développement personnel le but sinon complet du moins principal du mariage, il n'est pas douteux qu'il devra admettre le divorce, et même le divorce par la volonté d'un seul. Car il suffit que le mariage opprime ou torture l'un des deux époux pour que le mariage manque son but et, par conséquent, n'ait pas de raison de subsister. Dès que la passion sollicite l'un des deux époux à une union nouvelle, ou que le dégoût survient, ou qu'arrive la lassitude de la vie commune, le mariage ne profitant plus au bonheur des deux époux, l'acte réciproque de volonté par lequel le mariage subsistait cesse et la rupture est effectuée. La loi n'a plus qu'à l'enregistrer.

Et nous voyons bien que telles sont en effet les raisons alléguées en faveur du divorce. Toutes ces raisons sont tirées de l'intérêt ou du bonheur des époux; tous les arguments supposent que le mariage n'a d'autre but que le bien-être des deux époux, comme il n'a d'autre cause que leur bon vouloir. Tout homme qui cesse d'aimer sa femme; toute femme qui cesse d'aimer son mari; tout homme que sa femme ennuie; toute femme que son mari chagrine;

quiconque est malheureux en ménage a le droit
de divorcer. C'est au malheur, en fin de compte,
que tout se réduit. Car la femme à qui il plait
d'être battue n'arguera point de sévices contre
son mari, et celui à qui l'infidélité de son conjoint ne ferait aucune peine ne ferait pas de
l'adultère une cause de divorce. Si la Francine
Le Hagre de MM. Paul et Victor Margueritte ne
se jugeait pas effroyablement malheureuse pour
avoir vu son mari dans une posture équivoque
près de sa Fraülein, elle ne se réfugierait point
chez sa mère. Les ménages qui ne se trouvent
pas malheureux ne songent pas à se séparer.
Donc le mariage fait banqueroute quand les
époux ne sont pas heureux. Et il ne reste qu'à
déclarer publiquement la faillite (1): Droits de
la nature ou de la passion, ressentiments contre
le brutal, l'insulteur ou l'infidèle, revendications de la personnalité, tout cela n'a de sens
que par la douleur qui rend le mariage insupportable et pousse à rompre le lien. Si l'Indiana
de George Sand ne se trouvait pas malheureuse
d'aimer un autre homme que son mari, elle ne
maudirait pas les liens conjugaux ; si Nora, dans
Maison de poupée, ne souffrait pas de voir sa
dignité personnelle méconnue, elle n'abandon-
nerait pas son foyer. C'est le Lebensei de Mme de
Staël qui a résumé en une seule toutes les

(1) Cf. Enquête sur *la Faillite du Mariage* ; *Écho de Paris*,
13-21 août 1898.

raisons : ni la nature, ni Dieu n'ont voulu le malheur de l'homme ; ni la nature ni Dieu n'ont donc établi l'indissolubilité. Le plaidoyer de M. de Lebensei résume ainsi tous les autres.

Ils supposent tous d'abord et en général que l'homme a droit au bonheur, que toutes les institutions humaines ne devraient avoir d'autre but que de rendre heureux les individus qui les acceptent ou qui y sont engagés. Ils supposent en particulier que le mariage n'a d'autre but que le bonheur des époux ; qu'il n'est institué que pour leur procurer des plaisirs, leur éviter des peines, et c'est justement ce que nous devons examiner.

Mais il n'est pas besoin d'une réflexion très longue pour découvrir que le but principal du mariage n'est pas et ne saurait être le bonheur des deux époux. — Si les sexes n'existaient pas, le mariage n'existerait pas, et il est tout aussi évident que la sexualité n'a pas été donnée aux individus pour leurs fins individuelles, mais pour les fins de l'espèce, pour la conservation et la perpétuité de la race. Les organes qui ont pour but l'individu, sa nutrition, sa défense ou son développement, sont spécifiés par leurs fins mêmes. Or, nous sommes ici en présence de tout autre chose. Ce n'est pas pour l'individu de tel ou tel sexe que ce sexe existe, c'est pour des fins très différentes des fins individuelles, pour les fins de l'espèce et de la race. L'union des sexes n'a donc de vraie raison d'être que dans les fins de l'espèce. Et de même que le plaisir qu'il peut y avoir à manger ne saurait être le but pour lequel on mange, qu'il faut manger pour vivre et non pas vivre pour manger, de même en est-il dans le mariage. La recherche unique du plaisir est grossière, déraisonnable, puisqu'elle est sans but utile. L'homme et la femme, quand ils s'unissent, obéissent à une loi impérieuse et redoutable. Ils soudent un anneau de la chaîne qui relie l'humanité passée à l'humanité future; ils assurent l'existence de l'humanité à venir; ils travaillent ainsi à augmenter dans le monde la somme de vie, de conscience, d'intelligence, de progrès, de moralité, de beauté. D'eux pourra naître une vie, une conscience capable de bien et de mal, susceptible de réfléter le monde, d'en saisir les lois, d'en sentir l'harmonie, et d'ajouter à la beauté de l'être la beauté de sa propre vie. A cette heure sacrée de leur union, l'homme et la femme sont les prêtres de la vie. L'étrange émoi qui les pousse l'un vers l'autre; l'ivresse plus étrange encore qu'ils éprouvent, mêlée d'angoisse et de volupté, de tristesse et d'exaltation, suffiraient à leur révéler qu'il y a là quelque chose qui les dépasse infiniment. L'amour et le plaisir sont pleins de sonorités étranges, infinies, semblables à ces coquillages dont le vide semble retentir encore de tous les bruits de la mer. On y entend le murmure reculé des tombes mêlé aux vagissements lointains des berceaux. L'être est suspendu comme un point sur le double vide du passé et de l'avenir, et il communie avec l'espèce. De là cette fraternité de l'amour et de la mort si souvent chantée par les poètes, car l'amour tient à la mort tout autant du moins qu'il touche à la vie (1).

La raison d'être essentielle du mariage se trouve donc dans l'enfant. C'est sous la représentation de l'enfant futur que l'union conjugale se forme véritablement. Toute union qui exclurait l'enfant et n'aurait pour but que le plaisir des deux contractants n'aurait du mariage que les dehors ; elle serait quelque chose de vil parce que ce serait déraisonnable. Elle prétendrait mettre des êtres humains hors des lois de la vie, hors des lois de la raison et, par suite, de la nature. Admettre que le plaisir est le but unique ou principal du mariage, c'est légitimer les unions infâmes, les unions les plus monstrueuses ; tous les vices de Sodome, d'Athènes, de Rome et de Lesbos ; en un mot, toutes les débauches, car elles aussi ont pour raison le plaisir. Donner le plaisir pour but à l'usage des sens, c'est supprimer aussitôt toutes les règles des mœurs.

(1) Il n'y a pas de théorie de l'amour plus forte que celle de Schopenhauer, bien qu'il l'ait un peu chargée de mythologie en faisant de l'amour l'œuvre exclusive du Génie de l'espèce. Saint Thomas avait eu déjà la même pensée ; seulement il l'exprimait en termes plus simples et plus positifs quand il disait : « La Providence a joint à l'acte chargé de subvenir au défaut de l'espèce un attrait tout particulier. » IIIe pars., *Supplement.*, q. XLIX, art. 1, ad 1.

Si l'on reconnaît au contraire, comme la raison nous y oblige, que la sexualité a pour but non pas le plaisir de l'individu, mais la conservation de l'espèce, on a le droit de condamner les débauches, les vices infâmes; de prêcher la chasteté aux jeunes filles, la continence aux jeunes hommes, la pudeur à tous. Le but du mariage se trouve alors principalement dans la procréation et l'éducation des enfants; on admet par cela même que c'est à ce but que tout dans le mariage doit être subordonné. Le bonheur des deux époux ne vient qu'après. Seront-ils heureux ou bien malheureux? Ce sont questions secondaires. — Y aura-t-il des enfants? Ces enfants seront-ils bien élevés? Le mariage produira-t-il des hommes, de vrais hommes pour l'humanité à venir? Voilà les questions principales et dont l'importance domine tout.

C'est en se plaçant à ce point de vue qu'un positiviste anglais, M. Harrisson, a pu écrire ces lignes éloquentes :

La cause à laquelle nous avons consacré notre vie travaille de toute façon à fortifier le lien du mariage, et voudrait engager l'avenir à le rendre indissoluble par la mort. Dans le chaos qui suivit le relâchement des vieilles disciplines morales et religieuses, d'étranges doctrines ont été mises en avant au nom de la société et du devoir moral; tant que l'opinion et la religion sanctionneront le divorce, l'ébranlement des idées sera profond. Mais nous avons confiance; l'avenir reconnaîtra que, dans le mariage, la responsabilité comme le bonheur dépendent également de ce refus irrévocable.

L'avenir ne saura rien d'une union honorable en dehors de l'inflexible loi du pays... Il est de l'essence du mariage d'être au-dessus du terrain des exceptions individuelles; au-dessus de toutes les opinions, misères et joies personnelles. Le bonheur des individus serait chèrement acheté s'il devait obscurcir d'une ombre fugitive l'inviolable institution de laquelle dépend le bonheur de tous. *Il est indigne de grands cœurs de répandre le trouble qu'ils ressentent* (1).

Il convient parfois que quelques-uns souffrent pour le peuple. La loi morale est infiniment plus précieuse que le bonheur personnel d'aucun, et les souffrances des cas exceptionnels doivent être supportées avec résignation, de peur que la sainteté de chaque foyer ne soit atteinte, et le niveau moral abaissé (2).

Que deviennent en face de ces hautes réalités les raisons que l'on allègue en faveur du divorce, et que devient le divorce même? Les droits de la passion, les aspirations inassouvies de la femme ou les désirs de l'homme, le malheur d'une union mal assortie, la servitude dont la chair ou l'esprit sont impatients, sont mis hors de cause, et c'est justement sur toutes ces considérations que tous les partisans du divorce se sont appuyés. Tous sont d'accord pour demander la rupture du mariage dès que le mariage n'assure point le bonheur des deux époux. Mais il

(1) Cette phrase de Mme Clotilde de Vaux est en français et en italiques dans le texte.

(2) Frédéric HARRISSON, *The Life of G. Elliot*, article paru dans la *Fortnightly Review*, mars 1885, recueilli dans le volume *the Choice of Books*. — Je dois cette citation et sa traduction à la bienveillante sympathie de Mlle Lucie FÉLIX-FAURE, aujourd'hui Mme Georges GOYAU.

faut dire, au contraire, que, dans le mariage comme partout ailleurs, ce qu'il faut considérer avant tout, c'est le devoir et c'est la raison; le bonheur vient après, s'il peut. L'homme, sans doute, a droit à la vie et même droit au bonheur en ce sens qu'il a le droit qu'aucun acte volontaire ne vienne, par le fait d'autrui, lui ôter la vie, la diminuer, la restreindre, la rendre plus pénible ou plus difficile, s'opposer à son bonheur. Mais l'homme n'a pas le droit à tout prix de sauvegarder son bonheur, puisque tout le monde connaît qu'il n'a pas le droit à tout prix de sauvegarder sa vie. On n'a pas le droit, comme disait le poète ancien, de perdre pour la vie les raisons de vivre,

Et propter vitam vivendi perdere causas.

Or, si avant de sauver sa vie il faut d'abord faire son devoir, à plus forte raison faut-il le faire avant de songer à préserver son bonheur. Nous venons de voir que le mariage crée aux époux des devoirs vis-à-vis de l'enfant né ou à naître. Ils n'auront donc le droit de songer à leur bonheur qu'après que ces devoirs seront accomplis.

Il résulte de cela même que si le mariage doit être rompu, ce ne peut être que parce que l'indissolubilité du lien peut nuire aux enfants, ou parce que le divorce leur peut profiter. Cette preuve, on n'a pas même tenté de la faire. Tandis que les hommes de théâtre et les romanciers montraient la situation pénible faite aux enfants par le divorce; qu'ils faisaient voir, comme Alphonse Daudet dans *Rose et Ninette* et M. Brieux dans *le Berceau*, la situation fausse qu'il fait aussi aux parents, les partisans du divorce laissaient soigneusement de côté l'enfant, en parlaient en tout cas le moins possible et mettaient en scène les malheurs des époux mal assortis.

Ces malheurs, nul ne songe à les nier, pas même à les contester; mais s'il est vrai, comme nous venons de le montrer, que le but principal du mariage ne se rapporte pas aux époux, en quoi ces malheurs atteignent-ils l'essence du mariage et en dénaturent-ils le lien? Le mariage a pour but l'enfant : c'est de là qu'il tire sa raison d'être; sans doute l'accord des deux volontés, le libre consentement est nécessaire; c'est le libre et mutuel consentement qui donne l'être à l'union conjugale; mais pour que ce libre consentement constitue le mariage, en confère tous les droits, institue vraiment le lien conjugal avec tous les devoirs qu'il implique, il faut qu'il soit donné avec une pensée de progéniture. Le bonheur ou le malheur des époux constituent des accidents qui ne tiennent pas à l'essence du mariage et qui n'altèrent en rien la validité du contrat.

Si donc les époux sont malheureux ils n'ont, comme tant d'autres, qu'à supporter leur malheur. C'est, dit-on, une vie manquée. Combien d'autres le sont de même et pour lesquels

personne ne songe à alléger le poids du devoir?
La vie du jeune homme qui, après la mort de
son père, pour subvenir aux besoins de sa mère
et de ses frères, renonce à fonder pour lui-
même une famille, la vie de la jeune fille qui se
dévoue à soigner ses vieux parents, seraient
donc aussi des vies manquées, et cependant nul
ne songe à blâmer leur courage, à leur refuser
l'admiration. Pourquoi serait-ce davantage une
vie manquée celle de l'homme qui, malgré les
fautes de sa femme, renonce à chercher une
autre plus fidèle ou plus agréable compagne
pour se consacrer tout entier à ses enfants; ou
celle de la femme qui sait souffrir, pardonner,
vivre dans l'isolement du cœur pour ne penser,
elle aussi, qu'à ses enfants? Pourquoi serait-ce
une vie manquée que celle d'une épouse qui
resterait courageusement auprès du lit où gît,
épave infirme, incurable et rebutante de l'humanité, l'époux qui fut jadis, et peut-être naguère encore, le compagnon de sa jeunesse et
de ses plaisirs? Et peut-on se représenter sans
quelque malaise ce que serait une union contractée sous le régime d'une loi telle que celle
que proposent MM. Paul et Victor Margueritte
et où il suffit que l'un des deux époux devienne
incurablement infirme pour que l'autre ait le
droit de l'abandonner? L'église anglicane a conservé dans son rituel cette admirable formule qui
exprime avec éloquence tous les devoirs des
époux : « Je te prends pour ma femme légitime

afin de te posséder à partir de ce jour, dans la prospérité, dans l'adversité, dans la fortune, dans la pauvreté, dans la maladie, dans la santé ; pour t'aimer et te chérir jusqu'à ce que la mort nous sépare, selon le saint commandement de Dieu, et j'y engage ma foi. » A cette formule, il faudra substituer cette autre maxime : « Unissez-vous pour la bonne fortune ; mais si l'infortune atteint l'un de vous, l'autre aura soin de se souvenir qu'il a le droit de suivre la loi du chacun pour soi. »

Vous invoquez leur droit de vivre de la vie du cœur, de sentir leur vie répercutée par l'amour : en quoi ce droit peut-il paraître sacré ? S'il l'était, ni le marin, ni le soldat, ni le médecin n'auraient le droit de s'arracher aux bras de l'épouse pour courir à leur devoir où la mort les menace et peut-être les attend. Et d'ailleurs l'amour même, la passion n'existeraient pas si la raison impérieuse à laquelle il convient parfois de les sacrifier ne leur donnait l'occasion de naître. C'est à l'enfant que le père ou la mère doivent sacrifier l'amour, car s'il ne devait pas y avoir d'enfant, si le sexe n'existait pas, l'amour même ne pourrait pas exister.

VI

Il ne faut pas dire que la fidélité n'est possible que pendant que dure l'amour et que,
passé l'amour, elle est quelque chose de contre
nature. Il faut dire, au contraire, que tant que
dure l'amour il n'y a pas, à vrai dire, de fidélité, car l'amour enchaîne les sens et la fidélité
est une œuvre de la raison. L'amant n'est pas
infidèle; on peut croire que, s'il raisonnait, il
serait volontiers fidèle ; mais il ne mérite pas
tout à fait ce titre, parce que pour lui la question ne se pose même pas. La constance amoureuse a son caractère de beauté; mais la fidélité, même en dehors de l'empire de la passion,
a bien aussi sa beauté qui, pour être d'un autre
genre, n'en est pas moins estimable et même
parfois admirable. Ce qui fait que deux époux
constamment épris l'un de l'autre méritent
vraiment le nom de fidèles, c'est que l'amour
ne les absorbe pas tout entiers, c'est qu'ils peuvent raisonner leur état, s'y plaire et le vouloir
en toute conscience et connaissance de cause.
Or, dans ces temps où la passion se relâche, se
retire au fond de l'âme et paraît ensommeillée,
les sens et les avenues de l'âme demeurent
ouverts, la femme peut avoir des yeux pour

d'autres hommes que pour son mari ; le mari, plus encore, peut en avoir aussi pour les autres femmes. Et les sens peuvent s'émouvoir et avec eux peut commencer toute la mise en train d'une nouvelle passion. Ce « je ne sais quel charme » que la Pauline de Corneille ressentait encore pour Sévère, la femme la plus honnête peut le sentir qui commence à l'emporter. Le mari le plus exactement fidèle peut sentir l'effet de charmes semblables. Il suffirait que chacun d'eux le voulût bien pour que ces émois légers et superficiels aboutissent au grand tralala de la passion. Qu'on en caresse l'idée, qu'on s'y complaise, qu'on cherche à ressentir de nouveau par la présence réelle la petite secousse intérieure à la fois aimable et troublante, qu'on laisse voir et ce trouble et le plaisir qu'on y prend, et bientôt voilà des nœuds nouveaux qui se forment, avant même que ne soient dénoués les nœuds anciens. Le cas que M. Bourget a analysé dans *Un Cœur de femme* est moins rare qu'il ne semble et moins monstrueux que l'hypocrisie ne veut l'avouer.

Mais ces troubles légers, ces émotions passagères, quand on le veut bien, qu'on se surveille et qu'on y prend garde, ne sauraient entamer la fidélité. C'est la même Pauline, la pudique et hardie Pauline, et hardie parce que pudique, qui nous le dit :

> Une femme d'honneur peut avouer sans honte
> Ces surprises des sens que la raison surmonte.

Car la raison désavoue les sens et demeure souveraine. Un psychologue attentif et fin vient de
montrer récemment que l'on peut, quand on le
veut bien, ou se donner des passions ou s'en
rendre maître (1). L'amour n'est un tyran que
lorsqu'on lui a laissé prendre empire, et l'on
peut, si on le veut, le réduire et le dompter.
La passion fatale et coup de foudre dont on peut
dire dès la première heure :

C'est Vénus tout entière à sa proie attachée,

n'existe que dans les tragédies ou dans les
romans. Quelle que soit l'émotion produite par
le charme d'une personne, il suffit de ne pas le
revoir pour y échapper. On pourrait citer des
cas où la simple rencontre d'une personne inconnue produisit une émotion telle que les sons
ne pouvaient plus sortir de la bouche; que
durant plus de huit jours la vision fut nette,
précise, obsédante et ravissante à la fois, et
cependant, faute d'aliments, la passion mourut,
l'image peu à peu s'embruma et les contours se
fondirent, tout s'apaisa comme l'eau se calme
et se referme sur la pierre qui l'a troublée. Or,
sauf en de bien rares circonstances, il dépend
de chacun de nous de se priver d'une présence
troublante. Ovide l'avait déjà dit dans les vers
célèbres du *Remedium amoris* :

____

(1) MÉLINAND, *la Psychologie de la passion*, la *Revue*, 15 novembre 1902.

Principiis obsta, sero medicina paratur
Cum mala per longas invaluere moras.

La passion à ses débuts n'a rien de fatal ou, du moins, qui soit assez fort pour entraîner fatalement la volonté.

Une question qui peut paraître plus délicate est celle de la chasteté de l'homme. Obliger l'homme qui ne peut vivre avec sa femme à ne pas se remarier, n'est-ce pas lui imposer quelque chose d'impossible et en quelque sorte l'acculer à l'inconduite? Et ne voudrait-il pas mieux alors, même pour ses enfants, qu'il pût rentrer dans la loi (1)? — Aux yeux du catholicisme qui impose la chasteté même perpétuelle à ses prêtres, qui oblige à la continence quiconque n'est pas engagé dans le mariage, quel que soit le sexe et quel que soit l'âge de chacun, la solution est évidente; c'est que tout individu humain, homme ou femme, peut, s'il le veut, demeurer maître de soi, en sorte qu'il est coupable s'il cède aux entraînements des sens. Mais hors du catholicisme et contre lui on avait élevé sur ce point un grand nombre de controverses; les philosophes du dix-huitième siècle soutenaient que la continence perpétuelle était impossible et ils avaient répété après Luther que le célibat des prêtres catholiques était quelque chose de contre nature. C'est pourquoi, ajoutaient-ils et ajou-

_____

(1) C'est l'argument de MM. Margueritte, *l'Élargissement du divorce*, p. 6.

tent après eux encore beaucoup de gens, la nature prend sa revanche. Seule parmi toutes les morales, la morale chrétienne a imposé la continence complète aux célibataires, aux hommes aussi bien qu'aux femmes; les autres morales ne se sont cru en droit que d'ordonner la modération. Plus d'un médecin, durant le dernier siècle, a corroboré de son autorité les sarcasmes de Voltaire et les tirades de Diderot.

Cependant, pour qui observe, il n'est pas douteux qu'un grand nombre d'hommes ont pu vivre purement : la Grèce antique a eu Hippolyte comme la Bible Joseph ; nous avons tous connu des jeunes hommes vigoureux et fiers, et dont l'œil limpide reflétait jusqu'au fond la pureté parfaite du ciel ; et tous ceux qui ont vécu dans l'intimité de nos religieux et de nos prêtres savent bien que la continence est, parmi eux, la règle et que même, la plupart du temps, elle ne leur pèse pas. A eux seuls, ces faits prouvent, contre les théories du dix-huitième siècle et de certains médecins, que la chasteté de l'homme n'est pas impossible. Puisqu'elle existe et même se trouve fort répandue, il est évident qu'elle est possible. Les médecins catholiques avaient souvent sur ce point répondu à leurs confrères, et dans un de ses derniers écrits le savant et regretté docteur Ferrand faisait remarquer combien non seulement la régularité des mœurs, mais même l'abstention totale, étaient favorables à l'activité, à la puissance de la pensée (1). Toutes les fois qu'un mouvement vital ne se réalise pas, l'énergie économisée par là devient disponible et permet des actes qui sans cette économie n'auraient pas été possibles. Et quoi d'étonnant s'il est vrai, comme chacun l'a pu remarquer, que les débauchés ont l'attention fragile et inconstante; qu'ils sont mous au travail, prompts à la colère, débiles devant l'effort? Mais la démonstration la plus forte et en même temps la plus strictement scientifique de la possibilité, voire de l'utilité de la chasteté masculine, se trouve dans un livre récent du docteur Ch. Féré :

La continence, dit-il, est compatible avec la santé, et elle est généralement favorable à l'activité physique. Il n'est pas nécessaire de s'appuyer sur les religions pour mettre en évidence les mérites moraux de la chasteté en général, et en particulier de la chasteté en dehors du mariage. Il nous suffit de prendre en considération exclusive la morale utilitaire. La morale, si variable suivant les conditions de la vie sociale, n'est autre chose que l'utilité dans le milieu; à ce point de vue qu'on accuserait à tort d'égoïsme, on peut affirmer que le défaut de chasteté est immoral (2).

Le docteur Fournier dit à son tour :

On a parlé, a-t-il dit, indûment et à la légère, des

---

(1) Chevreul disait volontiers qu'il attribuait l'extraordinaire durée de sa vigueur intellectuelle à son abstention totale à partir de l'âge de quarante ans. V. BERTHELOT, *Éloge de Chevreul à l'Académie des sciences*, 1003.

(2) Charles FÉRÉ, *l'Instinct sexuel, Évolution et Dissolution*, p. 317, 319, 2ᵉ édit., Alcan, 1902.

dangers de la continence pour le jeune homme. Vous avouerai-je que si ces dangers existent, *je ne les connais pas*, et que, moi médecin, j'en suis encore *à ne pas les avoir constatés*, bien que les sujets d'observation ne m'aient pas manqué en la matière.

Et il ajoutait :

La précocité génésique n'est qu'artificielle et ne dérive le plus souvent que d'une éducation mal dirigée. En tout cas, le péril, en l'espèce, consiste bien moins à contenir qu'à devancer le vœu de la nature (1).

Enfin le docteur Queyrat, de l'hôpital Cochin, a écrit ces lignes :

Il faut dire, il faut répéter à satiété que la chasteté n'est chose ni mauvaise, ni ridicule, ni déshonorante pour les jeunes gens, tout au contraire; il faut proclamer bien haut que la continence n'est pas chose si difficile à réaliser, au moins pendant plusieurs années.

Et par cela même tombe une des plus fortes objections que l'on puisse faire à ceux qui n'admettent pas que le divorce remplace la séparation du corps. Comment d'ailleurs pourrait-on trouver en dehors de ces considérations une règle quelconque des mœurs? La règle de la nourriture, c'est la nutrition; la règle de l'organe, c'est la fonction, et la règle de la fonction se trouve dans la fin même que doit réaliser la fonction. Quand la fin ne peut être réalisée ou qu'elle ne doit pas l'être, la fonction n'a plus lieu de s'exercer. Appliquez ces principes, tirez-

____

(1) Conférence faite sous les auspices de la *Société française de prophylaxie sanitaire et morale.*

en les conséquences et vous obtenez des règles
très claires, très simples, très cohérentes ; vous
comprenez pourquoi l'humanité a estimé la chasteté et a élevé des temples à la pudeur ; pourquoi
elle a regardé avec horreur les débauches monstrueuses, les vices contre nature ; cessez de revenir
à ces principes, ou permettez, sous prétexte de
largeur d'esprit ou d'indulgence, qu'on fasse
quelque exception : vous ne savez plus où placer
la limite et la barrière. On croit émousser le désir
en lui permettant quelque satisfaction : « Usez,
dit-on, n'abusez pas. » Mais en dehors de la règle
des fins, où commence l'abus et où finit-il ? Est-
ce que l'abus n'est pas précisément l'oubli de la
fin ? Pourquoi aujourd'hui et non pas demain ?
Si c'est le désir qui fournit la raison des actes,
tout acte désiré mérite d'être excusé ; que dis-
je ? approuvé. Et c'est la réfutation par l'absurde
des principes que l'on invoque pour battre en
brèche l'indissolubilité. Sans la règle inflexible
du mariage, il n'y a non plus pour les mœurs de
règle inflexible, et l'on voit bien en effet que
chaque fois que le divorce a été admis et que
l'usage s'en est répandu, il y a eu un progrès de
l'immoralité ; progrès qui se traduit tantôt par
les statistiques criminelles, tantôt par les affaires
d'avortement, ou les scandales mondains, ou les
procès retentissants qui révèlent les mœurs monstrueuses.

VII

Quelle raison reste-t-il encore? Que l'époux mal marié ne peut plus développer sa personne selon les lois de sa nature propre, ne peut plus vivre sa vie?... Outre que du moment que l'on vit en société, en famille, chaque personne est obligée de s'accommoder aux autres, comme d'user ses angles par le frottement, en sorte que pour vivre véritablement sa vie et remplir toute sa nature il semble qu'il faudrait vivre au désert — et c'est bien ainsi que l'entendait ce grand individualiste d'Alceste :

> Je vais chercher sur terre un endroit écarté,
> Où d'être homme d'honneur on ait la liberté,

il paraît bien clair que quiconque s'engage dans une liaison, si brève soit-elle, renonce à quelque chose de soi pour s'accommoder à l'autre, en sorte que, afin de pouvoir vivre sa vie, il faudrait ne pas même admettre l'union libre, mais seulement la passade momentanée. Que si l'on vient dire que l'on peut accepter une union plus longue parce qu'on voit en elle un moyen de réaliser l'idée complète de sa personnalité, ne pouvons-nous pas répondre que l'homme vertueux voit de même dans l'accomplissement du devoir, dans les sacrifices même les plus douloureux, le moyen de vivre de la vie la plus haute? Pour une Pauline, s'abandonner au charme qui l'emporte vers Sévère ce serait s'avilir et se dégrader; pour une princesse de Clèves, céder quelque chose au duc de Nemours ce serait s'abaisser; si les Fernande, les Indiana de George Sand ou les Francine de MM. Margueritte, les nombreuses héroïnes des romans modernes croient qu'en suivant le penchant où les entraînent leurs passions elles exaltent et embellissent leur personne, c'est qu'elles se font de la noblesse et de la hauteur de la vie une idée tout autre que les héroïnes de Mme de La Fayette ou de Corneille. Nos modernes confondent volontiers l'exaltation passionnelle avec la véritable grandeur. De ce que la passion transpose la vie en des tonalité plus bruyantes, on se laisse volontiers aller à penser que ces tons plus éclatants sont la marque d'une vie plus haute. Et sans doute elle a quelque chose de plus intense; mais est-elle aussi bien plus riche? Il n'est cependant pas besoin d'être grand clerc en psychologie pour savoir que si la passion exalte la vie, elle ne l'enrichit pas. La fièvre aussi et l'ivresse alcoolique transposent et rendent plus forte la tonalité de la vie; dira-t-on qu'elles l'enrichissent? La passion rétrécit le champ de l'intelligence en concentrant toutes les pensées sur un seul objet, en les absorbant toutes dans un sentiment; elle déforme toutes nos idées en les ramenant toutes à une seule, en les faisant toutes converger bon gré mal gré vers un centre unique; elle altère tous les sentiments naturels en se les subordonnant tous : Hermione, à force d'aimer, finit par haïr; Camille ne connaît plus ni famille ni patrie. Toute la puissance d'émotion étant absorbée en un sentiment unique, les idées qui dirigent ordinairement les actes perdent tout pouvoir : famille, patrie, honneur, devoir deviennent des représentations vides, des mots sans signification, de pâles et vides fantômes. Loin donc d'enrichir la vie, la passion la canalise et la rétrécit. L'augmente-t-elle véritablement; en accroît-elle du moins la vigueur? Oui, sans doute, si l'on ne considère que les actes isolés qui correspondent à la passion; non, si on considère l'ensemble des actes vitaux, car ce que gagnent les actes passionnels les autres le perdent et la somme de force dépensée reste la même. D'ailleurs, la vigueur en elle-même a peu d'importance, c'est la valeur seule qui vaut. L'élan par lequel un coureur maladroit se casse la tête contre un obstacle peut être plus vigoureux que l'élan de celui qui évite l'obstacle et atteint le but : en est-il pour cela meilleur? Peu importe donc que la passion augmente les forces d'agir; l'essentiel est de savoir si par elle-même elle donne plus de valeur à l'action.

Or, ce que nous venons de dire suffit à prouver que la vigueur ne vaut pas par elle-même, ni par suite la passion. Il faut donc juger la passion

et estimer sa valeur d'après des idées différentes
de la passion même. Ce n'est pas la passion qui
vaut, mais la vie tout entière, selon que la passion l'augmente ou la diminue. Mais la vie humaine étant la vie d'un être raisonnable ne vaut
qu'autant qu'elle se conforme à la raison. C'est
la raison qui juge le sentiment; qui l'approuve
ou le condamne; le fait servir à ses fins ou se
trouve au contraire asservie aux siennes: la
valeur d'une vie humaine se mesure donc à la
suprématie de l'idée. Car l'idée seule permet de
développer à la fois dans leur ordre et dans leur
hiérarchie toutes nos tendances; l'idée n'est pas
exclusive comme la passion : elle n'est pas aveugle pour tout ce qui n'est pas son objet; elle le
voit au contraire avec d'autant plus de clarté
qu'elle en saisit davantage les rapports avec tous
les autres; l'idée est riche, large, accueillante,
hospitalière : elle ne règne pas dans l'âme comme
la passion en y faisant la solitude complète
autour d'un objet, en réduisant toutes les voix
intérieures à la répétition d'un seul son ou d'un
seul cri; elle domine sur un peuple de pensées,
de représentations, de sentiments, ou plutôt elle
est ce peuple même concordant et synergique,
unifié en un seul acte ; elle est l'écho harmo-
nique de toute la richesse intérieure de la vie.
Et vivre conformément au devoir, c'est vivre
conformément à l'idée ; c'est donc vivre d'une
vie plus haute, plus grande, plus riche, plus
précieuse que lorsqu'on suit sa passion. D'où

l'on peut conclure que l'homme de devoir qui domine et qui sacrifie sa passion vit seul véritablement sa vie, sa vie d'être raisonnable, sa vie d'homme, et que celui qui s'abandonne à la passion ne vit pas sa vie, mais la vie de ses instincts.

Francine Le Hagre veut être heureuse ; elle aspire à retrouver en Éparvié l'amour qu'elle n'a pas trouvé en Le Hagre ; elle croit par là qu'elle veut être elle-même et qu'elle fait preuve de liberté. Elle ne fait cependant qu'éprouver un désir banal. A sa place, toutes les femmes sentiraient naturellement comme elle. En se révoltant contre les lois, en voulant quand même être heureuse, en condamnant par une sorte d'affreux égoïsme ce malheureux Éparvié à vivre exilé de son pays, elle suit tout simplement la route que toute autre, avec son tempérament, aurait tout de suite pensé à suivre. Il n'y a là aucune originalité, aucune personnalité véritable. Il n'y en a pas d'ailleurs davantage en sa mère, Mme Favié. Nature délicate et molle, courbée sous le poids des routines et des traditions, ce n'est pas à sa raison qu'elle obéit; c'est à une autre passion, la peur. Nous n'admirons pas plus la mère que la fille; leurs « deux vies », très différentes, sont également dominées par des sentiments, par des passions sans que chez aucune d'elles la raison garde sa suprématie. Comparez à ces deux personnalités, qui ne sont que des tempéraments, l'originale valeur de la Pauline de Corneille et dites quelle est des trois celle qui a vécu vraiment la vie qu'elle s'était faite et qu'elle a le droit de nommer proprement « sa vie ».

VIII

Il semble que nous ayons perdu de vue le sujet particulier de ce travail. Mais nous sommes, au contraire, au centre. Car si nous établissons que la raison et le devoir demandent, quand une fois on s'est vraiment engagé dans les liens matrimoniaux, que l'on ne se considère pas comme délié tout le temps que vit la personne à laquelle on s'est uni, nous aurons par là même établi que l'amour ne saurait dénouer le lien idéal et que la passion perd tous ses droits en face de la raison.

Que d'abord la thèse de l'union libre soit la thèse même la passion, cela ne fait point de doute. Car le propre de la passion et du désir, c'est d'être changeants autant qu'exclusifs et de ne jamais se considérer comme enchaînés. Il est vrai que les amoureux semblent tous vouloir enfermer l'éternité dans leur passion. « Toujours » — « Pour toujours » sont les mots qu'ils prononcent le plus volontiers. Et avec une admirable sincérité. Mais leurs serments éternels ne sont que l'écho de l'impuissance même de leur passion. Absorbés par l'heure présente, ils ne peuvent pas se représenter un temps où ils cesseront d'aimer, comme ils ont peine à se figurer qu'il fut un temps où ils n'aimaient pas encore. Et ils s'exaltent en belles paroles : « Je t'aimais avant de te connaître; je t'appelais avant de savoir ton nom. » Ils ne prévoient pas l'avenir plus qu'ils ne se rappellent le passé; ils nient également l'un et l'autre. Ce ne sont pas des serments qu'ils prononcent, ce sont des paroles délirantes. Ils ne s'engagent pas pour l'avenir; ils proclament, au contraire, vis-à-vis du temps, l'indépendance de leur passion. Il n'est rien de moins infini que l'éternité dont ils parlent : c'est l'éternité du présent, la simple durée de l'instant. Que la passion vienne à changer, tout est oublié et les serments recommencent avec la même sincérité. Si les bêtes pouvaient parler, elles parleraient de même. De là le malentendu que l'on a tant de fois constaté entre les amants. Pense-t-on, par exemple, que dans leur aventure de Venise, quand George Sand disait « toujours », elle avait la même conception qu'Alfred de Musset? Non, car elle ne s'est jamais cru parjure. Elle allait de Musset à Pagello et revenait de Pagello à Musset avec la belle insouciance d'un animal (1). Rien de

____

(1) On peut lire la pénétrante étude de Charles MAURRAS, *les Amants de Venise*, in-8°, Fontemoing, 1902. — Voir surtout la première partie, I, *Elle*, et la conclusion, *l'Amour romantique*.

l'extérieur ne distinguerait les actes des hommes qui pratiqueraient la doctrine de l'union libre, des actes des hommes qui n'obéiraient qu'à leurs passions.

La passion de l'amour ne saurait jouir d'aucun privilège. Plus violente, plus générale que toutes les autres, elle n'en doit pas moins être soumise à l'examen et à l'approbation de la raison. Un tuberculeux a beau être amoureux ; il n'en a pas pour cela davantage le droit de risquer de contaminer sa compagne ou de procréer des enfants rachitiques et misérables Et quand l'amour serait encore plus ardent, il ne donnerait pas le droit de violenter la personne qui en est l'objet. La passion de l'amour n'a de droits que si la raison lui en reconnaît. Il se peut donc que cette passion soit plus d'une fois blâmable et doive être sacrifiée.

Et quant au bonheur, nul ne peut dire qu'il y a un droit quelconque. Nous aspirons sans doute tous au bonheur ; mais nous n'avons de droit défini que vis-à-vis des personnes ou des institutions qui, sans nécessité ou sans raison, nous empêchent d'être heureux. Toute la question consiste donc à savoir si c'est sans raison que le respect de l'indissolubilité du lien conjugal s'oppose à notre bonheur.

Cette raison, nous l'avons déjà donnée ; elle se tire de la considération des enfants. Si les père et mère abandonnaient l'enfant à sa naissance, il mourrait ; si la mère ne lui donnait pas

ses soins matériels durant un espace d'au moins
dix années, l'enfant serait encore condamné à
mort; à elle seule la mère ne peut suffire à sa
subsistance et à celle de son enfant; il est juste,
il est nécessaire, que le père lui vienne en aide.
Voila donc nécessitée par le seul élevage matériel
une durée d'union de onze années (1). Et l'éducation physique est loin d'être terminée: Combien y a-t-il d'enfants qui à dix ans ne peuvent
gagner leur vie? Et d'autres enfants, durant ces
dix ans, ont pu naître, qui exigent pour autant
la prolongation de l'association. Cependant le
père et la mère ont vieilli ; la mère a trente-cinq
ans, peut-être quarante; le père en a quarante,
peut-être cinquante; chacun d'eux a pu s'épuiser
à la tâche éducatrice; la mère a perdu sa jeunesse et sa beauté : ce n'est que dans les romans
ou par grand hasard que l'on rencontre des
Mme Favié qui, à quarante ans passés et déjà
grand'mères, n'ont pas une ride, pas un cheveu
blanc; le père a perdu de sa force et de sa vigueur; l'un des deux peut être malade, épuisé;
si vous permettez au plus vigoureux ou au plus
indépendant de rompre l'union, que deviendra
l'autre? Si l'homme part, que deviendra la com-

(1) TOPINARD, *l'Anthropologie et la science sociale* (in-8°,
Masson, 1900), évalue à treize ans, âge de la seconde dentition,
le moment où à l'état naturel l'enfant pourrait se suffire seul;
dans nos civilisations il recule ce moment jusqu'à seize ou
même vingt ans, époque de la majorité nubile et il tire de ces
considérations des conséquences analogues à celles que nous
en tirons nous-même.

pagne de sa jeunesse, autrefois florissante et forte, maintenant flétrie? Si c'est la femme qui veut quitter le foyer, que deviendra l'homme autrefois robuste, aujourd'hui débile? C'est la femme surtout qui, plus tôt vieillie, serait plus souvent victime, et c'est elle aussi qui au déclin de l'âge souffrirait le plus de sa solitude et de son isolement. Alors même que tous les deux seraient d'accord pour se séparer, quelles chances ont-ils l'un et l'autre de recommencer leur vie, et, quelles que soient les illusions dont les bercent leurs désirs et leurs passions d'arrière-jeunesse, la loi qui leur interdit de tels recommencements, si pénible qu'elle leur paraisse, leur est-elle vraiment hostile et, en paraissant les perdre, ne les sauve-t-elle pas?

Les deux époux ont beau ne pouvoir plus vivre ensemble; ils ne peuvent échapper au devoir de veiller l'un et l'autre sur les enfants qu'ils ont mis au monde, de les nourrir, de les élever, de pourvoir à leur établissement. Il semble que la question soit très facile à résoudre quand par hypothèse, comme c'est le cas dans le roman de MM. Paul et Victor Margueritte, l'un des époux est indigne. Et cependant la parole de la petite Josette, qui regarde son père comme une sorte de tyran et de bourreau, cause à tous les lecteurs une sorte de malaise (1). Sans doute,

(1) — Je ne veux plus voir papa, jamais... Je ne l'aime pas. Il est méchant, méchant! Je n'aime que toi!

— Écoute, Josette. Dans notre pays, en France, ton père

avec la séparation l'enfant est à plaindre ; mais combien plus avec le divorce ! Au moins avec la séparation l'enfant n'a pas le crève-cœur de voir son père et sa mère entrer, tous les deux, dans de nouvelles combinaisons matrimoniales. Chez sa mère il a des frères qui n'ont pas le même père que lui ; chez son père il en a d'autres qui n'ont pas la même mère. Il est entre deux familles sans lui-même en avoir aucune. Il est pour chacune d'elles également un intrus (1). Il ressemble en plus d'un point au fils naturel dont le père et la mère se sont mariés chacun de son côté. On dit que la situation des enfants ne sera pas pire que celle des orphelins ; qu'ils deviendront, si leurs parents se remarient, ce que deviennent les enfants dans les secondes noces (2). Et on ne voit pas que défendre ainsi le divorce, c'est justement en montrer toute l'horreur, car on ne trouve d'autre expression pour représenter la condition des enfants des divorcés que celle qui,

pourra te prendre de force s'il le veut. Veux-tu que nous restions, ou que nous partions?...

— Non, s'écria l'enfant bouleversée ; non, allons-nous-en bien loin !...

Et sautant au cou d'Éparvié :

— Vous nous emmènerez! Papa voudrait me prendre ; mais alors nous irons bien loin, et il ne nous trouvera jamais! (*Les Deux Vies.*)

(1) On trouvera des raisons semblables énoncées en bons termes dans *la Crise morale et le Positivisme*, par P. Grimanelli, IIIe partie, vi, p. 172, in-8° Paris, Société positiviste, 1904.

(2) *L'Elargissement du divorce*, p. 13.

pendant que leurs parents viventencore, les assimile à des orphelins. Rien ne saurait mieux
établir que le divorce tue la paternité dans les
divorcés; ce qui suffit à condamner le divorce.
L'enfant dont les parents restent séparés a sous
les yeux de cruels, peut-être de tristes exemples,
ou même d'infâmes, que le divorce ne saurait
atténuer; mais du moins il a conscience du mal
qui résulte du foyer détruit; dans la vie solitaire
qui se consume près de lui et pour lui il voit
l'exemple qui peut racheter et contrebalancer
les autres. Il a la preuve de l'importance que
doit prendre la génération future par rapport à
la génération présente, et dans les sacrifices
qu'il voit qu'on lui fait il prend le modèle de
ceux que plus tard, à son tour, il devra faire.

Il faudra de plus que les divorcés se concertent et s'entendent pour régler ensemble les
questions d'éducation et d'établissement de leurs
enfants. Ce qui peut arriver de plus heureux,
c'est qu'ils se concertent amiablement. Et ici
encore, que de dangers! La nouvelle femme ne
sera-t-elle pas jalouse de l'ancienne si elle sait
les entrevues et qu'elles sont amicales? L'ancien
mari, dans les mêmes conditions, ne portera-t-il
pas ombrage au nouveau? Ces deux êtres ont
beau faire, ils ont en des êtres vivants une por-
tion d'âme et même de chair commune. On demande ce qu'il y a d'indissoluble dans le mariage. Mais c'est cela même; c'est l'étincelle de
vie qui, issue des deux époux, subsiste en leurs

enfants, toujours commune à tous deux. Leurs
enfants seraient-ils morts, auprès de leurs berceaux ils ont eu des joies communes, comme
auprès de leurs lits de mort ils ont ensemble
versé des larmes. Il est bien clair que nous par-
lons ici pour le commun des hommes, et non pas
pour les monstruosités ou les exceptions. Mais
les lois communes ne sont pas faites pour les
êtres exceptionnels, pour les monstres ou les
anormaux. Pour ceux-là, il est possible qu'il
faille une législation spéciale. Les règlements
des maisons d'aliénés ne peuvent entrer dans le
Code général de la nation. La femme qui a reçu
d'un homme les premières initiations ne saurait
jamais être complètement libre vis-à-vis de lui.
Elle a subi le phénomène que les médecins connaissent bien et qu'ils nomment « l'imprégna-
tion ». Des femmes ont eu de leur second mariage des enfants dont les traits rappelaient avec
une étonnante exactitude ceux de leur premier
mari. L'homme non plus, quoique à un moindre
degré, n'est pas sans avoir reçu l'empreinte de
la femme avec laquelle il a vécu ses premières
heures d'amour, ou du moins d'amour honorable,
sans reproche et sans arrière-pensée. Si bref
qu'ait été l'enchantement de ces heures du don
mutuel et des premières révélations, il en reste
dans les deux âmes un arrière-fond d'émotions
et de souvenirs qui peut, au moment des crises,
amener d'étranges revirements. M. Brieux,
M. Hervieu plus récemment encore, nous ont

montré deux époux divorcés qui se retrouvent près du berceau de leur enfant malade : étreints par une angoisse commune, cette communauté persistante d'un sentiment les ramène à l'amour réciproque et à la communauté de vie. Que deviennent alors les deux autres êtres, l'homme et la femme qui avaient cru pouvoir sans trembler s'unir aux deux époux divorcés?...

Si les parents divorcés ne s'entendent pas, c'est l'enfant qui sera la victime de leurs dissentiments. Ils se le disputeront, lui imposeront non les maîtres qui lui conviennent, mais ceux grâce auxquels ils espéreront se déplaire l'un à l'autre le plus possible ; pour le choix d'un état, pour un mariage, chacun d'eux sera d'un avis opposé, et l'enfant tiraillé, balloté en sens divers, ne verra jamais les questions se résoudre en vue de son intérêt, mais en vue de la satisfaction des ressentiments paternels. Même ses intérêts matériels seront menacés, car la mère sous l'influence du nouveau mari, le père sous l'influence de la nouvelle femme, favoriseront les enfants du second ménage au détriment de ceux du premier. Or, l'enfant est de beaucoup le plus intéressant des trois, et cela, d'abord, parce qu'il est le plus innocent, souvent le seul innocent, le seul qui ne soit pas responsable des brouilles et des querelles. Car quelle est la vie commune où l'un des deux époux ait en toute conscience le droit de se dire qu'il n'a jamais eu le moindre tort? Ce n'est donc pas à l'enfant à

pâtir, mais à ceux qui lui ont donné naissance.
Si quelqu'un a droit au bonheur et droit à la
vie, avant tous c'est lui. C'est donc sur lui surtout que l'intérêt doit porter. Son père et sa
mère ont tenté les voies du bonheur et de la vie;
ils n'ont pas su ou n'ont pas pu les découvrir :
ont-ils le droit, pour recommencer leurs essais
et leurs tentatives, de barrer la route à cette vie
issue d'eux, qui à son tour s'élance vers le plein
développement? Fussent-ils encore pleins de
force et de jeunesse, ils sont déjà le passé, tandis que l'enfant est l'avenir. Leur droit à recommencer de nouvelles tentatives est épuisé par la
concurrence même qu'il rencontre dans le droit
supérieur de la vie nouvelle qu'ils ont créée. Dès
que le fruit est venu, la fleur a perdu ses droits
et c'est dans l'existence nouvelle qui est issue
d'eux que les parents doivent désormais trouver
leur propre développement. Et c'est exactement
ce que nous disait Mme Alphonse Daudet quand
elle écrivait à la *Revue* : « Alors que des êtres
ont créé d'autres êtres, il semblerait qu'ils devraient faire abstraction de leur propre personnalité pour se vouer à l'achèvement, au perfectionnement de leur œuvre (1). » Et M. Laurent
Tailhade ajoutait : « L'enfant a tous les droits;
les parents n'ont autre chose que les devoirs (2). »

C'est pour l'enfant que le mariage existe;

(1) V., 1re part., p. 167.
(2) *Ibid.*, p. 185.

c'est avec, devant les yeux, la vision bien nette de l'être à venir que s'unissent les époux; c'est à cause de lui qu'ils s'unissent, qu'ils échangent leurs serments; l'objet de leur libre contrat les dépasse tous les deux; ce n'est pas pour eux qu'ils contractent, mais pour l'autre qui doit naître d'eux, pour la race, pour l'humanité future, pour la moralité à venir. Dans tous les autres contrats, c'est en vue de leurs fins propres que les parties stipulent; ici, c'est pour des fins supérieures. Leur libre volonté se consacre à une œuvre qui dépasse leurs personnalités particulières. Et cette œuvre consiste dans l'appel à l'être de nouvelles personnalités, dans leur éducation et leur préparation au rôle moral qu'elles ont à jouer. Mais, pour perpétuer ainsi dans le monde la race humaine et avec elle et par elle la moralité, les contractants doivent reconnaître que le seul moyen d'atteindre véritablement leur but consiste à stipuler que leur union devra être indissoluble. Voilà pourquoi ils se jurent fidélité, pourquoi ils échangent des serments. L'œuvre commune qu'ils veulent accomplir et pour laquelle ils s'associèrent exige, pour être menée à bien, l'union de toute la vie. Ils s'engagent donc l'un et l'autre pour la vie. Et alors même qu'aucun enfant ne naîtrait de leur union, pourvu que les conditions physiques du mariage soient réalisées, les deux époux ne se trouvent pas moins liés de façon indissoluble par les stipulations nécessaires du contrat.

En effet, qui veut la fin ne peut que vouloir
aussi les moyens indispensables. Or, par cela
seul que c'est dans la procréation et l'éducation des enfants que se trouve la seule raison
d'être des sexes et, par suite, du mariage,
c'est l'enfant qui est le but essentiel du mariage. Mais pour permettre à l'enfant de s'élever et de se développer normalement, il est
nécessaire que le mariage soit indissoluble. Les
époux, en se mariant, et par cela seul qu'ils se
marient et prétendent, ce faisant, faire œuvre
raisonnable, humaine, et ne pas seulement
céder à l'instinct, stipulent donc de faire tout
ce sans quoi le mariage ne pourrait remplir tout
à fait son but. Ils stipulent donc l'indissolubilité
comme règle de leur union, puisque l'indissolubilité est le seul mode qui permette chez l'enfant l'entier développement de la vie morale.

IX

Les deux époux ont donc le devoir de respecter cette clause de leur mutuel contrat. Il se
peut qu'ils soient malheureux, et que pour garder leur foi ils doivent renoncer à être heureux ;
il se peut faire surtout qu'ils renoncent à satisfaire de nouvelles et fortes passions ; mais s'il y a
une loi morale, est-ce qu'elle ne consiste pas

précisément à nous enseigner qu'il faut plus d'une fois sacrifier au devoir la passion et le bonheur même? Et quand même leur mariage n'ayant pas été fécond, avec les enfants la raison même de l'indissolubilité de leur union pourrait sembler leur manquer, à supposer que leur mariage soit vraiment valable et que les causes de l'infécondité ne soient pas une cause certaine de nullité aux yeux du moins d'une législation plus adéquate que ne l'est celle du code civil, ce ne serait qu'un malheur de plus. Mais le malheur de quelques-uns produit accidentellement par l'application d'une loi nécessaire à tous ne peut donner aucun droit aux individus souffrants de se révolter contre la loi (1).

(1) Les positivistes répondent de même à cette objection :

« Voici deux époux dont l'un a de justes griefs contre l'autre, ou qui sont seulement mal assortis et malheureux. L'un d'eux aime ailleurs; peut-être tous les deux. Ils n'ont point d'enfants. Pourquoi chacun d'eux ne pourrait-il, par le divorce, s'ouvrir une issue vers le bonheur et recommencer sa vie? Le divorce, en pareil cas, ne lèse personne. — Pardon : il lèse la société ou du moins la société, en l'autorisant, se lèse elle-même dans la constitution de la famille entamée et dans l'institution du mariage mise en péril. La famille et le mariage ne peuvent remplir tout leur office social si l'unité et la fixité du lien conjugal ne sont pas garanties. Or, ce que voient les partisans du divorce, c'est qu'il peut être un remède à des situations individuelles très malheureuses, mais exceptionnelles; ce qu'ils ne voient pas, c'est qu'il compromet gravement par avance la solidité des mariages d'une manière générale dans le présent et dans l'avenir, car il les rend déplorablement fragiles dans un nombre indéterminé de cas par le sentiment qu'il donne de la facilité avec laquelle ils peuvent être dissous et par la tentation d'en provoquer ou préparer la rupture. On

On n'a le droit de se révolter contre une loi que lorsque cette loi lèse un droit. Mais il n'y a pas de droit absolu au bonheur; l'homme n'a droit qu'au respect de sa personne morale, au respect de ses puissances de bonté et de vertu. Le malheur de quelques-uns, quand il résulte d'une

l'oublie trop en effet : si l'état de séparation n'est pas enviable, l'état de divorce, avec la liberté complète qu'il rend aux époux est plus séduisant; et la seule possibilité de le réaliser produit des suggestions bien propres à fortifier des passions ou à donner corps à des calculs qui, sans elles, auraient avorté dans l'obscurité du for intime faute de laisser entrevoir une issue irrégulière.

« On ne saurait trop méditer cette courte phrase de Comte, qui énonce une profonde vérité morale : « La seule idée du « changement y provoque. »

« Deux choses ont fait la fortune du divorce dans l'opinion française. D'abord il est rejeté par l'Église catholique, d'où il résulte que les plus émancipés risquent à le combattre d'être taxés de cléricalisme. Ensuite les romanciers et les auteurs dramatiques, qui ont tant contribué à le rendre populaire parmi nous, l'ont exclusivement montré comme le libérateur de la jeune femme mariée malgré elle ou inconsciemment à un coquin ou à un butor, qui la rend cruellement malheureuse jusqu'au jour où elle rencontre l'homme qui l'aime et qui la comprend. Et le cœur généreux de notre peuple, justement indigné contre le mari, justement pitoyable à la femme, ne comprenait pas que la victime ne pût pas être démariée et épouser l'autre. Il ne voyait pas une contre-partie plus fréquente : la femme vieillissant plus vite que l'homme et celui-ci, soit pour satisfaire de tardives passions, soit pour contracter un mariage plus riche ou qui flatte davantage sa vanité ou qui seconde mieux son ambition, s'ingéniant par des manœuvres savantes; peut-être réussissant, par une odieuse persécution, à se procurer la cause de divorce qui lui permet de se débarrasser de sa femme parce qu'elle a cessé de plaire ou qu'elle est un obstacle à l'accomplissement de ses honteux desseins. » GRIMANELLI, op. cit., p. 173.

législation nécessaire à tous, mérite le respect, la pitié et souvent l'admiration ; mais ce malheur n'est pas une injustice. Il y a tous les ans un certain nombre de marins noyés, d'ouvriers de chemin de fer écrasés ; dans les conditions imparfaites de l'outillage humain il est impossible que ces accidents déplorables n'arrivent pas : il n'y a là cependant aucune injustice, et le marin et l'employé de chemin de fer ont très souvent le devoir d'attendre la mort à leur poste. Le devoir ne consiste pas le plus souvent, à supprimer le malheur, mais à savoir le supporter.

Je crains bien que ce que l'on a perdu de vue dans toutes ces discussions sur le mariage, le divorce, l'union libre, ce soit précisément la morale. Il n'y est sans cesse question que d'élans de l'être, que de bonheur et que de passion ; on nous répète à satiété que les époux non seulement ne peuvent plus vivre l'un auprès de l'autre, mais encore qu'après s'être séparés il leur est impossible de vivre dans l'isolement. Mais on ne peut que répondre par un dilemme : ou vraiment ils ne peuvent se contraindre, se dominer ; ils ne sont plus maîtres d'eux-mêmes, et alors il n'y a plus à parler ni raison ni moralité ; il n'y a qu'à les excuser, quoi qu'ils fassent, comme irresponsables ; ou ils peuvent encore se dominer, ils ont conservé la maîtrise de leur volonté, et alors il ne saurait plus être question d'impossible. Que si l'on essaie de soutenir que c'est d'une impossibilité morale qu'il s'agit parce qu'en édictant une loi trop dure et contre nature on contraint, pour ainsi dire, la plupart de ceux qu'on voudrait y astreindre à se révolter contre elle, comme si l'on voulait obliger des hommes à ne point parler ou à ne communiquer entre eux par aucune espèce de signes, la loi serait si artificielle et la contrainte si forte, que personne ne s'y soumettrait. C'est ce qu'on voit bien, par exemple, dans les maisons centrales de répression où le silence est de règle et où on ne peut cependant, en dépit de tous les efforts, empêcher les détenus de communiquer entre eux.

A quoi l'on pourrait répondre par l'exemple des chartreux et des trappistes que leur règle contraint au silence, et qui l'observent religieusement. Mais l'exemple même est mal choisi, parce que la règle du silence est en effet artificielle, antinaturelle, et qu'elle est bien loin de résulter de la nature des choses tandis qu'au contraire la loi de l'indissolubilité résulte de la nature même du mariage, de la nature de l'enfant, et des nécessités qu'impose son éducation, but principal de l'union conjugale. Aussi bien, loin d'être contre nature, la loi de l'indissolubilité paraît au contraire exigée par la nature, et la meilleure des preuves qu'elle n'est pas impossible à l'humanité, c'est l'expérience de tant de couples humains qui depuis le christianisme s'y sont soumis et l'ont observée.

Ce serait d'ailleurs bien mal connaître la nature humaine que de croire qu'en refusant

de souder pour jamais les chaînes du mariage
on les rendra plus légères. Il est rare qu'une
fois ou l'autre ces chaînes ne soient pas senties;
mais loin que la possibilité de leur échapper
fasse qu'on les sente moins, il faut dire au contraire qu'on en éprouve le poids d'autant plus
que l'on croit permis, possible et facile de les
déposer. L'aveugle qui espère encore recouvrer
la vue se résigne moins facilement à son mal que
celui qui n'espère plus; il a plus d'agitations et
plus d'inquiétudes; par la comparaison qu'il fait
sans cesse de son état avec celui qu'il espère
encore, il éprouve mieux toute l'horreur de sa
position. Au contraire, l'aveugle qui n'espère
plus tâche de s'accommoder aux ténèbres qui
l'entourent; il s'ingénie à vivre sans voir; il
s'habitue et finit par être moins malheureux.
Dans les ménages troublés, il en est tout à fait
de même : la pensée que le divorce est possible
ne rend pas plus tolérables les mouvements
d'humeur, les défauts de caractère, les dissentiments ou les fautes; elle les rend au contraire
plus sensibles par la comparaison que l'on fait
entre la chaîne que l'on porte et la liberté. C'est
une romancière de talent, Mme Henry Gréville,
qui a fait cette remarque que l'impossibilité de
rompre le mariage contribue à le rendre plus
supportable. Auguste Comte disait de son côté :
« La seule idée du changement y provoque. »
Et ils ont l'un et l'autre tout à fait raison, car
quand on s'est habitué à regarder le divorce

comme impossible, tout l'effort de l'être se porte
à atténuer les causes de dissentiments. Il y a là
comme un réflexe à peu près machinal qui se
produit avec d'autant plus de facilité que la con-
viction de l'indissolubilité est plus intime. Dans
cette disposition d'esprit qu'avaient autrefois
créée les croyances et les mœurs, on acceptait
les désagréments et les souffrances comme on
accepte la grêle ou l'orage, la bise de l'hiver ou
les ardeurs de l'été ; un léger dissentiment, une
colère, une jalousie, un dépit, ne risquaient pas
de dissoudre une famille. On se supportait avec
plus de patience, et quand l'âge des tempêtes
avait passé, que le sang s'était apaisé, que le
tempérament s'était assagi, que l'accoutumance
s'était faite, les deux époux, parfois peu unis
durant leur jeunesse et le commencement de
leur âge mûr, arrivaient à couler l'un près de
l'autre une existence amicale, paisible, et que
l'on pouvait qualifier d'heureuse.

Quant à croire, ainsi que depuis Montaigne (1)
on l'a tant de fois répété, que la crainte du divorce pourrait empêcher les dissentiments,
rendre les époux moins légers, plus respectueux ou plus attentifs, c'est ce qui paraît
assez difficile. Car pour que les époux craignent
de se séparer il faut qu'ils tiennent l'un à
l'autre, qu'ils s'aiment, et cet amour seul leur
inspirera de ne rien faire qui puisse les sépa-

(1) *Essais*, liv. II, 85, t. III, p. 387.

rer. Au vrai d'ailleurs ceux-là mêmes qui rééditent ce vieil argument ne paraissent guère y croire puisque, bien loin de présenter le divorce comme un châtiment ou comme un épouvantail, ils le présentent partout comme un remède ou comme une délivrance.

Nous pouvons donc conclure en disant que le mariage n'a sa raison d'être ni dans la passion, ni dans le bonheur des époux ; il trouve son but principal dans la continuité de la race humaine, dans la perpétuité de la moralité et de la raison. Il doit donc être tel qu'il permette l'éducation complète des enfants et il ne le peut qu'à la condition d'être indissoluble. Cette indissolubilité stipulée lors du contrat volontaire devient la règle intangible de tout mariage humain. L'union libre, même précédée d'un contrat, ne saurait être regardée comme rationnelle ni comme vraiment humaine. On a eu raison de n'y voir qu'une forme à peine affinée de l'accouplement animal. Le contrat d'ailleurs qui donne naissance au mariage est d'une nature telle qu'il doit échapper à la loi civile. C'est un contrat moral qui a pour but de donner naissance à une personne morale et qui unit dans ce but deux autres personnes. Il domine le for interne, et la loi civile ne peut régir que le for externe. Il ne peut donc qu'être indépendant de cette loi. Si tant de fois le mariage a été pour les époux un instrument de malheur et de misère, c'est précisément parce que cette loi civile, faite par des hommes, en vue de fins différentes des fins naturelles et vraiment humaines, a imposé à l'union conjugale des conditions telles qu'elles ne pouvaient que fausser l'institution et par suite la rendre insupportable à beaucoup d'êtres humains. C'est ce qui à présent nous reste à montrer.

CHAPITRE III

QUELQUES COROLLAIRES

En tout temps, il a existé des maris butors et des femmes acariâtres, les farces et les soties du moyen âge sont pleines d'infortunes conjugales. Cependant les époux, même malheureux ou mal assortis, prenaient patience; on regardait le malheur comme un accident; on n'éprouvait pas le besoin de remettre en question toute l'institution matrimoniale. Il y avait dans un certain nombre de foyers des crises de ménage; il n'y avait pas une crise du mariage.

A cette crise présente il y a sans doute des causes. Il ne semble pas que ces causes puissent se trouver ailleurs que dans des altérations apportées au fonctionnement normal de l'institution. Essayons donc de rechercher ces altérations et pour cela voyons d'abord, d'après les résultats acquis dans notre dernier chapitre, quelles sont les conditions d'existence et les lois normales du mariage.

I

Le mariage est l'union de l'homme et de la femme en vue d'assurer la continuité de la race humaine, et, comme la race humaine est la seule qui soit et raisonnable et morale, le mariage a par suite pour but d'assurer la persistance de la moralité dans le monde. C'est par là qu'il revêt un caractère moral. C'est, comme nous l'avons déjà dit, l'union de deux personnes en vue d'une personne future. C'est un contrat, sans doute, mais un contrat d'espèce particuculière où les personnes s'engagent en vue d'une personne future ; ce n'est donc pas un simple et ordinaire contrat civil ; on ne saurait mieux le désigner qu'en le nommant un contrat moral. De là naissent un certain nombre de droits et de devoirs.

Mais le but moral ou idéal du mariage ne peut pas exister sans la réalisation de certaines conditions physiques déterminées. L'accomplissement de ces conditions constitue donc en face du but principal une sorte de moyen. Or, comme il se trouve qu'à cet accomplissement correspond la satisfaction de désirs très vifs et très impérieux, cette satisfaction peut elle-même être regardée comme une fin. Si on en fait la fin principale du mariage, on le corrompt et le pervertit ; on cesse d'être raisonnable, car la raison n'est satisfaite que lorsqu'elle considère dans un acte l'ensemble complet de ses conséquences naturelles, et elle ne saurait l'être si on arrête brusquement et arbitrairement à un point donné le déroulement de ces conséquences avant qu'elles soient arrivées à leur entier développement. Un moyen n'a pas le droit d'être jamais regardé comme une fin. Mais les moyens sont aussi, à leur place et en leur ordre, des fins ; seulement, vis-à-vis de la fin principale, ce ne sont que des fins secondaires et subordonnées. C'est ainsi que le but final et principal d'une machine à tisser est l'étoffe qui en doit sortir ; mais la machine elle-même est une fin pour son constructeur ; cependant il serait déraisonnable de traiter la machine en fin principale et, par exemple, sous prétexte de lui éviter l'usure, il serait fou de l'astiquer tous les jours et de ne jamais la faire servir. Il en est tout à fait de même du mariage : son but principal se trouve en l'enfant ; la satisfaction, l'apaisement des désirs chez les deux époux constituent aussi un but, mais un but tout à fait subordonné. Ce but cependant a une importance morale suffisante, par les dérèglements qu'il évite, par les désordres qu'il empêche, pour constituer en dehors du but principal, alors même que celui-ci ne se réalise pas, un but suffisant et légitime de l'union conjugale. Mais les cas où le but principal ne se réalise pas sont des cas accidentels, imprévus, que même on ne peut prévoir et qui par conséquent ne sauraient entrer en ligne de compte pour déterminer la législation matrimoniale.

Notre précédent chapitre a fait voir par une analyse minutieuse que l'éducation des enfants ne pouvait être menée à bien que grâce à l'association des parents pour toute leur vie. Elle exige donc l'indissolubilité du lien conjugal.

Mais il est bien clair que pour qu'une telle association soit valablement contractée entre personnes morales il faut que ces personnes jouissent de toute leur liberté et, par suite, qu'elles sachent ce qu'elles font et veuillent le faire.

D'où il résulte que les contractants doivent l'un et l'autre, avant de s'engager, connaître de façon suffisante leurs obligations et qu'aucune contrainte extérieure ne saurait peser sur eux sans vicier dans son essence le contrat moral qu'ils consentent. Il convient donc qu'ils se connaissent, qu'ils s'apprécient, qu'ils s'estiment, qu'ils s'aiment. Pour cela, il est nécessaire qu'ils aient pu se voir, causer ensemble, se fréquenter assez longtemps et assez intimement pour se mettre à même de se juger. Un attrait tout physique, fût-il réciproque, ne suffit pas. Il faut que les deux caractères sentent qu'ils se complètent l'un l'autre; que les âmes, avec des aspirations pareilles, ont chacune sa façon aimable pour l'autre de sentir la vie et de réagir. Tout cela ne va pas sans d'un peu longues fiançailles, sans une assez grande liberté donnée aux fiancés, même sans une assez grande indépendance avant les fiançailles et des filles aussi bien que des garçons. Si les relations entre les deux sexes sont tellement réglées qu'ils ne puissent jamais se rencontrer qu'en cérémonie ou dans des circonstances tout à fait factices, il y a bien peu de chances pour que les caractères puissent révéler leur naturel, pour que les choix puissent se faire en connaissance de cause.

Surtout, de toutes manières, si les présentations peuvent, sans grand inconvénient, être faites en dehors d'une volonté expresse des intéressés, car les premières rencontres ne peuvent jamais dépendre d'une telle volonté, cependant l'influence des parents n'a le droit de s'exercer que sous forme de représentations ou de conseils, et de la façon la plus réservée. Il faut qu'il soit entendu que ce sont les jeunes gens qui, devant avoir la charge principale des conséquences de la décision, doivent aussi en avoir en fin de compte la responsabilité et la liberté. Ce n'est pas pour leurs ascendants qu'ils vont fonder une famille nouvelle, c'est surtout pour leurs descendants. Ils ne sauraient être enchaînés au passé, ayant pour mission essentielle de faire de l'avenir. Et sans doute la rupture des traditions n'est pas d'ordinaire une condition favorable à la prospérité de la génération future, ni même à sa bonne éducation et à sa moralité; mais il arrive aussi parfois que l'on ne peut échapper à des routines malsaines que par de brusques ruptures. De ce que les parents ont le devoir de faire profiter leurs enfants de leur propre expérience, ils tirent trop souvent cette conclusion, qu'ils ont le droit de modeler leurs enfants sur eux ; de leur imposer, avec leur conception propre de la vie, toute leur manière de vivre. Et parfois, à leur insu même, sans qu'ils en aient une conscience expresse, les parents se servent ainsi de leurs enfants pour atteindre leurs propres fins. Ils ne se doutent même pas qu'en agissant de la sorte ils font acte d'égoïsme (1) et renouvellent tous les errements des civilisations anciennes et arriérées. Comment ce paysan qui veut marier sa fille ou son fils avec le fils ou la fille de son voisin pour que, les deux héritages mitoyens venant à se joindre, le tout fasse un beau domaine, pourrait-il se croire égoïste quand la formation d'un domaine spacieux et d'un seul tenant lui paraît le but le plus désirable qu'on puisse donner à sa vie? Et comment la petite bourgeoise enrichie pourrait-elle penser qu'en pesant sur la volonté de sa fille pour lui faire prendre un mari qui l'introduira dans le monde, elle sacrifie sa fille à ses propres ambitions? Est-ce qu'à ses yeux le monde, les

(1) Ce sont ces égoïsmes des parents que M. Camille MAU-CLAIR a voulu peindre dans son roman, *les Mères sociales* (in-12, Ollendorf, 1902). Il l'a fait d'ailleurs avec une exagération et un parti pris tels que sa fable et ses caractères ne sont pas seulement odieux, mais invraisemblables.

salons, ne constituent pas le milieu où se trouve la félicité? Il n'en est pas moins vrai qu'en agissant ainsi, le paysan et la bourgeoise imposent à leurs enfants leur conception propre de la vie. Or, de ce que les parents ont tel ou tel idéal de bonheur, il ne s'ensuit en aucune façon que les enfants soient obligés d'en avoir un tout semblable.

Les parents doivent transmettre inaltéré aux enfants le capital des traditions essentielles à la vie : probité, honneur, loyauté, tempérance, ordre, travail, bonté, justice, courage, piété; mais autre chose est cette tradition des vertus sans lesquelles l'homme n'est pas homme, autre chose est une conception particulière et spéciale de la vie. Dans n'importe quel état ou n'importe quelle condition on doit avoir ces vertus : elles conviennent au magistrat aussi bien qu'à l'industriel, au commerçant aussi bien qu'au soldat, et cependant la conception de la vie n'est pas la même pour chacun de ces quatre hommes ni par conséquent l'idée que chacun d'eux se fait du bonheur. Ce n'est pas l'idée des parents qui doit déterminer celle des enfants. Les parents doivent aux enfants de les mettre à même de vivre, de leur fournir les conditions matérielles et idéales de la vie; mais ils doivent, après, les laisser vivre eux-mêmes, pour eux-mêmes et à leur tour pour les enfants qu'ils auront. Les parents sont, dans l'ordre de la nature et de la raison, au service des enfants et non les enfants au service des parents. Au moment du mariage, les enfants commencent une lignée nouvelle qui doit sans doute continuer la lignée ancienne, mais sans lui être asservie. Il faut que l'avenir soit autre chose que la répétition pure du passé ; il faut qu'il ait son originalité propre, ou autrement il perdrait toute raison d'exister. Les parents n'ont donc aucun droit de contrainte sur leurs enfants, soit pour leur imposer, soit pour leur interdire un choix. Le mariage est l'affaire propre des deux époux, c'est à eux et à eux seuls qu'il appartient de se décider. La liberté est la condition essentielle de l'engagement matrimonial.

Sans doute avec une telle liberté les erreurs d'appréciation demeurent possibles. La Francine de MM. Paul et Victor Margueritte s'est fiancée elle-même à Le Hagre et elle ne s'en est pas moins trouvée par la suite mal mariée : beaucoup d'autres qu'on a laissées libres se sont laissé séduire par des apparences extérieures ou des qualités superficielles ; par une fortune qui pouvait satisfaire leurs goûts de luxe ; par une élégance factice qui flattait leur désir de paraître ou leur frivolité. Cependant, à le bien prendre, leur erreur même est ce qui pouvait leur arriver de moins pénible. Si Mme Favié avait refusé de marier sa fille à Le Hagre, et avait voulu d'abord lui imposer cet Éparvié, à l'amour duquel elle répond après ces douloureuses expériences, Francine aurait été fort malheureuse, aurait pris

Éparvié en grippe et n'aurait même pas eu les quelques mois de bonheur qu'elle a eus avec Le Hagre. Les gens dont la sensibilité est anormale, qui ont les idées fausses et se sont forgé un idéal chimérique sont condamnés aux déceptions et à la douleur. Empêchez-les par la contrainte de satisfaire leurs désirs, vous les rendrez malheureux, vous les acculerez peut-être aux pires sottises, et ils ne conviendront jamais que leur malheur vient d'eux-mêmes ; laissez-les libres, ils auront au moins quelques heures de joie, et quand inévitablement le malheur viendra, ils pourront s'apercevoir qu'il est la suite de leur propre erreur. Les sensibilités anormales, les esprits faux sont condamnés au malheur : malades ou pervertis, ils sont hors la loi. Ce n'est donc pas pour eux que la loi est faite, et s'efforcer de faire une loi matrimoniale qui évite à de pareils êtres le malheur dans le mariage, c'est nécessairement se condamner à faire une loi qui ne conviendra pas aux êtres normaux et sains, ce sera une loi qui, par les préoccupations mêmes qu'on lui aura imposées, cessera d'être une loi.

Mais les autres êtres qui se seront fait et du mariage et de la vie une saine conception, qui auront écouté l'attrait spontané qui les porte l'un vers l'autre ; qui l'auront soumis à la critique et à l'épreuve, se décideront au mariage, sinon toujours par amour, tout au moins avec amour. Ils auront alors tout ce qui est nécessaire pour

rendre supportables les chaînes indissolubles.
Et d'abord l'attrait physique ou du moins l'absence de toute espèce de répugnance. Ce n'est
pas la cause principale du bonheur et de l'union ;
mais c'est la condition sans laquelle l'union ni
le bonheur ne peuvent exister. Les femmes, et
surtout les plus réfléchies, peuvent en ce point
commettre de graves erreurs, susceptibles d'empoisonner toute leur vie. De ce qu'elles se
plaisent à la conversation d'un homme, qu'elles
aiment ses idées, qu'elles estiment son caractère ; de ce que même elles trouvent seulement
sa situation convenable, elles pensent plus d'une
fois qu'elles pourront passer par-dessus quelques
répugnances pour la personne et pour le contact.
C'est ordinairement une erreur, et si parfois,
mariées, à force de vertu elles parviennent à en
triompher, trop souvent les répugnances persistent, s'aggravent et font à l'union conjugale
d'invisibles mais irréparables blessures. L'amour
est la condition principale du bonheur dans le
mariage. Il naît à la fois d'une correspondance
secrète entre les corps et entre les âmes. L'enthousiasme des idées, pas plus que l'emportement des sens, ne constitue l'amour vrai. Celui-
ci est intégral ; il séduit le corps et il ravit l'âme.
La raison ne trouve en lui rien qui la diminue
ou la contrarie ; mais elle ne le comprend pas
tout entier. « Le cœur a ses raisons que la raison
ne connaît pas. » L'amour crée dans l'être entier
un état supérieur de vie qu'il est non pas seule-

ment agréable, mais bon d'avoir éprouvé. Celui qui n'a pas tressailli à l'apparition fugitive d'une ombre passant le soir derrière les rideaux, au bruit d'un pas léger sur le sable de la route, à la vue d'une silhouette se profilant sous les arbres, au timbre d'une voix unique; celui-là ne sait pas ce que c'est que vivre, il a passé le long des murs du jardin clos de la vie et n'y a pas pénétré. Il ignore ce que peut être le bonheur et s'en fait une idée si pâle, si décolorée, qu'elle devient fausse; il s'imagine de bonne foi que le bonheur se trouve dans les éléments tranquilles de la vie, tandis qu'au contraire il se trouve dans les éléments actifs. Ce n'est pas la paix qui constitue le bonheur; c'est la joie, dont la paix n'est qu'une condition. Et je veux bien que deux fiancés à la veille de s'unir soient calmes; mais je veux qu'ils soient joyeux, qu'ils aient au cœur par l'amour le ferment de l'enthousiasme et l'étincelle de vie. Ils ne sont peut-être pas beaux; mais il faut qu'ils se trouvent beaux, qu'Elle voie en Lui le seul et que Lui en Elle voie l'unique; que l'élan de tout leur être les emporte l'un vers l'autre et qu'ainsi tous les deux ils se donnent sans réserves. De cette heure unique, irrévocable, qu'ils ne revivront jamais, une saveur profonde leur restera; une émotion telle qu'ils sont à jamais marqués l'un par l'autre, une telle lueur d'aurore que toute leur vie en demeurera illuminée,

II

Les fiancés sont prêts à s'unir. Qui les unira? A qui dans les diverses sociétés dont ils font partie, famille, église, cité, incombera la fonction de les unir? Sera-ce le père, sera-ce le magistrat, sera-ce le prêtre? Mais pourquoi le père, pourquoi le magistrat, pourquoi le prêtre? Serait-ce pour établir l'union, pour constituer le contrat, pour le sceller et le rendre définitif? Mais du moment que les deux contractants sont d'accord entre eux, que manque-t-il au contrat pour être parfait? Rien sans doute si les contractants ont agi en pleine conscience et en pleine liberté. En soi le mariage n'exige l'intervention d'aucune autre personne que des époux. Ils sont libres de se choisir, libres de s'unir. C'est en vertu d'un acte commun et réfléchi de leur volonté qu'ils s'unissent et s'engagent l'un à l'autre pour la vie; c'est par un acte de liberté qu'ils renoncent désormais à leur liberté. Le mariage, l'union est libre, ne dépend que de la volonté des époux; la loi matrimoniale est indépendante de toute législation arbitraire; elle ne résulte que de la nature de l'être humain.

Il est possible maintenant que les diverses sociétés dont l'homme fait partie imposent aux époux diverses obligations, telles que la publicité et l'enregistrement des engagements matrimoniaux. Ces obligations peuvent constituer de véritables devoirs et même des devoirs tels que leur négligence entraîne la nullité de l'engagement; il n'en reste pas moins que le mariage réside tout entier dans le libre consentement des deux époux et dans l'union physique qui en est la suite et l'achèvement.

Mais évidemment à certaines conditions : il ne suffit pas que l'engagement verbal et intentionnel existe; il faut encore que les raisons qui l'ont fait prendre existent aussi, qu'elles ne soient pas des illusions. Le cas le plus simple est celui d'une erreur d'état civil. Il est mort récemment à Versailles une singulière personne qui porta toute sa vie des habits de femme, fut plusieurs fois courtisée et même sur le point de se marier et qu'à sa mort on reconnut pour un homme (1). Supposons qu'il eût été donné suite à un de ces projets matrimoniaux; il est bien évident que, malgré tous les engagements et eussent-ils, par impossible, été des deux côtés pris de bonne foi, le mariage n'aurait pas existé. Le mariage n'existe pas davantage dans le cas où, par des circonstances ignorées des futurs eux-mêmes avant le mariage, des deux buts que nous avons déterminés plus haut comme étant

____

(1) Voir *l'Homme-femme, Mlle Savalette de Lange*, par G. MOUSSOIR, in-12, Paris, 1902.

les raisons d'être du mariage, l'une principale et l'autre subordonnée, ni l'un ni l'autre ne peut exister. Le mariage étant l'union de l'homme et de la femme, il faut de toute nécessité que l'homme soit vraiment homme et que la femme soit vraiment femme.

Si de même, par une fraude de l'un des deux contractants ou pour toute autre raison, il se trouvait qu'il y eût une substitution de personne, en sorte que l'une des deux parties ne fût plus celle avec laquelle l'autre partie avait résolu de s'unir, il est encore évident que le mariage n'existerait pas, puisque le consentement donné portait sur un autre objet.

Ou si, de façon expresse, l'un ou l'autre des contractants ne donnait son consentement que sous la réserve d'une condition qu'il croirait exister au moment de l'échange des serments et qui n'existerait pas en fait, on ne pourrait dire que le consentement a véritablement existé et ici non plus il n'y aurait pas mariage.

Si encore des engagements antérieurs liaient l'une des deux parties, le mariage ne pourrait non plus être qu'apparent; réellement il serait inexistant.

Si enfin des traditions respectables, des usages fondés sur des instincts universellement suivis, ne reconnaissent pas la légitimité de certaines unions entre parents proches, on devra assimiler ces cas aux précédents et tenir pour nulles les unions de ce genre.

Tous ces cas divers peuvent n'être révélés que quelque temps après la célébration publique du mariage, après son enregistrement social; ils peuvent donner lieu à une procédure spéciale chargée de les reconnaître; la conséquence de cette procédure peut être et doit être même, quand les faits sont établis, de prononcer la nullité du mariage et par suite la séparation des pseudo-époux. Mais loin de porter atteinte à la solidité du lien conjugal une telle procédure la reconnaît au contraire et la proclame. Elle ne résilie pas un engagement valable; elle affirme au contraire que l'engagement n'a pas eu lieu. Ce n'est pas là, quoi qu'on en ait dit, revenir au divorce par un détour; mais c'est expressément le contraire. Car toutes les raisons qui ordonnent la séparation sont d'ordre essentiellement objectif, tirées des fins et des conditions essentielles du mariage, par conséquent de ce qui peut vicier le contrat dans sa source même; elles ne se tirent pas de la manière dont le contrat a été ou n'a pas été observé. Dès que le contrat a été complètement ratifié par le libre consentement des époux uni aux autres conditions matérielles qu'il exige pour exister, le contrat vaut par lui-même; il impose aux deux contractants des obligations dont il ne leur appartient pas de se délier. Formé pour des fins supérieures aux deux contractants, il les domine et s'impose à eux, comme s'imposent à l'homme toutes les obligations morales. On peut être libre de ne pas assumer telle charge ou telle responsabilité; mais une fois qu'on les a librement assumées on n'a plus le droit de se soustraire à leurs conséquences. L'article 1372 du Code civil en offre un exemple : « Lorsque volontairement on gère l'affaire d'autrui, soit que le propriétaire connaisse la gestion, soit qu'il l'ignore, celui qui gère contracte l'engagement tacite de continuer la gestion qu'il a commencée et de l'achever jusqu'à ce que le propriétaire soit en état d'y pourvoir lui-même; il doit se charger également de toutes les dépendances de cette même affaire. » Les articles 1373, 1374 développent ces principes. Voilà bien des obligations qui résultent d'un fait volontaire, mais qui en dépassent considérablement la portée (1). Les époux aussi sont des gérants qui gèrent l'affaire d'autrui; ils s'engagent à gérer l'affaire de leurs enfants, l'affaire de la race entière. Ils peuvent bien gérer ou mal gérer, méconnaître même toutes leurs obligations, cela ne saurait les dégager. Et de ce que l'un des deux manque à ses engagements, l'autre n'est pas pour cela libéré de ceux qu'il a assumés.

(1) C'est précisément sur l'existence des obligations de cette nature, de celles que le Code appelle des *quasi-contrats*, que M. Léon Bourgeois et beaucoup d'autres à sa suite veulent faire reposer cette *solidarité* à laquelle ils essaient de ramener tout devoir social. Cf. *Solidarité*, par Léon Bourgeois, in-12, Colin, 1896. — *Essai d'une philosophie de la solidarité*, conférences et discussions présidées par Léon Bourgeois et Alfred Croiset, in-8°, Alcan, 1902.

Il ne faut pas cesser de revenir sur cette considération parce que, selon qu'on l'adopte ou qu'on ne l'adopte pas, on conçoit l'union de l'homme et de la femme comme un mariage indissoluble, ou comme une association toujours révocable : le mariage est un contrat moral où deux personnes s'engagent librement en vue de fins supérieures et dans tous les cas distinctes de leurs fins personnelles. Les obligations réciproques des deux époux, ils les contractent beaucoup moins vis-à-vis l'un de l'autre que vis-à-vis de l'enfant, vis-à-vis de la race humaine. Aussi le manquement de l'un des deux époux ne saurait délier l'autre. Car ce contrat, ainsi que nous l'avons vu, ne ressemble pas à tous les autres contrats. C'est ce qu'ont bien senti MM. Paul et Victor Margueritte quand ils ont soutenu que c'était un contrat moral que la loi civile ne pouvait qu'entériner, un contrat libre que la loi n'avait aucun pouvoir pour sceller; mais ils n'en ont pas moins méconnu le caractère quand ils n'ont voulu y voir d'autre cause que l'intérêt des deux contractants; quand ils ont cru que le mariage avait pour but principal, sinon même pour unique but, le bonheur, le développement de la vie des deux époux. La source de toutes ces discussions est là, elle n'est que là : le mariage a-t-il pour fin la race, ou a-t-il pour fin les époux? Si les époux se marient pour eux-mêmes, les partisans du divorce ont l'avantage, et pour peu que l'on pousse leurs raisons, les mêmes raisons, on en doit arriver très vite à justifier l'union libre. Si au contraire les époux se marient pour perpétuer la race, ce sont les partisans du mariage indissoluble qui peuvent répondre victorieusement à toutes les raisons alléguées par les partisans du divorce. C'est donc avant tout ce point qu'il faut discuter; et si nous l'avons tranché nous-même comme on l'a vu, c'est parce qu'il paraît bien de toute évidence que le mariage n'est qu'un moyen au service de la race et que, par suite, les époux ne sauraient se poser eux-mêmes comme les fins principales de leur union sans en méconnaître la nature et, par conséquent, sans être déraisonnables. La personne humaine, quand elle·entre dans le mariage, ressemble au mineur qui va tailler au fond d'une mine ; qui doit s'astreindre à ne pas découvrir sa lampe de peur d'un coup de grisou, ou au chirurgien qui a accepté volontairement de faire une opération, mais qui, après, devra se soumettre à toutes les exigences de l'hygiène, à toutes les précautions commandées par l'antisepsie. Ce n'est pas seulement pour eux-mêmes que le mineur ou le chirurgien sont soumis à de telles obligations, c'est avant tout pour les autres.

III

Une fois le mariage accompli, reconnu valable, les époux n'ont qu'à observer leurs mutuelles obligations. Si l'un d'eux les oublie ou les transgresse, l'autre n'en est point dispensé par là, le mariage n'est point rompu, rien n'est changé au contrat; il y a simplement une faute de plus. Si l'homme et la femme se sont épousés, ayant chacun la pensée qu'il n'avait autre chose à faire en ce monde qu'à travailler à son bonheur, à son propre développement, à « vivre sa vie », et que pour « vivre sa vie » il lui fallait un complémentaire, leur union, dont l'horizon s'arrête au lit conjugal sans aller jusqu'au berceau (1), ne peut que leur apporter des déceptions. La vie est ainsi faite que celui qui cherche

(1) « Le lien sexuel, dit M. Novicow, dans un livre tout récent, ayant pour but avoué de préconiser l'union libre, est contracté *uniquement* pour le bonheur direct des deux conjoints. » (*L'Affranchissement de la femme*, liv. III, ch. VIII, p. 145, in-12, Alcan, 1903.) — Cf. encore tout ce que dit du mariage un des théoriciens du socialisme, M. FOURNIÈRE, dans son ouvrage *l'Idéalisme social*, 3ᵉ part., *la Famille idéale*, p. 141-220, in-8°, Alcan, 1898. — La malheureuse femme qui était, hier encore, l'héritière de la couronne de Saxe, disait de même : « Si, librement, je renonce à la couronne de Saxe, c'est après mûre réflexion et parce que je considère que le premier des devoirs est de rester fidèle à sa nature et de se conformer à la loi d'amour. » (*Figaro*, 5 janvier 1902, p. 2,

son bonheur ne le trouve pas; que celui qui ne veut que se développer se sent infailliblement arrêté dans son développement; que celui qui veut exclusivement « vivre sa vie » n'y arrive pas, dominé qu'il est sans cesse, opprimé ou entravé par toutes les vies étrangères. Et cela n'est pas étonnant : l'homme n'est pas dans ce monde un isolé, un individu, une personne absolue et souveraine; l'homme est un être social, mêlé à tous les autres hommes, ne pouvant se passer d'eux, capable de leur être utile ou nuisible; qui ne peut même demeurer tout à fait inaperçu ou indifférent. Vivre uniquement pour soi, c'est déjà se tirer à part et en un sens s'opposer à tous les autres, c'est rompre les liens naturels qui nous attachent à la race humaine; c'est prendre au milieu social l'aliment de sa vie propre sans lui rendre l'équivalent; c'est donc être injuste et c'est par conséquent justice, quand le milieu social, par ses réactions naturelles, empêche celui qui ne veut vivre que pour soi de vivre à sa guise et lui impose par là des souffrances. On n'est véritablement heureux que lorsqu'on ne travaille pas pour cela, quand on donne à sa vie un but noble ou tout au moins raisonnable; le bonheur vient après comme un surcroît, « comme à la jeunesse sa fleur », disait Aristote. On ne peut vivre véritablement sa vie,

col. 2.) — Il n'y a pas que dans les aventures du *Disciple* que les théories des philosophes aient fait des ravages.

on ne remplit toute sa capacité de vivre, qu'à
la condition de « socialiser » sa vie, c'est-à-dire
de vivre pour les autres plus encore que pour
soi. Et cela ne doit pas surprendre si notre vie
est avant toute une vie humaine et si cette vie
humaine est une vie et raisonnable et sociale. Seul
peut véritablement « vivre sa vie » celui qui a
fait entrer dans sa formule de vie, dans l'idée
qu'il veut remplir, des conceptions supérieures
qui le dépassent, lui fournissent ses raisons
d'être et l'expliquent à lui-même. Et ainsi, tout
en restant supérieures, ces conceptions, ces
raisons ne lui sont véritablement ni extérieures
ni étrangères. Celui qui peut vivre sa vie
sans remplir ces obligations humaines est sûr
d'avance, à moins de caresser le rêve impossible de devenir le tyran de l'humanité, qu'il
n'arrivera pas au but. A plus forte raison celui
qui, avec un dessein semblable, entre dans une
association, surtout dans une association aussi
étroite que l'union conjugale. Chacun des deux
époux voulant avant tout vivre pour soi ne doit
pas beaucoup s'étonner que l'autre en veuille
faire tout autant et par suite qu'il y ait, après
les heures brèves des premières ivresses, des
chocs et des heurts et d'autant plus douloureux
qu'ils font plus contraste avec les douceurs de
la félicité entrevue. Seuls sont véritablement
heureux les époux qui se marient pour fonder
une famille, qui veulent avoir des enfants et
travailler à les élever, qui veulent faire régner

autour d'eux le bonheur avant de penser à être heureux eux-mêmes. Trouver son bonheur au bonheur des autres est le seul moyen d'atteindre au bonheur ; travailler à faire vivre aux autres leur propre vie est le seul moyen de vivre la sienne propre. Quelles vies plus originales et plus fécondes que celles d'un saint Vincent de Paul ou d'un Pasteur ? d'un saint François d'Assise ou d'un saint Ignace ? Il faut se dépasser pour s'atteindre et se perdre pour se trouver.

D'autant que les relations physiques qui forment comme le substratum matériel du mariage, si elles rapprochent, peuvent aussi éloigner. C'est un fait universellement observé dans les races animales que celui de la lutte des femelles et des mâles. Les deux sexes ne sont pas toujours amis : aux périodes d'accord succèdent les périodes d'hostilité. Il n'est pas nécessaire d'être très expert en psychologie masculine ou féminine pour trouver dans le couple humain des traces d'un atavisme semblable. C'est à force de vouloir et de bonté réfléchie que la femme triomphe de ses froideurs, de ses répugnances et parfois de ses dégoûts ; qu'elle apaise ces révoltes instinctives qui la poussent aux ruses ou à la sournoiserie des luttes ; c'est à force de vouloir et de bonté que l'homme dompte sa violence, adoucit sa brutalité, modère ses exigences, assouplit à l'indulgence son penchant naturel à la tyrannie. La femme cependant n'en est que plus femme encore et l'homme est aussi viril; leur moi n'est pas amoindri pour s'être purifié des déchets de l'antique bestialité; il s'est, au contraire, affirmé et précisé en se modelant et se conformant lui-même, par sa volonté propre, à une idée supérieure. Comment la femme serait-elle moins femme en sacrifiant ce qui l'empêcherait précisément de remplir son rôle d'épouse et de mère, et comment l'homme serait-il moins homme en sacrifiant ce qui l'empêcherait précisément de remplir son rôle de père et d'époux? Tous deux sont excellemment eux-mêmes en tout ce en quoi ils développent leur fonction de prêtres sociaux, de pontifes de la race.

CHAPITRE IV

LES ALTÉRATIONS DE L'INSTITUTION

Si le mariage normal, rationnel, est bien tel que nous venons de le décrire, d'essayer d'en fixer la constitution, d'en déterminer les lois, il semble bien qu'après l'avoir contracté il ne doive pas être très difficile aux époux de bonne volonté d'y persévérer. Il ne semble pas qu'il soit moins possible aux deux époux, sinon de toujours se supporter l'un l'autre, au moins de se regarder toujours comme unis, qu'il ne l'est aux pères, en dépit de nombreux déboires, de reconnaître toujours leurs fils pour leurs fils, ou aux enfants mêmes, malgré plus d'une déception, de reconnaître leur filiation et d'en observer les devoirs. Cependant il faut avouer que les chaînes conjugales peuvent souvent, à bon droit, paraître lourdes, et que, bien qu'en somme le nombre des mauvais ménages constitue une minorité, ce nombre paraît beaucoup plus élevé qu'il ne devrait l'être. Il existe des ménages où, sans qu'on puisse en attribuer la cause à une faute expresse de l'un des deux époux, la vie commune n'en est pas moins un enfer pour tous les deux ; il en est d'autres où les fautes, causes de la désunion, sont moins imputables à leur auteur même qu'à l'espèce d'union où il s'est lui-même engagé. Ce qui semble bien indiquer qu'il y a dans le mariage, tel qu'on le pratique, quelque chose peut-être d'anormal, qui en fausse la nature et parvient à la vicier. Et toutes les éloquences dépensées à le combattre auraient, sans doute, trouvé moins d'écho si elles ne s'étaient pas appuyées sur des faits qui semblaient, en effet, accuser l'institution. Il convient donc d'essayer de démêler ce que certaines étroites raisons sociales ou certaines habitudes ou encore certains préjugés ou certaines timidités ont ajouté de superfétations au mariage pour établir que les maux dont on l'accuse sont presque tous imputables à ces superfétations. Ce n'est pas le mariage en lui-même, le mariage indissoluble qui fait le malheur de tant de mauvais ménages ; c'est ou une faute expresse des époux, de l'un des deux ou de tous les deux, ou un errement étranger à l'essence du mariage et introduit dans sa pratique ou sa réglementation en vue de fins différentes de ses fins propres.

I

Nous venons de voir que parmi les conditions du mariage normal se trouvent l'amour réciproque, le libre choix et le libre consentement. Si les deux époux ne s'aiment pas, leur choix n'est pas vraiment conforme à ce que doit être l'élection conjugale, cette élection manque de son motif principal; si le choix n'a pas été libre, le consentement ne saurait non plus l'être entièment. Or, que voyons-nous? Dans une affaire qui est avant tout l'affaire des deux parties en cause nous voyons la loi civile exiger qu'elles apportent le consentement de leurs parents et, si elles ne peuvent l'apporter, qu'elles suivent la procédure longue et compliquée des actes respectueux, ce qui interdit à la femme la liberté du mariage avant l'âge de vingt et un ans et à l'homme avant l'âge de vingt-cinq ans. La cause de cette exigence de la loi est facile à découvrir; c'est un legs du droit romain héritier de toutes les antiques législations; c'est le droit reconnu aux ascendants de n'admettre dans leur famille que ceux qu'ils veulent bien y laisser entrer; c'est un moyen non seulement pour sauvegarder la pureté du sang et l'honneur du nom, pour éviter les mésalliances, mais aussi pour conserver le pouvoir, pour augmenter la fortune. Cette mainmise de l'autorité paternelle sur la liberté des enfants est un reste des traditions aristocratiques que la bourgeoisie révolutionnaire s'est empressée d'adopter.

Les pères prétendaient jadis être les seuls juges de l'admission dans la famille des étrangers à la lignée; ils avaient reçu un héritage de gloire ou d'honneur et ils revendiquaient le droit de s'opposer à ce que par caprice, par entraînement ou par passion, leurs enfants amoindrissent cet héritage en introduisant dans la famille des éléments moins glorieux. Et il y avait certes de la grandeur dans une pareille conception. Chaque personne de la famille tirait de la lignée même presque toute sa valeur; de là l'orgueil du nom et le souci de la pureté de la race. La famille était le but; l'individu n'était guère qu'un moyen. C'est pour garder intact le prestige de la famille, pour lui conserver toute sa puissance, que les cadets entraient dans les ordres, que les filles sans dot allaient au couvent. Avant d'être soi-même on était fils de son père, descendant de ses aïeux; chaque homme n'était qu'un anneau intermédiaire entre le passé et l'avenir, dépendant des traditions et de toute l'histoire de la famille. Avant tout il fallait que la chaîne ne fût pas rompue, que la tradition fût respectée et conservée.

Mais, dès le dix-septième siècle, la querelle des anciens et des modernes vint remettre en

question toutes ces idées qui semblaient si bien
assises. Cette querelle ne paraît avoir qu'une
portée littéraire ou scientifique. Elle eut par
contre-coup une portée sociale. Si, en effet, il
est établi que « l'humanité est comme un même
homme qui subsiste toujours et qui apprend
continuellement », on verra bien vite qu'il en
est de même des familles que de l'humanité entière. Nos pères en savaient plus que nos grands-
pères et nous-mêmes, tout ce que nous appre-
nons, nous l'ajoutons à ce que savaient nos pères.
Nous ne devons donc pas dédaigner nos ancêtres ;
nous devons recevoir d'eux l'héritage qu'ils nous
transmettent dans tous les domaines, nous devons
l'accroître. Chaque génération n'est pas rigoureusement la même que la précédente ; le fleuve
du temps s'écoule et à chaque flot constitue un
milieu nouveau ; chaque génération a besoin de
s'adapter au milieu où elle doit vivre, et, pour
conserver pures les traditions ancestrales, doit
précisément les renouveler ; si elle n'inventait
rien, elle ne ressemblerait pas aux grands inven-
teurs qu'elle s'honore de continuer. La tradition, la vraie, qui ne se confond pas avec la
routine, consiste dans une continuité entre
l'imitation et l'invention. C'est à établir cette
continuité que chaque génération doit travailler.
Par conséquent, l'autorité des pères est toujours
respectable ; elle doit même être entière tout le
temps que dure l'éducation par où l'ascendance
imprègne la descendance de ses traditions. Mais

une fois l'éducation terminée, la formation tra-
ditionnelle achevée, c'est à la génération ainsi
élevée et formée à décider d'elle-même, à orienter
sa vie, à inventer pour son compte et à forger
selon son idéal propre le nouvel anneau de la
chaîne. Les fils doivent rappeler les pères, leur
ressembler, si l'on veut, mais être cependant
autre chose que des reproductions ou que des
copies. Sans quoi ils perdraient leur raison
d'être. De quoi servirait-il en effet qu'ils exis-
tassent s'ils ne faisaient que reproduire les
paroles, les gestes, les attitudes du passé? Autant
vaudrait immobiliser le temps et supprimer ces
inutiles marionnettes. En se réservant le droit
de choisir les époux de leurs filles, d'agréer les
épouses de leurs fils, les pères de l'ancien régime
usurpaient sur les droits de leur descendance.
Ils étendaient une main despotique sur la famille
nouvelle qui allait se former dans la lignée et ils
exagéraient par là le droit du passé à diriger
l'avenir. Nous avons vu dans Vivès la théorie de
l'autorité absolue des pères au moins sur les
filles. Les fils n'étaient guère moins exempts de
la même discipline. Les comédies de Molière
sont pleines des luttes des fils et des filles avec
les parents à propos du mariage. Dans la réalité
des choses, grâce aux disciplines religieuses, les
mariages n'étaient ni plus ni moins heureux,
les femmes s'accommodaient de leur situation,
les hommes se conformaient assez aisément aux
désirs de leur famille; cependant quelque chose

était faussé dans les rapports naturels des sexes, dans les lois normales de l'union conjugale.

L'amour d'abord était considéré comme le grand ennemi. Il faut se défier de toute inclination naturelle qui pousse l'un vers l'autre deux jeunes gens, parce qu'elle pourrait bien n'entrer pas dans les plans des deux familles, contrarier les vues paternelles. C'est le père qui donne à la fille l'époux qu'il veut ; c'est le père qui choisit la femme qu'il destine à son fils ; à peine laisse-t-on à ce dernier un peu plus de liberté. Mais pour la fille, c'est une misérable et une dénaturée si elle s'avise de refuser le mari qu'on lui propose. Si en secret elle en aime un autre, surtout si elle l'avoue, c'est une fille perdue. Il faut avoir senti dans l'histoire cette compression étrange du plus naturel des sentiments pour comprendre l'explosion de 1830, la revendication des droits de l'amour et toutes les divagations romantiques. Aussi, pour préserver les filles de toute inclination intempestive, on les garde au couvent jusqu'au moment de les marier. A peine ont-elles quelques vacances. Les jeunes hommes sont au collège, ou à l'armée, ou aux affaires, ou à l'Université ; les jeunes filles sont au couvent ou toujours sous l'œil de leurs mères, sans cesse accompagnées par leur gouvernante ou par leur chambrière. Une fille bien née ne sort jamais seule avant d'être mariée. Pour les jeunes hommes comme pour les jeunes filles le « sexe », c'est l'ennemi. On sait d'ailleurs par les comédies, par la chronique scandaleuse, qu'à toutes ces précautions le diable ne perdait rien ou du moins pas grand'chose.

Et même il finit par gagner beaucoup. Nous savons ce que furent les mœurs féminines au dix-huitième siècle. Les femmes mariées se rattrapaient de la contrainte contre nature infligée à leur jeunesse. De la cour et de la noblesse l'exemple des mauvaises mœurs descendit dans la bourgeoisie et dans le peuple. Et de la même façon, c'est pour la raison d'État que les souverains épousent sans les connaître des femmes qu'ils n'aiment pas; ils se dédommagent avec les Montespan et les Pompadour. C'est de même pour des raisons de famille ou de fortune que les nobles ou les bourgeois se marient sans affection; ils cherchent donc ailleurs de quoi se dédommager.

II

Ce qui peut paraître singulier, c'est que ces errements aient survécu à l'ancien régime et que la bourgeoisie triomphante ait voulu les perpétuer. Rien cependant n'est plus naturel : la bourgeoisie, après avoir détrôné la noblesse pour tâcher de la remplacer, n'a eu rien de plus à cœur que de l'imiter. L'exercice de l'autorité

paternelle dans le mariage servait aux familles
nobles à maintenir, à accroître leur puissance;
les familles bourgeoises trouvèrent dans la même
autorité un moyen pour augmenter leur prestige et leur pouvoir. Et comme, dans la société
issue de la Révolution, le pouvoir en somme est
proportionnel à la richesse, l'autorité paternelle
des familles bourgeoises s'employa à découvrir
pour leurs filles des maris « ayant le sac » et à
interdire à leurs fils d'épouser des « sans le sou ».
La chasse à la dot devint une institution et, par
une réaction inévitable, beaucoup de filles de la
bourgeoisie demeurèrent éloignées du mariage.
De là une crise qui dure encore et qui est loin
d'être terminée. Car les jeunes démocrates ne
paraissent pas, sur ce chapitre, plus disposés à
se passer d'une dot que les aristocrates ou les
bourgeois censitaires.

De là, encore, la surveillance étroite exercée
sur la jeune fille presque durant tout le dernier
siècle. L'amour est encore le grand ennemi. Ce
n'est qu'à partir de 1867 et des cours Duruy
qu'on sent très nettement le besoin de donner
de l'air à l'éducation des filles. Cependant jeunes
hommes et jeunes filles sont encore élevés tout
à fait séparément; on s'évertue à mettre entre
les deux sexes, à l'heure où naîtraient les plus
pures inclinations, comme des cloisons étanches.
La jeune fille ne rencontrera l'homme qu'au bal,
c'est-à-dire dans les circonstances les plus factices, les plus propres à éveiller les sens en

même temps qu'à fausser son jugement. De là des résultats déplorables, surtout pour les jeunes hommes : arrivés à vingt ou vingt-cinq ans sans avoir vécu avec de vraies jeunes filles ce sont des singes vicieux ou des niais, des brutes ou des godiches. Plus religieuses ou moins effrontées, les jeunes filles valent mieux; mais parmi elles que d'esprits faux! Tous et toutes sont élevés d'ailleurs dans cette pensée que le mariage est une affaire ou un établissement mondain, que les impulsions du cœur sont suspectes et que c'est dans le calcul des revenus que se trouvent les raisons principales et vraiment déterminantes.

Peu à peu, depuis trente ans, la surveillance paternelle s'est relâchée, les jeunes gens des deux sexes se fréquentent davantage; les sports, les jeux en plein air, l'usage de plus en plus répandu des villégiatures et des bains de mer, ont favorisé ces fréquentations. L'esprit des jeunes filles s'est considérablement ouvert et s'est même émancipé. On leur permet de faire seules quelques menues courses et même quelques voyages. Malheureusement les convictions et les habitudes religieuses, la tenue morale n'ont pas progressé parallèlement. On peut même dire que c'est juste tout le contraire. L'esprit de simplicité ne paraît pas non plus avoir rien gagné. C'est l'amour du plaisir et du paraître que l'on voit au contraire se développer. En sorte que si la plus grande liberté laissée aux

jeunes gens favorise les inclinations, elle permet
beaucoup plus souvent les flirts, les liaisons
sans conséquence, trop souvent inconséquentes,
parfois dangereuses, qu'elle n'assure de bons et
solides mariages. Les jeunes filles ne renoncent
à leurs rêves de luxe que lorsque décline déjà la
fleur de leur jeunesse; elles laissent passer près
d'elles, sans vouloir l'entendre, la chanson vi-
rile et pure qui, avec quelque courage, aurait
enchanté leur vie; les jeunes hommes ont établi
leur bilan : il leur faut absolument pouvoir
compter sur tel revenu; ils résisteront à l'inclination même la plus pure et la plus forte; ils
feront verser des larmes, qui sait? peut-être ils
en verseront eux-mêmes, plutôt que de relâcher
quelque chose du programme qu'ils se sont
tracé (1). Ils ne voient pas les uns et les autres,
les insensés! ils ne savent pas que, une fois
strictement assurées la nécessité et la dignité de
la vie, tout le reste, tout ce luxe, tous ces faux
besoins, tout ce *standard of life*, n'est qu'une
façade de vie et non pas la vie même, la vie de
la famille; vie du foyer avec l'amour réciproque,
le sourire mutuel, l'harmonie des volontés, la
correspondance des intelligences et la communion des cœurs. Ah! quel hymne à la vie simple,
à la vie saine, à la vie forte, à la vie paisible, il

(1) Un jeune romancier de talent, M. Henri BORDEAUX, a
fait dans la *Peur de vivre* (in-8°, Fontemoing, 1902) le tableau
de toutes ces petites lâchetés et de leurs douloureuses conséquences.

faudrait chanter à toute cette jeunesse, qui à travers tant de révolutions et de ruines se cherchait, s'est maintenant trouvée et ne sait plus que faire du flirt quand elle devrait faire de l'amour, de ce grand et légitime amour qui se déploie libre et fier sous le soleil de Dieu pour assurer les vrais mariages à la fois purs et féconds. Quel poète chantera cet hymne ? Quel moraliste de bon sens persuadera tous ces jeunes gens qu'ils perdent le bonheur en courant après son fantôme ?

Le bonheur ne se rencontrera qu'à la condition de revenir aux conditions naturelles de la vie. Il faut se bien rendre compte qu'il y a dans la vie le nécessaire — et par nécessaire j'entends non seulement le strict nécessaire pour la conservation, mais aussi le nécessaire pour la dignité de la vie — et le superflu. Tout ce qu'on retranche au superflu non seulement enrichit, mais libère, permet de mieux vivre à sa guise, chacun selon sa loi propre et son propre caractère. Ce qui est coûteux et aussi qui ne sert de rien à notre satisfaction vraie, c'est ce que nous imitons des autres, c'est ce que la mode nous impose ou que nous croyons qu'elle nous impose ; c'est surtout ce que nous nous astreignons à faire par le sot désir d'imiter tel ou tel, ou encore d'éblouir notre entourage et de jeter de la poudre aux yeux. Nous nous laissons ainsi envahir par l'insincérité et par le mensonge, et à ce mensonge nous sacrifions la vérité, la substance de notre vie, la bonté sereine et souriante qui aurait dû être la compagne de notre existence, la virilité intelligente qui aurait dû nous soutenir et nous éclairer la route ! *Si scires donum Dei!*... Oui, si nous connaissions le don de Dieu !... Mais nous le méconnaissons, nous laissons le bonheur passer à côté de nous comme un ange qui nous frôle et dont on refuse de prendre la main.

III

Une autre cause d'altération des relations entre époux se trouve dans les dispositions du Code et dans les errements pratiques qui ont exagéré la puissance maritale. Il est remarquable que notre Code ne tient aucun compte de certaines des conditions les plus essentielles du mariage.

Il admet sans doute quelques cas de nullité, mais il les limite si étroitement que tant que le divorce n'était pas admis la loi maintenait comme enchaînés l'un à l'autre des êtres qui certainement devant le droit naturel n'avaient jamais été mariés. Et ainsi l'excessive et injuste rigidité de la loi a fourni plusieurs prétextes pour attaquer le lien conjugal lui-même.

Le Code civil français, comme le droit canonique, admet deux sortes d'empêchements dirimants ou, comme il s'exprime, deux sortes de cause de nullité : les unes disciplinaires et insti·· tuées par la loi ; les autres de droit naturel que la loi ne fait que préciser, proclamer et consacrer. Les premières sont au nombre de deux; le mariage est nul : 1° s'il n'a pas été célébré devant l'officier de l'état civil compétent ; 2° s'il n'a pas été contracté publiquement (1). Les secondes comprennent : 1° l'âge des deux époux (2) ; 2° le défaut de leur libre consentement (3) ; 3° l'erreur sur la personne (4) ; 4° le manque de consentement des ascendants (5); 5° un mariage antérieur (6); 6° la parenté à un degré prohibé (7).

Parmi ces divers empêchements nous avons vu qu'il est tout à fait contraire au droit naturel de mettre le manque de consentement des ascendants sur la même ligne que le défaut du libre consentement des époux. Ce dernier consentement est absolument nécessaire; mais le premier, s'il est convenable, utile, décent, honorable, n'est pas du tout essentiel. Il ne mérite pas d'être placé parmi les empêchements dirimants de droit naturel, mais seulement parmi ceux qu'a institués la volonté du législateur. Et

(1) Art. 191.
(2) Art. 144, 184.
(3) Art. 146, 180.
(4) Art. 180.
(5) Art. 182.
(6) Art. 188, 189.
(7) Art. 161-165, 184.

l'on peut contester le bien fondé de cette législation.

L'erreur dans la personne peut s'entendre de deux manières : on peut soutenir qu'une telle erreur n'existe que lorsqu'il y a véritablement substitution de personne, comme si ayant l'intention d'épouser Pierre on épousait Paul faussement revêtu des apparences de Pierre. C'est le genre de substitution par laquelle Rébecca trompa Isaac en lui faisant bénir Jacob à la place d'Esaü. Telle était la pensée de Portalis qui, dans son exposé de motifs sur l'article 180, s'exprimait ainsi :

« L'erreur, en matière de mariage, ne s'entend point d'une simple erreur sur les qualités, la fortune, ou la condition de la personne à laquelle on s'unit, mais d'une erreur qui a pour objet la personne même. Mon intention déclarée était d'épouser une telle personne ; on me trompe, ou je suis trompé par un concours singulier de circonstances, et j'en épouse une autre qui lui est substituée à mon insu, et contre mon gré : le mariage est nul. »

Mais suivant un second système, continue un commentateur, l'article 180 traite tout à la fois de l'erreur sur la personne physique et de l'erreur sur certaines qualités essentielles, dites constitutives de la personnalité civile. C'est ce système qui prévaut aujourd'hui en doctrine et en jurisprudence.

La plupart des rédacteurs du Code civil considérèrent formellement l'*erreur sur l'identité civile* comme rentrant dans les termes de l'article 480. Cambacérès et Maleville firent observer que la règle avait surtout pour objet la personne sociale (*Discours au Conseil d'État*, Locré, Lég., IV, p. 324 et suiv., nᵒˢ 15-18, p. 362 et suiv., nᵒˢ 41 et 42).

Sur le point de savoir quelles sont les qualités constitutives de la personnalité civile, consulter : Aubry
et Rau (*Dr. civ.*, t. VI, § 462, note 9); Marcadé
(art. 180); Demolombe (t. III, n° 253); Massé et Vergé
(t. I, p. 206, note 4); Demante (t. I, n° 262 *bis*); Pont
(*Rev. crit.*, 1861, t. XVIII, p. 193 et 289).

Si l'un des époux a faussement revêtu son conjoint
d'une personnalité civile qui lui était étrangère, il
n'est que juste et moral qu'il puisse faire annuler une
union, à laquelle il n'attachait peut-être de prix qu'en
considération de celle-ci. Voir Baudry-Lacantinerie
(*Dr. civ.* : *Des personnes*, t. III, n° 1725).

C'est ainsi qu'il a été jugé que, si la nullité ne peut
être étendue aux simples erreurs sur des conditions
ou des qualités de la personne, et notamment sur des
flétrissures qu'elle auraient subies : C. de cassation,
24 avril 1862 (Sirey, 1,862. 1,341), ou sur l'impuissance ou le défaut de conformation de l'un des époux :
C. de Riom, 30 juin 1828 (Sir., 1828. 2. 226), il y a
erreur sur la personne civile si un époux, en se
mariant, s'est faussement attribué le nom et l'état
d'une autre personne déterminée, ou s'il s'est donné
un nom et un état purement imaginaires, en se pré-
sentant comme membre d'une famille qui n'est pas la
sienne et en s'attribuant des conditions d'origine et
de filiation mensongères : C. de Bourges, 6 août 1827
(Sir., 1829. 240) (1).

Cette jurisprudence a encore été tout récemment confirmée dans l'affaire Vervoort-Savine
(pseudo Toulouse-Lautrec) (2).

(1) *Gazette des Tribaunaux*, 9 avril 1903.
(2) Audience du 6 avril 1903, *Gazette des tribunaux, loc.
cit.* — Voici l'attendu qui dans l'espèce est le plus important :
« Attendu que, par ces mots : « erreur dans la personne »,
la loi n'a pu viser uniquement la personne physique; qu'à

Il est donc admis que l'erreur sur « la personnalité civile » constitue, aussi bien que la substitution matérielle, « l'erreur dans la personne » dont parle le code civil. Mais cette personnalité civile se réduit en somme à l'état civil. On en exclut formellement les qualités, l'impuissance, les maladies graves ou contagieuses qui pouvaient exister au moment du mariage. On est en droit de se demander si cette jurisprudence n'est pas trop étroite et si l'on peut décalquer précisément les limites de la validité du mariage sur une définition de la personne qui, si elle veut rester juridique, objective et déterminée devra être inexacte et très étroite, ou, si elle prétend à une rigueur complète, devra être métaphysique et s'exposer dès lors à toutes les discussions.

Parmi nos jurisconsultes français, Demolombe est un de ceux qui ont voulu élargir la portée de l'article 180, et il institue une longue et savante discussion pour établir qu'il y a erreur dans la personne, non seulement quand il y a erreur sur la personne physique, ou sur la personne

moins d'un texte précis il est inadmissible que le législateur n'ait eu en vue qu'une hypothèse aussi difficilement réalisable; que l'article 180 du Code civil trouve donc aussi son application lorsque l'erreur porte sur la personne civile, c'est-à-dire lorsque notamment, au moyen de faux titres, un des époux est parvenu à se faire agréer comme membre d'une famille qui n'est pas la sienne; qu'il y a dans ce cas, au point de vue social, substitution d'une personne à une autre, et par conséquent erreur dans la personne. »

sociale, mais encore quand l'erreur porte sur
« les qualités qui rendent l'individu habile au mariage et qui en fait une personne mariable (1) ».
Ainsi, d'après Demolombe, bien que dans notre
Code l'impuissance ne soit pas par elle-même
une cause de nullité, elle le devient en vertu
de l'article 180 si elle est reconnaissable, parce
qu'elle constitue alors une erreur sur une qualité substantielle. Demolombe estime encore que
la femme catholique qui aurait épousé un prêtre
dont elle ignorait la condition, ou celle qui
épouserait un forçat libéré, sans connaître sa
déchéance, commettraient la même erreur et
pourraient exciper de l'erreur dans la personne
pour réclamer l'annulation de leur mariage.

L'équité naturelle et le souci de remédier à
des difficultés pratiques incontestables paraissent
avoir dû guider le jurisconsulte plutôt que la rigueur même du raisonnement juridique, car on
ne voit pas bien en quoi la prêtrise ou la déchéance empêchent un homme d'être une personne mariable devant le Code qui n'admet ni
les vœux religieux ni la mort civile.

Le nouveau code civil allemand a voulu remédier à cette difficulté en combinant les deux
empêchements de la « condition » et de l' « erreur ». Un mariage est susceptible d'annulation
pour cause d'erreur sur des particularités (*Ei-*

____

(1) *Traité du mariage*, liv. IV, sect. I, § II, n° 232, t. I,
p. 400, 2 vol. in-8°, Paris, 1874.

genschaften) personnelles telles que si on les avait connues, et en tenant compte avec réflexion de l'essence du mariage, les parties n'auraient point passé outre à la célébration. « Le législateur, dit Lehr, a eu ici en vue tout à la fois les particularités, le caractère et certains faits graves (impuissance, grossesse de la femme, maladies contagieuses ou repoussantes), à l'exclusion absolue des questions de fortune ou de situation sociale (1). » Au moyen âge, on considérait comme nul le mariage contracté avec un serf quand la partie libre ignorait la condition sociale de l'autre ; plus tard, sous l'ancien régime, on professa que celui qui épousait une personne, à cause de sa noblesse, la croyant noble alors qu'elle ne l'était pas, n'avait pas réellement contracté, à cause de l'inexistence de la condition du contrat. On n'avait pas songé alors à placer les maladies au nombre de ces conditions. Mais dans un état social très différent, ne pourrait-on pas soutenir que les maladies prennent l'importance qu'avait autrefois le rang social? La législation suédoise considère aussi comme une cause d'annulation une maladie secrète, contagieuse et incurable, ou la cohabitation avec un tiers, ignorée de l'autre partie au moment du mariage (2).

En Grèce et au Pérou l'erreur est une cause

(1) E. LEHR, *le Mariage, le divorce et la séparation de corps dans les principaux pays civilisés*, 4ᵉ part., t. I, § 4, n° 120, p. 56, in-8°, Paris, 1899.
(2) *Id., ibid.*

de nullité pourvu qu'elle porte sur les qualités essentielles de la personne. En Hongrie, elle l'est en cas d'impuissance, de grossesse ou de condamnation à la réclusion, ou aux travaux forcés ignorés de l'autre partie (1). En France même, dans le jugement que nous avons déjà cité, on voit le juge préoccupé d'insuffisance de la notion des personnes; il en vient à des considérations très voisines de celles qu'adopte le nouveau code civil allemand. Il dit en effet « qu'il est, en conséquence, possible d'affirmer que le faux état civil pris par Savine a été *la cause* qui a déterminé Clémence Vervoort à l'accepter pour mari (2) ». On voit par là dans quel sens à la fois traditionnel et novateur se développent la jurisprudence et la législation. Et c'est ainsi, selon nous, en suivant cette direction que jalonnent à la fois et la raison et l'histoire que, sans ébranler l'institution matrimoniale, on pourrait trouver un remède aux maux issus d'une législation arbitraire et sans nuances.

C'est dans cette même voie que l'on trouverait le moyen de délier les personnes indûment liées à des êtres impuissants et inhabiles au mariage.

On éviterait ainsi des jugements qui révoltent à la fois le bon sens et l'humanité, tels que celui qu'a rendu le 6 avril 1903 la chambre civile de

______

(1) LEHER, *ibid.*, n° 1010, p. 434.
(2) *Loc. cit.*

la cour de cassation et par lequel il est déclaré
que l'absence des organes génitaux internes chez
une femme ne saurait être une cause de nullité
pourvu qu'elle possède par ailleurs les apparences du sexe féminin (1).

Il n'est pas contestable que la procédure autrefois suivie dans les procès d'impuissance avait
quelque chose qui répugne à nos mœurs modernes qui, si elles ne sont pas meilleures, sont
du moins plus raffinées; mais le législateur, qui
brave la pudeur en tant d'autres nécessaires
occasions, devrait-il se laisser arrêter par des
considérations d'ordre purement sentimental?
Et la science physiologique n'a-t-elle pas fait
assez de progrès pour que l'on pût en de tels
procès supprimer sans grand risque les épreuves
les plus répugnantes, telles que celle du « congrès » ? Si en effet le code français, le code por-
tugais, n'admettent pas l'impuissance comme
cause de nullité; si le nouveau code civil allemand ne l'admet qu'indirectement, l'Angleterre, l'Autriche, le Danemark, l'Espagne,
l'Italie, le Mexique, la Norvège, la Russie, l'admettent au contraire (2), et toutes ces législations ont établi une procédure appropriée.

A ces causes qui altèrent la constitution naturelle du mariage il faut joindre diverses articulations qui règlent dans notre code les rela-

(1) *Gazette du Palais*, 20 avril 1903.
(2) LEHR, *Op. cit.*, n° 1049, p. 449.

tions des époux. Et d'abord, l'autorité du mari
sur les biens propres de la femme, dans la gestion des biens communs, non moins que sur
les enfants, dépasse de beaucoup ce qu'exige
l'équité. Il y a là dans notre code comme un
triste écho du droit païen. Non seulement le
code édicte (art. 213) que la femme doit obéissance à son mari, qu'elle doit le suivre partout
où il juge à propos de résider (art. 214), ce qui,
sauf la forme brutale du texte, est, en somme,
raisonnable et nécessaire pour le bon ordre
familial; mais il ajoute ces prescriptions : « La
femme, même non commune ou séparée de
biens, ne peut ester en justice (art. 215); elle
ne peut donner, aliéner, hypothéquer, acquérir,
à titre gratuit ou onéreux, sans l'autorisation de
son mari; alors même que le mari est absent ou
incapable (art. 221, 222), elle a encore besoin
d'une autorisation judiciaire. » Ainsi la femme
mariée, et la femme mariée seule, puisque la
femme majeure non mariée a tous les droits
civils de l'homme, est constamment traitée en
mineure. Quant à son autorité sur les enfants,
du vivant de son mari, légalement elle n'en a
aucun, car « le père seul exerce cette autorité
durant le mariage (art. 373). Le père seul a la
jouissance des biens des enfants jusqu'à l'âge de
dix-huit ans accomplis » (art. 384).

Le mari administre seul les biens de la communauté. Il peut les vendre, aliéner et hypothéquer sans le concours de la femme (art. 1421).

Il peut même disposer des effets mobiliers à titre gratuit et particulier, au profit de toutes personnes, pourvu qu'il ne s'en réserve pas l'usufruit (art. 1422). Ce qui veut dire que, s'il plaît au mari de démeubler sa maison, d'aliéner des valeurs, il est parfaitement libre, et il peut même meubler un appartement et y entretenir une concubine avec les deniers communs ; il n'est pour cela passible d'aucune peine ; il n'encourt aucune responsabilité pécuniaire. Si d'autre part l'adultère de la femme est puni de trois mois au moins et de deux ans au plus d'emprisonnement (Code pénal, art. 337), le mari ne saurait subir aucune peine à moins d'avoir entretenu une concubine dans la maison conjugale (art. 339); il a donc ailleurs toute liberté, et alors même qu'il est convaincu de délit punissable, il s'en tire sans prison avec une amende de cent francs à deux mille francs. Bien que le code civil dise que « les époux se doivent mutuellement fidélité, secours et assistance » (art. 213), le code pénal ne juge donc pas que cette réciprocité de devoirs mutuels doive aller jusqu'à une égalité véritable devant les obligations. Le code pénal tolère l'adultère de l'homme hors de la maison conjugale; il ne le punit dans cette maison même que lorsqu'il a pris un caractère particulier, car, pour que le mari soit punissable, il ne suffit pas qu'il ait commis une faute isolée et accidentelle, il faut qu'il ait « entretenu » une concubine au domicile conjugal. Enfin et pour comble, dans le cas d'adultère, le meurtre commis par l'époux sur son épouse à l'instant où il la surprend en flagrant délit dans la maison conjugale est excusable (Code pénal, art. 324), et vous chercheriez en vain une excuse dans le code à l'épouse meurtrière de son mari dans les mêmes circonstances.

Ainsi donc, soit qu'on considère la femme comme propriétaire, comme mère ou comme épouse, la législation civile, non seulement lui fait une condition dépendante et subordonnée, ce qui à la rigueur pourrait se comprendre, mais encore diminue ses droits au delà de toute mesure, si même elle ne les annule tout à fait. Elle établit une inégalité odieuse entre l'homme et la femme en ce qui concerne la punition de l'adultère; elle dénie à la femme même non commune et séparée de biens les droits les plus élémentaires sur ses biens propres; sous le régime de la communauté, elle laisse complètement les biens de la femme à l'arbitraire du mari; enfin, elle ne reconnaît à la femme durant la vie du mari aucune autorité légale sur les enfants.

Je sais bien que les juristes allèguent des raisons en faveur de ce système, que l'adultère de la femme a une autre importance sociale que celui du mari, qu'il faut qu'il y ait dans le mariage une autorité qui décide en dernier ressort et que la loi ne doit connaître que celle-là; il n'en est pas moins vrai que si les formules de ce code ne choquent pas de vieux juristes élevés à la rude école du droit romain, ces mêmes formules parai.. sent brutales à quiconque les entend bien, brutales et injustes, brutales surtout parce qu'elles sont injustes.

Et d'abord le droit de tuer reconnu au mari, et au mari seul, n'est qu'un vestige de l'antique barbarie; pour l'honneur de l'humanité, il devrait disparaître de nos codes. Si la loi regarde l'adultère comme punissable, que les pénalités en principe soient les mêmes pour l'homme et pour la femme, sauf au tribunal à apprécier les circonstances. Que le code reconnaisse à la mère une autorité effective sur les enfants, même durant la vie du mari; si les deux époux viennent à ne pas s'entendre, que la loi institue un arbitre qui les partage, mais qu'elle reconnaisse à la mère le droit d'être entendue et d'être écoutée en tout ce qui touche à l'éducation et à l'établissement des enfants. Et qu'enfin la femme puisse gérer ses biens propres, les aliéner sans le concours de son mari, ou, ce qui serait mieux peut-être, qu'aucun des deux n'ait le droit d'aliéner ou d'hypothéquer ses propres biens sans le concours de l'autre; que du moins ils soient libres de stipuler, par contrat, comme ils l'entendront, sur ces diverses points (1). Dans un récent con-

______

(1) On sait qu'une loi récente a permis à la femme de disposer librement de son salaire personnel. — La loi sur la Caisse nationale d'épargne permet aussi à la femme de déposer et de retirer ses fonds sans l'assistance de son mari.

grès des Unions de la paix sociale (juin 1901),
les congressistes ont presque tous manifesté leur
sympathie pour le régime de la séparation de
biens. De tous ceux qu'admet le code civil, c'est
en effet celui qui laisse à la femme le plus de
liberté. Et sans aucun risque pour la bonne
administration des biens, car de deux choses
l'une : ou les deux époux ne seront pas d'accord, et alors, comme il faudra une fois ou
l'autre en venir à une séparation toujours longue
et dispendieuse à obtenir, autant l'établir immédiatement et sans frais; ou les époux s'entendront entre eux, et alors l'administration des
biens séparés se fera d'un commun accord. Mais
le régime dotal, si vanté jadis, le régime de la
communauté simple ou même de la communauté réduite aux acquêts, qui étaient les deux
régimes, le dernier surtout, les plus universellement adoptés par les époux sur le conseil des
notaires, paraissent devoir être de plus en plus
abandonnés.

Et véritablement à bon droit, car il n'est pas
bon pour l'institution matrimoniale que les ressorts en soient ainsi faussés par la loi; que la
femme, qui doit être égale à l'homme en dignité,
soit ainsi perpétuellement traitée en mineure et
en suspecte. Il faut qu'elle ne soit pas livrée
dans ses biens à l'arbitraire de l'homme; qu'elle
soit protégée dans sa dignité d'épouse, dans son
autorité de mère. Admettons qu'en cas de con-
testation et de conflit, puisqu'il faut bien en fin

de compte qu'une des deux volontés prévaille,
ce soit à la femme de céder — et d'obéir, si
l'on veut — on devrait cependant admettre en
certains cas la possibilité d'un recours. Et c'est
ici qu'on pourrait reprendre à la période qui va
de 1792 à 1803 l'idée d'un tribunal de famille
qui servirait d'arbitre et de juge.

La situation que le Code fait à la femme, en
même temps qu'elle lui enlève de sa responsabilité, l'amoindrit à ses propres yeux; elle se regarde trop volontiers comme incapable de gérer
les biens communs et de surveiller l'éducation
des enfants. Il n'est pas bon que la femme se
résigne à un rôle inférieur ou frivole. Il n'est
pas bon non plus que l'homme ait une responsabilité trop grande. Investi par la loi d'une
autorité sans contrôle, il est trop facile d'en
abuser. Sans doute, de tout temps, l'intelligence
et la valeur personnelles de beaucoup de femmes
ont rétabli à leur profit l'équilibre rompu par le
Code; mais le joug du mariage serait moins dur
si les dispositions de la loi civile n'étaient venues
l'aggraver. Moins libres de disposer de la fortune
de leur femme, les hommes courraient moins
après les dots; obligés de compter avec leur
femme dans toutes les décisions importantes,
les hommes s'inquiéteraient davantage de connaître le caractère de celle à laquelle ils veulent
associer leur sort; ils voudraient l'approfondir
de peur de s'exposer à de désagréables surprises;
ils sentiraient davantage la nécessité de mettre

l'amour, l'amour vrai, l'amour à la fois enthousiaste et réfléchi, à la base du mariage, et bien des faillites conjugales seraient prévenues par là.

Car c'est là le plus grave défaut du mariage tel que l'ont fait la législation et les mœurs : il y manque trop souvent ce sans quoi l'union de l'homme et de la femme peut être une alliance en vue du plaisir ou une association d'intérêts, mais n'est pas un vrai mariage; l'union des corps motivée et maintenue par la communion des âmes. L'amour à lui seul ne suffit peut-être pas pour motiver le mariage, mais sans lui tout le reste ne vaut rien et ne sert de rien. Et ce n'est pas tout à fait à tort que les littérateurs romantiques l'ont exalté. Ils l'ont fait assurément sans mesure; mais on l'avait aussi pratiquement méprisé, négligé ou rabaissé en dehors de toute mesure.

IV

Voici donc quelles sont les conditions ou les lois du mariage qui résultent de tout ce que nous venons de dire :

Un jeune homme, une jeune fille, se connaissent, se préfèrent, s'aiment, se choisissent. Comme il s'agit d'une chose grave, qu'ils font partie de groupes familiaux dont ils se sentent solidaires, ils s'informent auprès d'eux et prennent conseil. Des fiançailles un peu longues leur permettent de s'observer et de se connaître, et seuls ils décident et se décident.

Ils savent que leur union a un double but : un but principal, la continuation de la moralité par la continuité de la race humaine ; un but secondaire, la réalisation de leur propre destinée ; une vitalité personnelle moins ballotée au vent des passions traîtresses, partant plus intense, plus noble et plus haute. Ils savent donc que leurs serments sont indissolubles, qu'ils s'engagent pour la vie.

Ils s'unissent par une libre décision ; ils sont liés dès que cette décision est complètement exprimée, dès qu'ils ont échangé leurs serments. Dans une île déserte, seuls en face de la nature et de Dieu, ils seraient aussi légitimes époux qu'ils peuvent l'être après toutes les cérémonies usitées aux pays civilisés.

Cependant, à cause de l'intérêt même qui s'attache pour la société à l'acte qu'ils accomplissent, puisque c'est grâce à des actes semblables que la société se survit, la société a le droit d'exiger d'eux qu'ils déclarent leur union, qu'ils y appellent un ou plusieurs témoins, et tels témoins, plutôt que tels autres, qu'ils la fassent inscrire sur les registres sociaux. Toutes ces formalités, tous ces rites ne créent pas le mariage ; ils ne font que le déclarer, le certifier et l'enregistrer.

Il se peut que cette union ainsi ratifiée et proclamée n'ait du mariage que l'apparence. Si le choix n'a pas été libre, s'il y a une erreur de personne, si les conditions qu'on croyait exister n'existent pas, si aucun des deux buts essentiels du mariage ne peut être atteint; si l'un des deux contractants, préalablement engagé dans d'autres liens, était par là même inhabile à contracter; s'il y a une parenté illégitime, l'union pourra et devra même, quand la cause qui l'annule aura été découverte, être déclarée dissoute; en réalité il n'y aura pas dissolution du mariage, puisque le mariage n'a pas existé. Le mariage existe ou n'existe pas. Quand il existe, nul ne doit ni ne peut le rompre; ses liens sont sacrés.

Si les époux se sont librement choisis après s'être fréquentés, et éprouvés et aimés; s'ils se marient bien moins pour eux-mêmes qu'en vue des fins supérieures de la race et de la moralité, ils sont à peu près assurés contre les causes les plus profondes de désunion. S'ils connaissent le malheur, ils le regarderont comme un accident qui ne saurait altérer l'essence indissoluble de leur contrat. Ils avaient un but supérieur à leur bonheur même, et ce n'est pas parce que quelque chose leur fait défaut pour atteindre leur but secondaire qu'ils vont s'exposer à manquer le but principal.

Quant aux autres qui n'ont uni que des désirs ou n'ont associé que des intérêts, ils seront à peu près inévitablement malheureux, mais leur malheur ne prouve rien que contre eux-mêmes.

Car, ayant par leur conception propre dénaturé l'essence du mariage, il n'est pas étonnant qu'ils subissent les conséquences de cette déformation. L'homme qui, s'obstinant à vivre dans un air saturé d'acide carbonique, se plaindrait d'être empoisonné, ne saurait s'en prendre aux lois de la vie. Nous ne pouvons, quand nous allons au rebours de la nature des choses, que nous rendre malheureux. Et si nous ne sommes pas toujours complétement heureux en nous pliant aux lois naturelles, au moins sommes-nous le moins malheureux qu'il est possible. Vouloir, étant hommes, trouver le bonheur dans une conception inhumaine, irrationnelle du mariage, c'est vouloir faire vivre un homme dans l'eau et s'étonner encore qu'il y trouve l'asphyxie.

V

Il semble qu'à l'énoncé de ces lois qui sont comme la conclusion de tout ce travail on entende l'écho de la législation du catholicisme. Pour ceux en effet qui connaissent cette législation ou qui auront lu ce que nous en avons dit plus haut, il leur aura semblé que nous n'avons fait que traduire en termes... comment dirai-je?... laïques les formules de la théologie catholique.

On voudra bien cependant remarquer que la

législation si simple et si naturelle que nous venons d'énoncer, qui pourrait servir de point de départ à tant et à de si graves réformes légales et morales, n'est que la conséquence des considérations les plus naturelles, les moins dérivées des dogmes religieux. Dès que l'on admet que le mariage a pour but l'enfant et non les parents, la race future et non la race passée, cette législation s'ensuit nécessairement. Or, pour reconnaître que le mariage ne saurait avoir pour but les parents, que son but principal est l'enfant, il suffit de considérer ce sans quoi le mariage serait un non-sens, l'existence même du sexe. Il est de toute évidence que cette fonction a pour but la continuité de la race, les enfants donc et non les parents. Il n'y a dans cette constitution aucune espèce de préjugé dogmatique ou religieux. Et c'est d'elle que tout dérive.

Les parents, pour se soustraire aux obligations qu'ils ont contractées, n'ont pas le droit d'alléguer avec le landgrave de Hesse ou Diderot, l'inconstance naturelle, l'impassibilité de la continence ou même de la chasteté. Hume leur répond que la constance est possible et les médecins leur disent qu'il n'y a aucune nécessité naturelle qui s'oppose à la continence. Il suffit donc de vouloir. L'obligation peut être pénible, mais depuis quand la difficulté du devoir en dispense-t-elle?

Ce n'est pas par un amour absurde de la douleur que l'indissolubilité est imposée; c'est au contraire pour épargner la douleur. Il faut qu'il y ait dans l'existence le moins de malheur possible : tout le monde en ce point est d'accord avec le Lebensei de *Delphine*; mais toute la question est de savoir comment on pourra réduire le malheur à son minimum. Les époux croient volontiers que c'est en se l'évitant à eux-mêmes; mais le philosophe, le législateur doivent s'élever plus haut, ils doivent faire porter leur calcul sur la race entière et c'est alors qu'ils découvrent ce qui vaut mieux : si le malheur ne peut pas être évité, il y a économie à ce qu'il retombe sur les parents plutôt que sur les enfants, car les parents sont déjà le passé, et les enfants, au contraire, commencent un avenir dont la durée est indéfinie. Le malheur devient donc en ce cas justifié, légal et obligatoire et il convient de s'y résigner, non parce qu'il est douloureux, mais parce qu'il évite à l'ensemble humain des douleurs plus fortes et plus prolongées.

Il faut aussi se résigner à ne voir plus dans l'amour qu'une passion dont la valeur a besoin d'être justifiée par la raison. L'amour vaut si la raison l'approuve, il peut être détestable si la raison le déclare tel. Et il faut qu'il en soit ainsi à moins de rejeter toute morale.

Ce faisant, en domptant l'inconstance naturelle, en sacrifiant les désirs de la nature inférieure, qui nous est comme un reste d'animalité, pour satisfaire les tendances supérieures de notre nature humaine, nous n'atrophions ni ne diminuons en rien notre vie. Nous l'exaltons au contraire le plus que nous le pouvons. Car c'est véritablement vivre sa vie que de vivre en homme, c'est-à-dire en acceptant pour obéir au devoir, aux intérêts supérieurs de la race et de la moralité, les luttes pénibles, la domination de nos fièvres les plus impérieuses, et le malheur même. Lutter au contraire, et se dominer au prix de la souffrance, c'est cela même qui est vivre, et vivre supérieurement, car c'est être libre, et celui qui fuit devant le malheur comme devant l'orage, qui recule devant la passion ou devant la lutte, n'est qu'un esclave et qu'un lâche.

Pour souscrire à ces enseignements, il suffit d'admettre d'abord que la morale a le droit d'exiger de nous et la souffrance et la lutte, ce qui, nous devons le reconnaître, n'est pas contesté par les partisans du divorce, ni même toujours par ceux de l'union libre ; il suffit de reconnaître ensuite que le mariage a pour but avant toutes choses la naissance et l'éducation des enfants et non pas surtout le bonheur de leurs parents.

Il n'est donc pas étonnant que la législation que nous avons déduite de ce principe se rapproche de la législation du christianisme catholique. Car, nous l'avons vu, c'est le christianisme qui le premier a donné comme but au mariage la valeur morale de l'enfant, et c'est le catholicisme seul qui a conservé intacte cette position. En admettant que le mariage pouvait être rompu dans l'intérêt des parents, les autres Églises chrétiennes ont altéré la pure doctrine.

C'est pour cela que l'Église catholique a voulu que les futurs époux fussent les maîtres absolus de leur décision matrimoniale. Malgré les efforts qui furent faits auprès des Pères du concile de Trente et bien qu'elle recommande aux enfants de suivre en si grave matière les conseils de leurs parents, l'Église n'a pas voulu faire du consentement des parents une condition nécessaire du mariage (1). Le fond de la doctrine chrétienne soigneusement conservé par le catholicisme, c'est que le mariage est un sacrement que se confèrent les deux époux par le seul fait de leur décision expresse. C'est pour éviter les graves inconvénients qui résultent de la clandestinité que le concile de Trente a fait une obligation aux chrétiens de se marier devant leur propre curé, lequel n'est cependant pas le ministre, mais seulement le témoin nécessaire du sacrement.

Et l'Église, de même, n'admet jamais le divorce. Elle ne reconnaît que des cas de nullité, et, sous ses formes propres, ceux-là mêmes que nous avons établis plus haut (2). A ses yeux le mariage existe, ou n'existe pas. Il peut se faire,

______

(1) Voici, sur ce point, le texte du *Catéchisme du Concile de Trente*, chap. VIII, p. 37 : *Inter cætera autem maxime hortandi sunt filii-familias ut parentibus, et iis in quorum fide et potestate sunt, eum honorem tribuant, ut ipsis inscientibus, nedum invitis et repugnantibus, matrimonia ineant.*

(2) 1re part., p. 64.

en dépit d'apparences, que le mariage n'existe
pas, mais quand il existe il ne peut être qu'indissoluble. Il n'est pas possible d'ailleurs de confondre le prononcé du divorce avec une déclaration de nullité. Reconnaître certains cas de
nullité, ce n'est pas revenir au divorce par un
détour. Cela ne serait vrai que si, comme le con-
seillent quelques publicistes aussi bien inten-
tionnés que mal instruits, l'Église augmentait
les cas de nullité de façon à leur faire comprendre
un certain nombre des cas de divorce. On pourrait sans doute élargir l'interprétation que les
canonistes ont jusqu'ici donnée de l'empêchement portant sur la *condition;* mais les cas
de nullité ne peuvent pas arbitrairement être
augmentés ou diminués, car ils résultent de
façon toute nécessaire de la définition et des fins
mêmes du mariage. Le mariage, à la fois, a des
fins et des conditions : quand les fins ne peuvent
être réalisées, comme il arrive dans le cas de
l'impuissance, ou quand les conditions n'existent pas, comme il arrive dans les autres cas, le
mariage ne saurait exister non plus. C'est ce
dont le Code civil aurait dû tenir un compte
qu'il ne tient pas. Ceux qui critiquent cette doctrine doivent bien cependant reconnaître certains cas de nullité et, par exemple, la bigamie.
Peut-on reconnaître comme valable un second
mariage tant que le premier n'est pas rompu?
Et quant à l'accusation portée contre l'Église
d'être prête pour de l'argent ou pour les besoins

de sa politique à dissoudre comme nul n'importe
quel mariage, c'est véritablement en prendre
trop à l'aise avec l'histoire, car elle nous montre
au contraire l'Église se refusant à annuler des
mariages, au risque même des pires catastrophes.
Et le moindre bachelier sait bien que c'est pour
avoir refusé d'annuler le mariage d'Henri VIII
avec Catherine d'Aragon que l'Église a laissé
l'Angleterre se précipiter dans le schisme (1). Il
est vrai que les mêmes hommes qui accusent
parfois l'Église de trop de condescendance vitu-
péreront son intransigeante rigueur :

Abîmez tout plutôt, c'est l'esprit de l'Église.

Car, aux yeux de certaines gens, quand l'Église
cède aux demandes qu'on lui fait, elle a tort, et
elle n'a pas moins tort quand elle résiste. De
quelque façon qu'elle se conduise, elle est con-
damnable, tantôt pour avoir trop de politique
et tantôt pour n'en avoir pas assez. La vérité,
c'est que la pratique de l'Église est volontiers
indulgente toutes les fois qu'il lui est possible de
supposer la bonne foi, mais son indulgence
même est bridée par ses doctrines; elle évite le
plus qu'elle peut de prononcer le *non possumus;*
mais quand une fois il est prononcé, rien n'est

---

(1) MM. Eugène Philippon et Dauphin Meunier viennent
précisément de traduire en français l'ouvrage de l'historien
anglais Paul FRIEDMANN, *Lady Anne Boleyn* (in-8°, 2 vol.,
Fontemoing, 1903). On y voit la fermeté à la fois et la condescendance de la Cour romaine.

plus capable de la fléchir. Chaque pontife a eu
son tempérament, les temps ont pu faire varier
les contingences pratiques; jamais, même avec
un Grégoire VII ou un Boniface VIII, on n'a
trouvé l'Église intraitable et inaccessible aux
combinaisons légitimes; jamais non plus, même
en face d'un Napoléon, on ne l'a trouvée pliable
à tous vents et prête à toutes les concessions.

.L'Église, d'ailleurs, voit dans le mariage
quelque chose de plus que ce qu'y voient les
sociétés humaines. A ses yeux le mariage est un
sacrement; c'est-à-dire qu'il appartient à un
ordre surnaturel, ayant, en même temps que
des fins naturelles, des fins véritablement surnaturelles. Pour l'Église les enfants qui doivent
naître du mariage ne sont pas seulement des
hommes, mais des fils de Dieu, appelés par la
bonté gracieuse de Dieu à la divinisation.
L'homme et la femme, en s'unissant, travaillent
à augmenter dans la race humaine le nombre
des déifiés. Et l'on conçoit que les docteurs de
l'Église aient répété après saint Paul : « C'est
« vraiment un grand sacrement, je dis : grand
« en Jésus-Christ en son Église (1). » L'amour
de l'homme et de la femme que certains esprits
étroits pensent être condamné par le christianisme est, au contraire, considérablement relevé
par les doctrines chrétiennes. Ce penchant qui
plonge sa racine dans le sol de la bestialité voit

____

(1) *Ad Eph.*, chap. v, v. 32.

sa cime monter et fleurir jusqu'en plein ciel. Ce
ne sont plus seulement les échos lointains de la
race que les fiancés entendent dans l'émoi de
leur amour; ce sont les échos infinis de la gloire
et de l'éternel hosannah. Leurs tressaillements
ne sont si profonds et leur ivresse n'est si ravissante que parce qu'ils se sentent les ouvriers
d'une œuvre qui les dépasse de toute la grandeur et de toute la hauteur de Dieu. Ce n'est pas
l'amour que le christianisme condamne, ce sont
les semblants et les apparences de l'amour, ces
flammes folles et passagères qui brûlent, consu-
ment et ne laissent que des cendres; mais cet
amour dont les Livres saints ont dit qu'il était
fort comme la mort; cet amour qui concentre et
qui purifie, qui rend l'âme à la fois plus vigou-
reuse et plus raisonnable, plus désireuse de
donner que de recevoir, plus libérée d'elle-
même et par cela même plus vivante, plus féconde, plus apte à l'œuvre de vie, non seulement le christianisme ne le condamne pas, mais
il le consacre : « Maris, aimez vos femmes comme
Jésus-Christ aime son Église (1). »

La conclusion de ce long travail ne sera pas
longue. Incité par les malheurs mêmes qui dis-
créditent trop souvent le mariage à rechercher
quelle peut être la vraie nature de cette union,
nous avons vu qu'il fallait ou la déclarer libre et

____

(1) *Ad Eph.*, chap. v, v. 25.

en faire le simple enregistrement des caprices de
l'instinct, ou lui imposer une législation arbitraire, ou rechercher dans l'essence même du
mariage humain les conditions de son existence
et son authentique constitution. Une législation,
œuvre arbitraire des hommes, ne saurait suffire
à régler le mariage, à sanctionner ses devoirs
toujours pénibles, à les justifier devant la raison ;
elle ne peut pénétrer au for interne, et c'est
cependant en ce for interne de la conscience
que le mariage s'institue et que les obligations
qu'il impose se contractent. Réduire le mariage
au caprice des sens et proclamer la légitimité de
l'union libre, c'est détruire la famille, c'est autoriser les plus graves désordres moraux, c'est
ramener l'humanité à la promiscuité barbare,
c'est aller au rebours de l'évolution que l'histoire
du mariage nous montre s'être faite du multiple
au simple, c'est rétrograder vers l'animalité (1).
Reste donc que le mariage par sa nature propre
porte en lui-même sa propre législation. Il se
fonde par une libre volonté des deux contractants, principalement pour perpétuer la race, et
cette fin exige le don de l'être pour toute la vie.
C'est pour cela que le mariage est indissoluble.
Il peut y avoir des cas de nullité ; il ne saurait y
avoir aucune raison de divorce. Nous avons
examiné ces raisons et nous les avons trouvées

(1) On peut lire avec fruit sur ce point spécial le très intéressant opuscule de M. Ignazzio TORREGROSSA, *Discuzzione
etico-sociologica interno al Divorzio*, in-12, Sienne, 1902.

faibles. Il n'y en a aucune qui, poussée au bout, érigée en maxime, donnée pour base à une législation, ne vînt à détruire toute la morale. Toutes, en effet, aboutissent à la proclamation des droits absolus de l'égoïsme. Et en nous tenant strictement attaché à la nature et à la raison, il s'est trouvé que nous avons abouti à des conclusions parallèles, sinon absolument identiques à celles que professe le catholicisme. Or, comme dans nos recherches nous n'avons fait entrer aucun dogme, aucune théorie préconçue, mais seulement des constatations et des raisonnements, de l'expérience et de la raison, il nous paraît bien s'ensuivre que les doctrines de l'Église auxquelles nous aboutissons ainsi reposent sur un substratum solide et rationnel.

L'homme n'est ni ange ni bête, il est homme et raisonnable; l'union qu'il contracte pour perpétuer sa race ne peut pas être purement éthérée et incorporelle, elle ne doit pas être non plus uniquement bestiale; il faut donc qu'elle s'assujettisse aux lois et aux exigences de la raison qui, en connaissant ses fins, lui impose ses condition. Et pour une raison cohérente il n'y a pas de milieu stable : ou la liberté de se prendre et de se quitter à peu près comme l'on veut ou l'indissolubilité complète, ou l'union libre ou le mariage. L'union libre réduit l'homme aux instincts et le ramène aux mœurs de la bête; c'est donc en dehors d'elle, en dehors des irrationnalités du divorce que se trouve l'union véritable du couple humain, la seule qui mérite le nom de mariage. Et si l'Église a sur ce point une doctrine semblable, cela ne nous étonnera pas; car dès que l'Église a pour but de nous amener à un degré de vie tellement sublime qu'il en est surnaturel et mérite le nom de divin, il faut sans doute que nous remplissions d'abord toute la formule de la vie humaine et ce n'est qu'à la condition d'être d'abord pleinement et tout à fait hommes que nous pourrons accomplir la grande parole : « *Vos et dii estis*, vous êtes des dieux. »

TABLE DES MATIÈRES

PARIS

TYPOGRAPHIE PLON-NOURRIT ET Cie

8, rue Garancière

www.ingramcontent.com/pod-product-compliance
Ingram Content Group UK Ltd.
Pitfield, Milton Keynes, MK11 3LW, UK
UKHW021005140726
13695UKWH00001B/95